国家出版基金项目
NATIONAL PUBLICATION FOUNDATION

浙江文化艺术发展基金资助项目
PROJECTS SUPPORTED BY ZHEJIANG CULTURE
AND ARTS DEVELOPMENT FUND

迈向共同富裕
理论、起点、目标和路径

第二卷·共同富裕的浙江实践

何文炯 等◎著

TOWARDS
COMMON PROSPERITY

THEORY, THRESHOLD, GOAL AND PATH

ZHEJIANG UNIVERSITY PRESS
浙江大学出版社
·杭州·

图书在版编目（CIP）数据

迈向共同富裕：理论、起点、目标和路径. 第二卷 共同富裕的浙江实践 / 何文炯等著. --杭州：浙江大学出版社，2024.7. -- ISBN 978-7-308-25307-9

I. F124.7

中国国家版本馆 CIP 数据核字 2024VD3351 号

前　言

　　2020 年是中国历史上不同寻常的一年。在这一年，中国完成了两大历史使命，一是消除了长期困扰中华民族的绝对贫困问题，二是实现了全面建成小康社会的目标。这一年召开的党的十九届五中全会审议通过了《中共中央关于制定国民经济和社会发展第十四个五年规划和二〇三五年远景目标的建议》，开启了全面建设社会主义现代化国家新征程，提出到 2035 年"全体人民共同富裕取得更为明显的实质性进展"，到 2050 年"基本实现共同富裕"的中长期发展目标。这意味着，在未来 30 年中，中国将会不断推进共同富裕，一方面坚持高质量发展，继续做大"蛋糕"，提高人民的富裕程度，先是赶上中等发达国家，然后赶上发达国家；另一方面更加重视社会公平原则，最大限度地实现发展成果的共享，合理分好"蛋糕"，缩小城乡和地区差距，缩小收入和财产分配差距，实现基本公共服务均等化。党的二十大报告系统阐述了"中国式现代化"的新概念，进一步指出中国式现代化的五大特征，其中之一是全体人民共同富裕。共同富裕的重要性得到进一步提升：没有共同富裕就不可能实现中国式现代化。

　　共同富裕是自古以来人类的共同理想和美好追求。人类社会采取了不同的方式平衡公平与效率、发展与共享。中国共产党人高举共同富裕的旗帜，力图走出一条有中国特色的实现共同富裕的道路。正如中国式现代化不同于其他国家的现代化模式一样，中国的共同富裕道路也具有显著的自身特点。中国的共同富裕具有两大特征：一是全体人民的高水平的富裕，二是人与人之间的高度共享。两大特征的有机统一就是，全体人民都能过上富足的物质生活和精神生活，共同进入富裕社会，实现人类社会的终极发展目标——实现人自由而全面的发展。

然而，我们要充分认识到实现共同富裕的长期性、艰巨性和复杂性。特别对于中国这样一个发展中国家来说，推进共同富裕比起许多发达国家需要更长的时间，要面临更多的挑战和困难，需要付出更多的努力，更需要具备坚定的信心和卓越的智慧。历史的经验告诉我们，只是拥有共同富裕的理念是不够的，还需要对共同富裕的有关理论进行深入研究，对推进共同富裕的实践进行反复探讨和细致论证，坚持理论创新、制度创新、实践创新、文化创新，才能够逐步形成一套丰富的有中国特色的共同富裕理论和行之有效的推进共同富裕的行动方案。

2021年5月，《中共中央 国务院关于支持浙江高质量发展建设共同富裕示范区的意见》印发。近几年来，浙江省积极探索推进共同富裕的目标和实现路径，出台了一套较为完整的行动方案，鼓励市县区域结合自身特点，采取实际行动，扎实推进共同富裕。浙江省本着实事求是和在实践中不断创新的原则，在推进共同富裕方面已取得明显的进展，积累了一些值得总结的经验。

研究共同富裕不能"闭门造车"，要有开阔的眼界、全球的视野，学习和借鉴别国的经验，吸取他国的教训，才能准确理解中国特色的共同富裕的目标和实现路径。在平衡发展与共享、效率与公平等问题上，一些国家有独特的做法，也有一些值得中国学习的经验。学习他国经验并不意味着全盘照搬，还是要结合中国自身的国情和发展阶段加以吸收和借鉴。这样做的前提是要全面了解这些国家的做法，并在此基础上进行分析和研究。

浙江大学共享与发展研究院成立于2021年6月，旨在持续深入地研究中国特色的共同富裕理论，密切关注浙江和全国的共同富裕进程，通过高水平研究成果为国家实现共同富裕贡献智慧和力量。这正是研究院的根本宗旨,更是研究院的初心所在。研究院自成立以来,在组织实施持续性基础理论研究的同时,开展了一系列深入的调查研究,与有关各方建立了稳定的合作机制,研究成果直接服务于中央有关部门的政策制定,服务于浙江省高质量发展建设共同富裕示范区的制度设计,服务于社会公众对共同富裕的认知和关切。正是出于这份初心,研究院在成立之初设立“共同富裕研究课题”,对共同富裕的理论、浙江建设高质量发展共同富裕示范区的经验、推进共同富裕的国际经验进行持续研究,取得了一些研究成果。这些研究成果构成了本书的基本内容。

本书共有三卷。第一卷对共同富裕的理论、目标、实现路径等重大主题进行探讨。从共同富裕的基本内涵出发,对当前推进共同富裕面对的挑战和困难进行分析和论证,提出缩小城乡差距、地区差距和收入差距,实现高水平基本公共服务均等化的制度优化和政策措施。第二卷重点论述和总结浙江省自改革开放以来,特别是近几年建设共同富裕示范区过程中实施的重大改革举措和取得的初步经验。该卷在系统回顾共同富裕浙江实践探索的基础上,细致论述了浙江省在促进经济高质量发展、居民就业增收、城乡融合发展、区域协调发展、保障和改善民生、实施面向外来人口的包容性政策、促进精神生活共同富裕等方面的具体经验,也指出了存在的不足和进一步改进的建议。第三卷对发达国家现代化建设进程中在处理公平与效率、发展与共享、做大“蛋糕”与分好“蛋糕”的关系方面取得的经验和教训进行了回顾与总结。中国式现代化并非孤立于世界之外的、偏居一隅的独自发展,借鉴域外经验并将其本土化始终是我国现代化发展进程中的重要方法与路径。虽然“共同富裕”作为一个特定的表述来自我国的政治体系,属于中国“首创”的原生性概念,但是在人类历史发展的长河中,从来都不乏关于普遍性福利及普遍性繁荣的讨论,尤其是在第二次世界大战后,关于普遍性富足和全民福利的概念已经沉淀为多数西方国家的普遍性制度安排,因此我们有必要从国别的角度来梳理发达国家所积累沉淀的历史经验和历史教训,为我国设立共同富裕的目标、体制、机制和实现路径提供借鉴和帮助。

本书由李实、何文炯、刘涛共同负责全书的总体框架设计，三人分别担任第一卷、第二卷和第三卷的主编，负责相应章节的设计、组稿和统稿工作。第一卷的各章作者分别是李实、朱梦冰（第一章），李实（第二章），李实、詹鹏、陶彦君（第三章），杨修娜、李实（第四章），茅锐（第五章），杨一心（第六章），何文炯（第七章），张翔、孙源（第八章），刘晓婷（第九章），马高明（第十章）。第二卷的各章作者分别是刘培林、辛越优（第一章），郭继强、李新恒（第二章），张海峰（第三章），史新杰、吴宇哲（第四章），刘来泽（第五章），何文炯（第六章），杨一心（第七章），董扣艳（第八章）。为该卷写作做出贡献的还有姚引妹、蒋潮鑫、王中汉、陈鹏举、郭瑞恬、潘绘羽、许智钇、张世艳、曾培等。第三卷的各章作者分别是刘涛（第一章、第二章），王滢淇、刘涛（第三章），王滢淇（第四章），李秋璇、孟小秋、刘涛（第五章），陶彦君（第六章），刘木兰、刘涛（第七章），朱梓嫒、刘涛（第八章），刘涛（第九章）。

在过去两年中，学术界对共同富裕进行了广泛的研究和较为深入的讨论，将共同富裕的研究推向了一个新的高度。本书作者也以各种方式参加国内外的学术研讨会和活动，与国内外专家进行交流与讨论，获得许多有益的启示和建议。本书的研究成果部分来自作者们的长期学术积累和课题研究，这些研究课题得到了中央和浙江省政府部门、相关基金会和社会组织特别是浙江大学相关机构的资助和支持。在本书付梓之际，我们特别感谢全国哲学社会科学工作办公室、国家自然科学基金、国家发展和改革委员会、财政部、中央农村工作领导小组办公室、国家高端智库、浙江省委、浙江省人民政府、浙江省委政策研究室、浙江省发展和改革委员会、浙江省社会科学界联合会和有关部门的信任、帮助和支持，感谢浙江大学领导，浙江大学社会科学研究院、公共管理学院和经济学院的大力支持，感谢课题组全体成员的辛勤劳动和卓有成效的工作，感谢浙江大学出版社为本书出版提供的优质服务。

李 实 何文炯 刘 涛

2023 年晚秋于杭州

目　录

第一章 共同富裕的浙江实践回顾

浙江的改革发展有其外在的驱动因素,也有内在的自发动力。推进经济增长、缩小"三大差距"等"做大蛋糕"和"分好蛋糕"的历程也始终伴随着时代潮流,呈现螺旋式上升。浙江逐步成为既把握好经济增长,又处理好收入差距的省域示范。

总体上看,浙江在不同时代、不同发展阶段所走出的路径、探索的实践都为实现高质量发展、建设共同富裕示范区奠定了坚实的基础。浙江先后经历了改革开放后的实践路径探索期,习近平同志在浙江工作期间的改革攻坚期,坚持一张蓝图绘到底的接续发展期,党的十八大以后的全面推进期,再到国家赋予新使命的高质量发展期。每一个发展阶段都存在推进共同富裕所面对的内部与外部、客观与主观的问题和挑战,同时浙江也相应出台了具有浙江特色的务实举措。浙江正是在不断解决存在的阶段性问题、克服面临的阶段性挑战,实现阶段连续性、跨越式发展的过程中,形成了推进共同富裕的特色经验。

总结浙江的经验,最根本的有几条。一是从理念上始终把握好"做大蛋糕"和"分好蛋糕"的关系。这两者不是矛盾的,不是割裂的,而是内在统一的。"蛋糕"分得好,才能充分调动各方面的积极性,"蛋糕"才能做得大。"做大蛋糕"的过程,既是发挥优势、让长板更长的过程,也是根据不同发展阶段突出的发展差距和分配差距问题,采取有效措施补短板的过程。二是发挥好有效市场的作用，充分尊重和顺应市场规律，充分发挥市场机制的作用，充分发挥民营经济和企业家的作用，充分激发全体人民的能动性和创造力，让全体人民在充分参与、各尽其能的过程中共同发展生产力，共创和共享财富。三是发挥好有为政府的作用，针对不同阶段制约生产力发展的体制机制问题，不断深化改革，为有效市场和民营经济发挥作用创造更好条件；针对不同阶段三大差距问题的特征，采取有效措施激发"短板"部分的内在活力和动力，并予以必要帮扶。

第一节　共同富裕浙江实践的路径探索期：
1978—2001 年

改革开放后，浙江与全国一道正式把工作重心转移到以经济建设为中心的轨道上来。这一阶段主要是围绕如何发展经济这个中心任务，更加强调以发展为核心的共同富裕，更加重视"做大蛋糕"的路径和内容，在"分好蛋糕"上强调推进农村经济体制改革，激发农民的积极性。

一、时代背景与阶段特征

1978 年党的十一届三中全会以后，国家正式实施改革开放政策，面向全球市场吸引投资和出口，并通过提高职工工资、推进国有企业改革、鼓励自主创业、加强社会保障等举措，有效促进了城乡居民收入和生活水平进入快速增长发展阶段。到 1991 年，浙江城镇居民人均可支配收入为 2143 元，扣除价格上涨因素，是 1978 年的 1.5 倍，年均增长率达到 7.2%，浙江城镇居民过上温饱有余的生活。

1992 年，邓小平南方谈话对全国改革的意义十分重大，更加指明了发展方向。随即浙江推进一系列改革的步伐更加快速和深入，主要在改革国有和乡镇集体企业产权制度、进一步放开非公有制经济发展、完善全面建设社会主义市场经济等方面出台了系列政策，奠定了城乡居民生活水平迈向总体小康的制度基础。同时,强化收入分配制度改革的稳步推进,各级党委、政府切实落实相关增收措施。支持发展业绩好的企业进一步提高职工的福利补贴、奖金、工资等,鼓励提高机关企事业职工工资待遇水平,实现了城乡居民收入的快速增长。到 1999 年,浙江城镇居民人均可支配收入达 8428元,扣除价格上涨因素,实际收入比 1992 年增长了 57.7%,年均增长 6.7%。按照当时的《全国小康生活基本标准》,1999 年浙江总体小康实现程度达到了 100%,在全国率先实现了总体小康目标。

在这一发展阶段,尽管浙江在全国率先强化改革、通过系列政策激励和开放市场,经济社会发展取得较好成效,人民生活水平也实现了较大提升,但是,浙江仍然面临着发展资源利用不充分和产业能级不高等困境。浙江素有"七山一水两分田"之说,山区县的面积和人口都占大头。面对山区丰富的自然资源,如何加以高效利用,增加山区农产品的"出山",破解人口增加与土地减少的突出矛盾,改善生态环境,减轻自然灾害的危害,切实增加农民收入,提升山区市场潜力,促进二、三产业持续快速发展等是摆在浙江各级政府和人民面前亟待解决的问题与挑战。

因此,在这一发展阶段,山区经济社会的快速发展事关全省经济发展的全局,对促进全省国民经济的持续、快速、健康发展,破解区域差距,实现小康目标,走共同富裕的道路,保持社会政治稳定,都具有极为重要的意义。在 1996 年 12 月召开的全省山区开发暨扶贫工作会议上,时任浙江省委书记李泽民在讲话中强调,没有山区人民的小康,就没有全省人民的小康,没有山区的振兴,也就没有浙江经济社会的现代化。同时,他还分析了推进山区开发面临的诸多不利因素,也详细列举了有利条件:一是从中央到省和市(地)、县各级思想认识比较统一,把山区开发和扶贫攻坚作为首要任务来抓,提出了明确的目标、任务和要求。二是随着山区特别是贫困地区的经济社会的发展和综合实力的增强,山区开发和扶贫攻坚的物质条件有了明显改善,山区自我发展能力也有了较大提高,为山区的进一步开发和扶贫攻坚奠定了一定的基础。三是各地在实践中都创造、积累了很多成功的经验,找

到了一些加快山区综合开发的成功路子。四是全省支持山区建设、全社会
扶贫济困的积极性比较高,特别是各级党政机关和经济发达地区帮助山区
开发建设已逐渐形成制度,并发挥出越来越明显的作用;五是山区广大干
部、群众有强烈的脱贫致富愿望,特别是在山区综合开发中尝到了甜头,增
强了信心。[①] 在后续的发展进程中,浙江不断发挥自身优势,破解土地、资
源、山区等不利因素,注重激发山区人民的积极性、主动性和内生发展动力,
形成了较好的政府引领发展、企业主导发展、人民群众主动发展的局面。

二、推进共同富裕的重要举措

(一)以科技进步助力经济快速发展

强调实行科技与经济结合,在农业领域,推进"三农四方"的联合协作,
实施了"丰收计划""星火计划""燎原计划","吨粮田"工程的建设,农科教结
合等重要举措。特别是"九五"期间,重点创建 3 个星火技术密集区(带),培
育 10 个区域性支柱产业集群,建设 30 个省级以上星火示范乡镇,开发星火
技术培训 20 万人次。在工业领域,一是要组织科研单位、大专院校和厂矿
企业进行双向考察,沟通协调。政府的协作办和有关部门,更加广泛掌握省
内外各科研机构、大专院校和企业的协作需求,做实牵线搭桥工作。二是以
重大科研项目的攻关、推广和重点技改项目的实施为主线,组成科研、生产、
经营联合体,形成"技工贸""技农贸"一条龙。三是多层次地兴办科技开发
机构。行业管理部门的研究所,面向全行业,在为企业服务中增强实力,办
成行业的技术开发中心。大中型企业借助面向市场、贴近生产的优势,办好
所属的科研机构。中小企业也通过各种形式,形成自己的技术依托。四是
办好高新技术产业开发区和经济技术开发区,促进高新技术产业化、商品

---

① 中国共产党浙江省委员会政策研究室,浙江省人民政府发展研究中心,浙江省经济体制改革委员会.浙江年鉴(1997)[M].杭州:浙江人民出版社,1997:10.

化,促进传统产业的改组改造。① 努力提高科技进步因素在经济增长中的比重,到 2000 年力求达到 40%—50%,其中农业要达到 50%以上;高新技术产业增加值在全省工业增加值中的比重达到 20%左右。

(二)以加快山区基础设施建设强化发展条件

强基础设施,就是强经济社会发展基础。浙江在这一阶段也特别重视对基础设施的投入,切实解决山区交通、通信、水利、电力等基础设施落后这一制约和影响山区经济发展的瓶颈问题。例如,为尽快改变路的状况,加快山区机耕路的建设,省委、省政府决定从 1997 年起,在运输行业加收公路客货运附加费,面向全社会筹集资金集中用于山区的机耕路建设,力争到"九五"期末实现行政村基本通机耕路的目标,以推动山区开发,使山区的资源优势尽快转化为商品优势。再如,为了解决山区开发电力供给不足的问题,省委、省政府决定,从 1997 年起除城乡居民生活用电外,在全省全部售电量中收取一笔资金,专项用于山区县电网建设。②

(三)以基层组织建设带动农村集体经济壮大

增加农村居民收入,提高农村生活水平是实现全面小康、迈向共同富裕的关键内容。而发展农村集体经济成为浙江推进富民增收的重要路径,各级党政部门都把扶持集体经济发展作为全面建成小康社会和缩小城乡差距的一项重大举措,从财政扶持、土地政策、项目支持、结对帮扶、体制改革等方面为农村集体经济发展提供支持,在实践中也取得了十分良好的效果。与此同时,浙江更加注重强调基础组织建设,引领农村集体经济发展壮大。以农村党支部为核心的村级组织建设为重点,按照"五个好的要求",花大力气把村党支部建设好,使之成为一个坚决执行党的基本路线,团结协调、勇

---

① 中国共产党浙江省委员会政策研究室,浙江省人民政府经济技术社会发展研究中心.浙江年鉴 (1992)[M].杭州:浙江人民出版社,1992:26.

② 中国共产党浙江省委员会政策研究室,浙江省人民政府发展研究中心,浙江省经济体制改革委员会.浙江年鉴(1997)[M].杭州:浙江人民出版社,1997:11-12.

于开拓、勤政廉洁、带领群众共同致富的战斗集体。特别重视选好班子的带头人，坚持标准、拓宽渠道、扩大视野，通过内选、外聘、回请、下派等多种方式，选拔、培养好村党支部书记，把德才兼备、作风正派、年富力强、热心于集体经济、有无私奉献精神、懂经营、有本领，能够带领群众脱贫致富的优秀党员推上党支部书记的岗位。[①] 围绕加强村级干部队伍的建设，健全党员学习教育制度，抓好村干部的岗位培训和学历培训，使他们比较全面地掌握新时期农村工作必备的政治、经济和社会方面的基本知识、基本技能和基本方法，全面提高村干部的素质。正是基层党组织的建设和干部能力的提升带动了农村集体经济的发展壮大。

三、共同富裕实践的阶段性成就

改革开放到 20 世纪 90 年代初，浙江经济体制改革首先从农村开始突破并取得成功，家庭联产承包责任制迅速推广，农民生产积极性充分调动，促进农业生产迅速发展。自 1992 年邓小平南方谈话后到 21 世纪初，浙江更加开放市场，狠抓基础设施建设和促进农民增收，奠定了全面小康建设和共同富裕的扎实根基。

从经济发展看，乡镇企业异军突起和民营经济快速成长成为这一阶段经济增长的重要因素。到 1991 年，全省共有乡镇企业 51.6 万家，从业人员 523.4 万人，与 1978 年相比，分别增长 6 倍和 1.8 倍。乡村工业占全省工业总产值的比重由 16% 迅速提升至 48.3%。乡镇企业从业人员数量和总收入均列全国各省（区、市）第三位；民营经济获得了快速成长，20 世纪 80 年代初期，浙江就兴办了闻名全国的温州"十大专业市场"、义乌"小商品市场"、绍兴"轻纺市场"等，1991 年，全省集贸市场发展到 3802 个，年成交额 204.6 亿元，市场个数和成交额均居全国各省（区、市）首位；全省掀起兴办私营个体企业的高潮，大批乡镇企业改制为私营企业。从 2001 年的市场化指数

---

① 中国共产党浙江省委员会政策研究室，浙江省人民政府发展研究中心，浙江省经济体制改革委员会.浙江年鉴（1997）[M].杭州：浙江人民出版社，1997：12.

(见表 1-1)可以看出,浙江的市场化程度位居全国第二,仅次于广东,且始终保持在前列。正是浙江市场化程度的提高、政府服务意识的提升、民营经济的发展壮大、集聚各类资源要素能力的增强,带动了浙江经济的快速增长。

表 1-1　2001 年全国各省(区、市)市场化指数与分项目得分及其排名

排名	省(区、市)	市场化进程总得分	政府与市场关系	非国有经济发展	产品市场发育	要素市场发育	中介组织发育和法律
1	广东	8.18	7.87	9.1	9.77	7.06	7.11
2	浙江	7.64	7.57	9.83	8.84	5.79	6.19
3	上海	7.62	7.72	7.1	6.78	7.06	9.42
4	福建	7.39	7.49	8.46	9.62	6.71	4.68
5	江苏	6.83	7.72	7.35	8.69	5.19	5.2
6	天津	6.59	5.88	7.83	6.62	6.74	5.86
7	北京	6.17	7.34	4.3	5.7	6.15	7.37
8	山东	5.66	6.24	6	8.54	3.72	3.8
9	海南	5.66	8.07	4.33	6.42	5.64	3.86
10	辽宁	5.47	5.64	4.9	8.5	4.03	4.28
11	重庆	5.2	7.17	5.13	6.68	4.66	2.37
12	四川	5	6.44	4.56	7.67	2.84	3.49
13	河北	4.93	6.36	4.79	7.75	2.47	3.26
14	安徽	4.75	6.55	4.65	7.92	2.1	2.53
15	湖北	4.25	4.88	3.13	7.3	2.98	2.96
16	河南	4.14	5.23	4.46	5.56	2.38	3.06
17	吉林	4	4.63	2.81	7.6	1.31	3.65
18	江西	4	5.73	2.66	7.73	1.67	2.23
19	湖南	3.94	5.64	3.71	5.24	2.82	2.29
20	广西	3.93	7.49	3.29	4.22	1.75	2.92
21	云南	3.82	6.41	1.35	6.25	2.93	2.17
22	黑龙江	3.73	3.75	2.48	7.57	0.8	4.07
23	内蒙古	3.53	4.02	3.43	5.89	1.02	3.3
24	山西	3.4	4.42	1.55	6.09	2.05	2.91
25	陕西	3.37	5.79	1.65	5.49	2.14	1.78
26	新疆	3.18	4.64	2.27	3.73	1.99	3.28
27	甘肃	3.04	5.82	0.68	6.29	1.29	1.15
28	贵州	2.95	5.85	0.72	5.1	1.26	1.82
29	宁夏	2.7	4.41	1.44	4.7	1.26	1.67
30	青海	2.37	4.56	1.63	3.05	1.18	1.47
31	西藏	0.33	0	0	1.85	1.26	1.9

数据来源:王小鲁、樊刚、胡李鹏的"中国分省份市场化指数"数据库。

从人民生活水平看，这一发展阶段实现了从"贫困"迈向"小康"的质变。浙江农村居民恩格尔系数从 1978 年的 59.1 下降到 2000 年的 43.5，下降了 15.6 个百分点（见图 1-1）。1991 年，城镇居民人均可支配收入和农村居民人均纯收入分别增至 2143 元和 1211 元，居各省（区、市）第四位和第三位，1979—1991 年年均分别实际增长 7.2％和 10.6％，城乡居民人均收入倍差一度缩小至 1984 年的 1.5，人民生活水平进一步改善，温饱问题基本解决，浙江很快成为全国"先富起来"的地区之一；到 2001 年，城镇、农村居民人均可支配（纯）收入分别增至 10465 元和 4582 元，均居各省（区、市）第三位。根据国家统计局制定的《全国小康生活水平基本标准》，1999 年浙江总体小康实现程度达 100％，在改革开放后短短的 20 年时间内，从一个欠发达的农业省份、经济实力居全国中游和人均 GDP 低于全国平均水平的省份，一跃发展成为全国经济大省，成为经济发展最快、活力最强和居民人均收入最高的省份之一。

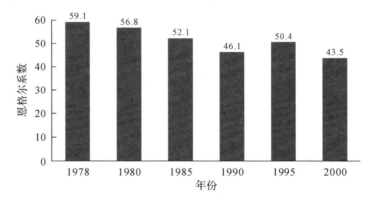

图 1-1　1978—2000 年浙江农村居民恩格尔系数变化

数据来源：浙江省统计局。

第二节　共同富裕浙江实践的改革接续期：2002—2011 年

2002 年，党的十六大提出全面建设小康社会的奋斗目标。2003 年，党的十六届三中全会提出进一步完善社会主义市场经济体制。浙江省委、省政府抓住机遇,实施"八八战略",实施"两创"("创业富民、创新强省")、"两富"("物质富裕、精神富有")等发展战略,推动浙江经济又好又快发展。凭借市场化、国际化等先发优势,浙江克服了基础薄弱、资源匮乏等不足条件,从全国中游水平的农业省份迅速崛起,成长为全国前列的经济大省,创造了全国瞩目的浙江现象。然而,随着市场化改革的不断推进,浙江面临着原有体制机制弱化、粗放增长带来的"成长中的烦恼"等一系列新问题、新挑战,在迈向共同富裕道路上亟须调整新的战略目标与部署。

一、时代背景与阶段特征

在世界多极化趋势下,尤其是"9·11"事件之后,美国调整安全战略重点,大国之间的协调与对话日益加强,和平发展的国际环境为中国集中力量发展经济、实现跨越式发展提供了有利条件。同时,2001 年 12 月 11 日,中国正式加入世界贸易组织(WTO),与世界的交流、合作更加密切,进入一个重要的战略机遇期。党的十六大明确提出全面建设小康社会的奋斗目标,并围绕着这一目标在经济、政治、文化等各个方面进行系统部署,大力推进改革、开放与创新。

作为我国改革开放先行地,浙江通过合理定位政府角色、积极培育市场主体、大力建设市场体系等方式,率先由计划经济向市场经济转型,从而使得浙江经济发展驶入快车道,经济社会不断跃上新台阶,奠定了作为全国经济大省的物质基础。然而,经历了改革开放以来 20 多年的快速增长后,浙江出现了收入差距拉大、环境污染严重、创新驱动不足等问题。时任浙江省委书记习近平指出:"进入新世纪新阶段,随着浙江经济的不断发展和规模的日益扩大,我们在发展中又遇到许多困难,既有'先天的不足',又有'成长的烦恼',原有的一些优势正在减弱,新的矛盾又在产生。浙江的发展正进入一个关键的时期,在这个关键时期,结构需要优化,产业需要升级,企业需要扩张,要素需要保障,环境需要保护,市场需要更大的空间,经济增长方式需要从根本上转变。面对产业升级的动力,企业发展的张力,要素制约和资源环境的压力,我们必须寻找新的出路,拓展新的空间。"①

在浙江省域内部,区域发展不平衡问题开始凸显。由于"七山一水二分田"的地理特征,以山区为主的浙西南地区交通闭塞,物流人流成本畸高,相较于杭州、宁波等发达地区,在商贸往来、人员流动、信息溢出等方面存在重要的"卡脖子"障碍(董雪兵,2022)。根据 2002 年的数据,杭州、宁波、温州等城市的综合实力遥遥领先,杭甬温三地的生产总值均已突破 1000 亿元大关,三座城市生产总值之和占全省经济总量的五成以上,而衢州、丽水、舟山的生产总值之和却不足全省经济总量的一成。在经济快速发展的同时,经济增长模式也呈现出高消耗、高排放与低效益的粗放式特征。浙江虽然从资源小省一跃成为居全国前列的经济大省,创造了举世瞩目的发展奇迹,但能源、土地、水源等资源要素和环境压力等问题不断凸显,使得浙江成为经济发展与环境保护之间矛盾尖锐的省份之一。此外,浙江省企业研发投入不足、自主创新能力低下、科技发展水平较低,对外出口贸易尤其是劳动密集型企业以低劳动力成本为主要竞争优势,位于国际垂直分工的末端,利润相对单薄。

面对新的世情、国情、省情,如何着眼于发展为了人民、发展依靠人民、发展成果由人民共享,科学把握浙江经济社会发展的现实基础以及面临的发展挑战,科学制定加快全面建设小康社会、提前基本实现现代化的方案,成为当时全省面对的主要课题。

二、推进共同富裕重要举措

进入发展的关键阶段,时任浙江省委书记习近平科学研判浙江发展优势与短板,就统筹协调经济、政治、文化、社会、生态、民生各个系统之间的矛盾关系作出一系列决策部署,为走在改革前列的浙江模式转型升级提供了

---

① 习近平. 干在实处 走在前列:推进浙江新发展的思考与实践[M]. 北京:中共中央党校出版社,2006:111.

整体框架,为浙江全面发展的新征程、新高度与新境界提供了重要实践指南。

(一)以创新驱动谋划新型发展道路

进入 21 世纪,以科技创新为核心的各领域创新,驱动经济社会快速增长。而研发投入不足、自主创新能力低下等问题成为浙江未来发展的"难点"与"堵点"。在这种背景下,省委、省政府提出:"加强科技进步和自主创新,是转变增长方式,破解资源环境约束,推动经济社会又快又好发展的根本之计。"[①]这为浙江下好创新"先手棋"打下了坚实的基础。

围绕创新发展,一方面,浙江省通过深化改革不断完善社会主义市场经济体制。时任浙江省委书记习近平在 2003 年 7 月的中共浙江省委第十一届四次会议上强调体制创新的重要意义,将"进一步发挥浙江的体制机制优势,大力推动以公有制为主体的多种所有制经济共同发展,不断完善社会主义市场经济体制"摆在"八八战略"首位。2004 年 2 月,习近平同志在全省民营经济工作会议上指出,着力推进"从主要依靠先发性的机制优势,向主要依靠制度创新、科技创新和管理创新转变"是实现民营经济新飞跃的关键一步。[②] 此后,浙江坚持充分发挥市场在创新资源配置中的重要作用,始终坚持"两个毫不动摇",在深化市场改革取向中不断推动经济发展效率变革、质量变革与动力变革,实现"有形之手"与"无形之手"的辩证统一、有机结合。

另一方面,浙江省以科技创新谋划新型工业化道路。在"八八战略"指引下,浙江省以信息化带动工业化、以工业化促进信息化,加快浙江经济转型升级。2006 年 3 月举行的全省自主创新大会颁布的《中共浙江省委、浙江省人民政府关于加快提高自主创新能力 建设创新型省份和科技强省的若干意见》,为浙江省加强自主创新能力提供了指导思想、发展目标与总体部署。

---

① 习近平. 干在实处 走在前列:推进浙江新发展的思考与实践[M]. 北京:中共中央党校出版社,2006:131.

② 习近平. 干在实处 走在前列:推进浙江新发展的思考与实践[M]. 北京:中共中央党校出版社,2006:93-94.

实践证明,建设创新型省份和科技强省战略,推动了浙江经济、社会、生态、文化等多方面创新。

(二)以协调共进统筹城乡关系与"山海"关系

在城市建设突飞猛进的同时,浙江农村地区依然面临着产业基础薄弱、农民增收致富难度大、基础公共物品供给不足等问题,农村发展明显滞后于城市发展。省委、省政府高度重视城乡协调发展的重要意义,强调城乡融合发展的重要性,指出:"如果不能解决好'三农'问题,城乡差距扩大的趋势得不到遏制,大量的农民不能转为安居乐业的市民,全面建设小康社会的目标无法实现,甚至会陷入经济停滞、社会动荡,有增长无发展的现代化'陷阱'。"[①]为此,习近平同志在浙江省委十一届四次全会上将"进一步发挥浙江的城乡协调发展优势,统筹城乡经济社会发展,加快推进城乡一体化"纳入"八八战略"。2005年1月,浙江省委、省政府正式颁布了全国第一个省级层面的城乡一体化纲要(《浙江省统筹城乡发展推进城乡一体化纲要》),将公共财政、社会事业、社会保障与公共服务作为推进重点,从产业发展、社会事业发展、基础设施建设、劳动就业和社会保障、生态环境建设和区域经济社会发展等六个方面为农村与城市协同发展注入活力。同时,浙江省实施"千万农村劳动力素质培训"工程、"千村示范、万村整治"工程,不断提升农民素质和就业服务,加快突破城乡分割的传统体制,形成要素双向流通的城乡融合发展格局。

"我省能否实现全面建设小康社会、提前基本实现现代化的目标,在很大程度上取决于能否缩小区域之间的差距。这既需要发达地区加快发展,更需要欠发达地区跨越式发展。"[②]这一论述是习近平同志对于"山"与"海"关系的深化阐述。省委、省政府据此确定发达地区与欠发达地区结对帮扶

---

① 习近平. 干在实处 走在前列:推进浙江新发展的思考与实践[M]. 北京:中共中央党校出版社,2006:148.
② 习近平. 之江新语[M]. 杭州:浙江人民出版社,2007:92.

关系(见表 1-2),大力推动"山海协作工程",通过组合发达地区资本、技术与项目方面优势与欠发达地区劳动力、生态资源等优势,实现推动"山"与"海"的协同发展与整体演进。此后,浙江省陆续出台《关于实施"欠发达乡镇奔小康"的通知》等重要文件,明确指出欠发达乡镇自愿要求下山的高山深山农民基本实现搬迁,半数以上的下山劳动力实现转产转业。此外,以共建共商、利益共同分成、共同管理的方式建设"山海协作"产业园,不仅推动发达地区产业梯度转移,也帮助欠发达地区劳动力资源有序转移。

表 1-2 "山海协作工程"关于欠发达地区与发达地区的对口协作安排

对口市	对口县
杭州市、绍兴市—衢州市	萧山区、余杭区、富阳区、绍兴市、上虞区、诸暨市、嵊州市—淳安县、衢江区、开化县、龙游县、江山市、常山县、柯城区
金华市内对口	义乌市、东阳市、永康市—磐安县、武义县
宁波市、嘉兴市、湖州市—丽水市	鄞州区、慈溪市、余姚市、桐乡市、海盐县、海宁市、平湖市、德清县、长兴县—景宁县、青田县、松阳县、遂昌县、龙泉市、莲都区、云和县、缙云县、庆元县
温州市内对口	瑞安市、乐清市、鹿城区、瓯海区、龙湾区—文成县、泰顺县、永嘉县、苍南县
台州市内对口	玉环市、温岭市、椒江区、黄岩区—仙居县、天台县、三门县
宁波市—舟山市	镇海区、海曙区、奉化区、象山县—定海区、普陀区、嵊泗县、岱山县

(三)以生态筑底走可持续发展新路

尊重自然、顺应自然、保护自然,是解决发展与保护关系的根本途径。2002 年 6 月,浙江省第十一次党代会把建设绿色浙江确定为全省在未来发展进程中的战略目标。2003 年 1 月,浙江省委十一届四次全会将生态保护、"绿色浙江"上升到浙江省发展的战略高度,将"发挥浙江生态优势,创建生态省,打造绿色浙江"纳入"八八战略"。此后,2005 年 8 月 15 日,时任浙江省委书记习近平到余村调研,对村里关闭矿区、走绿色发展道路的转型做法给予了高度肯定,并首次提出"绿水青山就是金山银山"的重要论述。2005

年 8 月 24 日，在《浙江日报》的《之江新语》专栏，习近平同志发表文章《绿水青山也是金山银山》，对绿水青山与金山银山的关系进行深刻且广泛的理论性阐述，为进一步阐明绿水青山与金山银山的关系提供了理论依据。特别是浙西南地区，立足生态环境优势，在精准把握比较优势的基础上，定位"高效生态、特色精品农业"，打造出一批区域公用品牌、企业品牌和特色农产品品牌，不断提高产品的附加值。同时，借助地域特色讲述地域故事，大力发展"生态＋旅游业"，加快欠发达地区生态产品价值实现。

（四）以持续提升基础环境夯实人民发展基本条件

"要致富，先修路"，交通基础设施不仅是致富增收的前提，也是促进欠发达地区人民全面发展的重要保障。"加大基础设施建设力度是加快欠发达山区和海岛渔区发展的关键。要通过实施'百亿帮扶致富'工程，整体推进欠发达地区的交通、水利、电力、通讯、生态等工程建设，提高基础设施的共享性和综合效应。"①根据习近平同志关于欠发达地区交通基础设施发展的谋划，2003 年 1 月，浙江省十届人大一次会议上部署了"百亿基础设施建设""百亿信息化建设""百亿帮扶致富""百亿生态环境建设""百亿科教文化设施建设"等"五大百亿工程"，并将其确定为浙江 2003 年至 2007 年基本建设项目的重中之重。同时，浙江加强浙西南腹地、浙东沿海地区与国家沿海高速等华东重要高速交通干道建设。此外，浙江省提出加快乡村康庄工程建设，并确定完成 55000 公里通乡通村公路建设、路面改造等具体目标，加快解决山村、乡镇等边远地区"最后一公里"的交通基础条件较差问题。

（五）以文化保护促进精神文明建设

既要"富口袋"，更要"富脑袋"。民族的复兴不仅需要强大的物质力量，还需要强大的精神力量。习近平同志在《之江新语》专栏发表的《物质文明

---

① 习近平. 干在实处 走在前列：推进浙江新发展的思考与实践[M]. 北京：中共中央党校出版社，2006：215.

与精神文明要协调发展》一文中阐述了两者之间的关系:"树立和落实科学发展观,必须推动物质文明与精神文明协调发展。物质文明的发展会对精神文明的发展提出更高的要求,同时精神文明的发展又会成为物质文明建设的动力,尤其是经济的多元化会带来文化生活的多样化,只有把精神文明建设好,才能满足人民群众多样化的精神文化生活需求。"[1]在习近平同志的大力推动下,浙江省将进一步"发挥浙江的人文优势,积极推进科教兴省、人才强省,加快建设文化大省"纳入"八八战略",不断推进欠发达地区与发达地区在文化方面的帮扶与协作,不断缩小区域间文化服务供给差距。2005年,浙江省委、省政府部署重点推进"浙江民间工艺传承保护""民间艺术保护工程""抢救振兴永嘉昆剧团""浦江县高登山古村落抢救"等文化遗产的保护与传承,正确处理文化遗产保护和经济发展之间的辩证关系,为全体人民提供更高质量、更多样化的文化产品与服务。

三、共同富裕实践的阶段性成就

站在世纪交替的新关口,习近平同志坚持以人民为中心的发展思想,战略研判浙江未来发展导向,审时度势提出一系列具有前瞻性、全局性与科学性的战略部署,为加快山区县发展、缩小基本公共服务差距、促进共同富裕奠定了坚实的基础。

从经济发展方面来看(见表1-3),2001年浙江省地区生产总值7431.45亿元,其中舟山、丽水与衢州三市地区生产总值分别为126.69亿元、158.97亿元与176.28亿元,占浙江省比例为1.70%、2.14%与2.37%。到2006年,舟山、丽水与衢州三市地区生产总值分别为335.20亿元、355.37亿元与387.40亿元,占比上升到2.13%、2.26%与2.47%。在人均地区生产总值方面,舟山、丽水与衢州分别从2001年的12893.47元、6392.94元与7251.51元上升为2006年的34682元、14104元与15740元,增幅为169%、

---

① 习近平. 之江新语[M]. 杭州:浙江人民出版社,2007:95.

121%与117%，欠发达地区的人民经济水平得到显著提升。同时，"十一五"期间，在统筹"山海"协调发展下，浙江省完成下山搬迁10.3万户、37.2万人，组织劳务培训28万人次，转移就业53万人。更值得注意的是，2000—2010年，欠发达地区农民工资性收入由959元上升为3624元、非农收入由3499元上升为5113元、财产性和转移性收入由409元上升为767元。[①]

表 1-3　2001 年和 2006 年浙江省各地市经济发展状况

地区	2001 年			2006 年		
	地区生产总值/亿元	人均地区生产总值/元	总值占比/%	地区生产总值/亿元	人均地区生产总值/元	总值占比/%
杭州市	1568.01	25073.78	21.10	3441.51	51878	21.90
宁波市	1312.69	24213.03	17.66	2874.44	51460	18.29
温州市	932.08	12637.11	12.54	1837.50	24390	11.69
嘉兴市	604.26	18223.14	8.13	1346.65	40206	8.57
湖州市	385.00	15030.94	5.18	761.02	29527	4.84
绍兴市	822.54	18997.23	11.07	1677.63	38540	10.68
金华市	597.34	13357.97	8.04	1234.70	27108	7.86
台州市	747.59	13652.94	10.06	1463.31	26026	9.31
衢州市	176.28	7251.51	2.37	387.40	15740	2.47
舟山市	126.69	12893.47	1.70	335.20	34682	2.13
丽水市	158.97	6392.94	2.14	355.37	14104	2.26
浙江省	7431.45	15247.64	100.00	15714.72	32151	100.00

数据来源：《浙江统计年鉴（2002）》《浙江统计年鉴（2007）》。

从公共服务发展状况来看（见表1-4），在教育事业经费投入方面，2001年，浙江省总体与山区26县分别为财政教育事业费投入93.32亿元与17.15亿元，其中山区26县投入仅占全省的18.38%，且平均每个山区县仅有0.64亿元。2006年，浙江省总体与山区26县财政教育事业费投入分别增加到232.93亿元与45.30亿元，增长了149.6%与164.1%。值得注意的

---

① 浙江省人民政府研究室.加快山区经济社会发展 促进陆海联动区域协调研究[M].杭州：浙江人民出版社,2013：82-84.

是,山区26县的经费占比与平均支出分别从18.38％增长为19.45％、0.64亿元增长为1.74亿元。在文化方面,2001年到2006年,山区26县公共图书馆藏书总量从234.3万册增加到296.8万册,平均值从9.01万册增加到11.42万册,并且公共图书馆藏书总量占浙江全省的比重也在不断提升。在医疗卫生方面,2001年,山区26县合计医生人数与平均医生人数分别为11806人与437.26人,占全省的15.35％与45.63％。到2006年,山区26县合计医生与平均医生数分别为16938人与651.46人,占全省比例为17.92％与47.19％。由此可见,浙江省对山区教育事业、文化事业与医疗卫生事业给予了较大的关注,为缩小省域内公共服务差距、促进共同富裕奠定了良好的基础。

表 1-4　2001 年和 2006 年浙江省公共服务发展状况

项目	2001 年			2006 年		
	教育经费支出/亿元	公共图书馆藏书总量/万册	医生人数/人	教育经费支出/亿元	公共图书馆藏书总量/万册	医生人数/人
浙江省总计	93.32	1773	76905	232.93	2497	94524
山区 26 县总计	17.15	234.3	11806	45.30	296.8	16938
浙江省平均	1.31	24.67	985.28	3.43	38	1380.37
山区 26 县平均	0.64	9.01	437.26	1.74	11.42	651.46

数据来源:《浙江统计年鉴(2002)》《浙江统计年鉴(2007)》。

第三节　共同富裕浙江实践的全面推进期:2012—2020 年

21世纪以来,浙江历届省委、省政府坚持一张蓝图绘到底,一任接着一任干,促使人民生活更加美好、生态环境更加美丽、发展道路更加宽广、区域发展更加协调,有力地推动浙江省"山海"地区发生了系统性与整体性的大变革,为加快实现全体人民共同富裕的宏伟蓝图夯实了基础。然而,浙江省依然面临着"山区县"产业能级不高、创新驱动能力不强等多重掣肘因素,亟待从"做大蛋糕"与"分好蛋糕"两个方面率先推动共同富裕取得更为明显的实质性进展。

一、时代背景与阶段特征

党的十六大以后，党带领全国人民经过 10 年奋斗，使我国在全面建设小康社会、共同富裕的历史征程上迈出了坚实一步，取得了社会、经济、文化、生态等多方面的历史性成就。但当时，我国仍处于社会主义初级阶段的基本国情没有改变，社会利益调整、经济发展方式转型、社会矛盾频发等一系列潜在挑战与困难依然凸显，因此要确保实现全面建成小康社会、共同富裕"两个一百年"奋斗目标，必须站在国内国际新形势、新挑战、新任务的战略全局上，作出更为明确的决策部署、付出更为艰巨的努力。党的十八大报告多次强调全面建成小康社会的重要意义，充分肯定了党的十七大以来关于全面建成小康社会的努力，指出"十七大以来的五年，是我们在中国特色社会主义道路上奋勇前进的五年，是我们经受住各种困难和风险考验、夺取全面建设小康社会新胜利的五年"[①]，并为加快推进全面建成小康社会、推进社会主义现代化、实现中华民族伟大复兴作出了一系列战略部署。同时，在党的十八大召开之际，世界格局深刻调整，全球性金融危机产生深刻影响，各国间的利益摩擦与矛盾不断加剧，世界范围内，恐怖主义与民族主义愈演愈烈，我国面临前所未有的复杂的国际环境。

共同富裕是社会主义的本质要求，既不是少数人的富裕，也不是整齐划一的平均主义，是全体人民共同富裕，是人民群众物质生活和精神生活都富裕。"实现共同富裕不仅是经济问题，而且是关系党的执政基础的重大政治问题。在中国共产党领导的社会主义中国，我们追求的发展是造福人民的发展，我们追求的富裕是全体人民共同富裕，决不能允许贫富差距越来越大。实现共同富裕，首先要通过全国人民共同奋斗把'蛋糕'做大做好，然后

---

① 胡锦涛.坚定不移沿着中国特色社会主义道路前进 为全面建成小康社会而奋斗——在中国共产党第十八次全国代表大会上的报告[M].北京：人民出版社，2012：2.

通过合理的制度安排正确处理增长和分配关系,把'蛋糕'切好分好,让人民群众真真切切感受到共同富裕不仅仅是一个口号,而是看得见、摸得着、真实可感的事实。"①

21世纪以来,浙江省坚定不移地沿着习近平同志指引的路径推进区域协调发展、全体人民共同富裕,相继实施了包括"山海协作工程""欠发达乡镇奔小康工程""低收入群众增收行动计划"等在内的一系列针对欠发达地区加快发展的扶持措施,有力地推动了欠发达地区在产业发展、基础设施联通、公共服务共享等方面的发展,提升了浙江省"山海"人民的获得感、安全感和幸福感,为实现"山海"地区共同富裕提供了有效路径。但在新的发展征程上,浙江省山区依然面临着多重掣肘因素,诸如生态产品价值实现不充分、产业协作能级低水平、基本公共服务优质共享程度不高、财政赤字居高不下等,成为整体推进共同富裕的短板弱项。

正如习近平总书记所言,"我们追求的发展是造福人民的发展,我们追求的富裕是全体人民共同富裕"②。经济发展较好的杭州、宁波等发达地区是浙江的一部分,经济发展水平较低的丽水、衢州等欠发达地区也是浙江的一部分,在全面建成小康社会、迈向共同富裕征程上一个都不能少、一个都不能丢。因此,如何发挥浙江省动态优势、协同推进欠发达地区与发达地区发展,高水平推进生态建设、区域协调发展、创新驱动发展,成为全面推进共同富裕的首要任务与重点突破口。

二、推进共同富裕的重要举措

(一)高水平践行"绿水青山就是金山银山"理念

生态文明建设是关系中华民族永续发展的根本大计。党的十八大以

---

① 中共中央宣传部.习近平新时代中国特色社会主义思想学习纲要[M].北京:人民出版社,2023:71.
② 中共中央文献研究室.习近平关于社会主义社会建设论述摘编[M].北京:中央文献出版社,2017:35.

来,以习近平同志为核心的党中央就经济建设、政治建设、文化建设、社会建设以及生态文明建设"五位一体"作出重大战略部署,陆续出台一系列生态文明建设战略决策(见表 1-5),为推动全国范围内发展方式转型、积极稳妥推进碳达峰碳中和、科学开展生态系统保护和修复提供了顶层设计。为此,浙江省坚持走"绿水青山就是金山银山"的发展新路子,以加强资源节约集约循环利用、推进环境治理与生态保护、积极稳妥应对气候变化以及健全生态文明制度体系为重点方面,加快推进美丽浙江建设。

具体而言,一是切实做好化石、钢铁等重资源消耗行业减耗,大力发展循环经济,落实能源、水资源消耗以及建设用地等总量强度双控,推动资源集约化、综合化利用,全面推广企业清洁生产。二是以污水治理为重点持续深化"五水共治",大力实施"十百千万治水大行动",深入实施大气污染防治计划全面推进治气治霾,以浙西南、浙中省级重点生态功能区建设为重点统筹推进生态保护。三是有效控制电力、钢铁等重点行业,渔业、种植业以及畜禽养殖业碳排放来减少温室气体排放,以完善水文、水资源监控体系等方式提高气候适应能力。四是按照不同区域主体功能修订市、县(市、区)干部综合考核实施办法以及指标体系,完善量化、差异化绩效考核标准,建立生态环境惩治制度和责任追偿制度,严格实行生态环境损害赔偿制度,构建人人可以行使知情权、监督权、表达权以及参与权的有效渠道,强化环境保护教育宣传,切实提高公众参与程度。

表 1-5 生态文明建设相关政策文件

文件出台时间	相关文件或部署
2015 年 5 月	《中共中央 国务院关于加快推进生态文明建设的意见》
2015 年 10 月	生态文明建设首次纳入国家五年规划
2015 年 9 月	《生态文明体制改革总体方案》
2016 年 5 月	《关于健全生态保护补偿机制的意见》
2016 年 12 月	《关于加快建立流域上下游横向生态保护补偿机制的指导意见》
2017 年 12 月	《生态环境损害赔偿制度改革方案》
2020 年 4 月	《支持引导黄河全流域建立横向生态补偿机制试点实施方案》
2021 年 9 月	《关于深化生态保护补偿制度改革的意见》

(二)高水平推进区域协调发展

推进全体人民共同富裕是一个动态的过程,不是推动各个不同地区齐头并进,而是通过区域协调发展自觉主动缩小地区差距,保证欠发达地区能够在共富道路上跟上队、赶上速。"全面建成小康社会,强调的不仅是'小康',而且更重要的也是更难做到的是'全面'。'小康'讲的是发展水平,'全面'讲的是发展的平衡性、协调性、可持续性。如果到 2020 年我们在总量和速度上完成了目标,但发展不平衡、不协调、不可持续问题更加严重,短板更加突出,就算不上真正实现了目标,即使最后宣布实现了,也无法得到人民群众和国际社会认可。"①习近平总书记深刻指明了区域协调发展与全面建成小康社会、共同富裕的相互关系。有鉴于此,作为全国区域发展较为均衡的省份之一,浙江深入贯彻习近平总书记"干在实处、走在前列、勇立潮头"的殷切嘱托,以深入推进新型城市化为引领,不断促进城乡发展一体化和区域协调协同发展。

一方面,浙江省从推进户籍制度改革和农业转移人口市民化、健全城乡发展一体化体制机制、促进大中小城市(镇)和城乡协调发展等方面持续发力推进新型城市化建设。同时,浙江省加快建设杭州、宁波、温州、金华—义乌四大都市区,着力建设以宁波舟山港为龙头协同带动杭州湾、象山港、三门湾、台州湾等湾区保护开发的海洋经济区,突出重点生态功能区建设,并建设以钱塘江、瓯江等主要水系为轴带的生态经济走廊。此外,浙江省积极推进国家级城乡建设转型综合示范区建设,以新型城市化推进工程、城镇功能和居住品质提升工程、美丽乡村建设工程为重要抓手推进城乡建设转型。另一方面,2012 年 8 月,浙江省委、省政府办公厅印发《关于推进山海协作产业园建设的意见》,在衢州、丽水等有条件的县(市、区)开始启动建设首批 9个省级山海协作产业园,带动发展提速、实现优势互补,推动欠发达地区与

---

①　习近平. 习近平谈治国理政:第二卷[M]. 北京:外文出版社,2017:78.

发达地区在互利互惠中实现双向发展。此后,浙江省不断探索科创飞地、消薄飞地、生态补偿飞地等"反向飞地"新模式,成功签约共建 18 个"产业飞地"、30 个"消薄飞地",实现山区 26 县全覆盖,累计返利超 2 亿元。

(三)高水平推进精神文明建设

"文化的力量最终可以转化为物质的力量,文化的软实力最终可以转化为经济的硬实力。"[①]为此,浙江省于 2011 年首次提出建设文化强省战略的总体目标。次年,浙江省重视统筹文化与开放的关系,通过《推进文化强省建设的决定》,将中国特色社会主义理论体系普及计划、公民道德养成计划、文艺精品打造计划等纳入打造文化强省的十大计划,开启文化开放与传播的新纪元。2015 年,习近平总书记在浙江考察时指出,浙江历史文化丰厚,历史上文化名人群星璀璨。只要传承历史、守正出新,海纳百川、兼收并蓄,就一定能够实现建设文化强省的目标。[②] 2017 年,浙江省提出高水平全面建成小康社会、高水平推进社会主义现代化建设的两个高水平奋斗目标,将"文化浙江"纳入六个具体目标之中。此后,浙江省通过《关于推进文化浙江建设的意见》,提出重点建设文化浙江的"十大工程",包括马克思主义理论研究和建设工程、社会主义核心价值观引领和公民文明素质提升工程、优秀文化传承发展工程、媒体融合发展工程、文化繁荣发展和高峰攀登工程等。随后在 2020 年,习近平总书记赋予浙江省打造国内先进文化新高地、世界传播中华文明桥头堡的使命担当,提出"努力成为新时代全面展示中国特色社会主义制度优越性的'重要窗口'"[③]的新目标、新定位,推进浙江省从"文化浙江"向"世界窗口"历史性跨越。

---

① 习近平. 干在实处 走在前列:推进浙江新发展的思考与实践[M]. 北京:中共中央党校出版社,2006:294.

② 王勉,应建勇. 习近平总书记心系乌镇[N]. 浙江日报,2015-12-15(1).

③ 本书编写组. 干在实处 勇立潮头:习近平浙江足迹[M]. 北京:人民出版社,杭州:浙江人民出版社,2022:34.

（四）高水平推进市场化改革

市场主体是经济社会发展的重要载体,"激发各类市场主体活力"是浙江一以贯之的重大决策部署。围绕这个部署,浙江省一是立足中小企业,构建具有浙江市场特色的地方性法规体系。早在 2006 年,浙江省就率先制定出台《浙江省促进中小企业发展条例》,这也为 2017 年全国层面出台《中华人民共和国中小企业促进法》提供了重要实践方案与地方经验。此后在 2020 年,浙江省第十三届人民代表大会第三次会议通过《浙江省民营企业发展促进条例》,在省级层面为破除民营企业不平等难题、打造更优营商环境、促进民营企业发展提供了示范法规。二是及时出台法规配套政策体系。在专精特新培育方面,浙江省陆续出台《关于推进中小微企业"专精特新"发展的实施意见》(2017 年)、《关于开展"雏鹰行动"培育隐形冠军企业的实施意见》(2019 年)、《关于大力培育促进"专精特新"中小企业高质量发展的若干意见》(2022 年)等一系列专项性文件。在地方性法规方面,浙江省围绕《浙江省民营企业发展促进条例》,出台包括《规范银行业金融机构对民营企业贷款保证担保的实施意见》(2021 年)、《浙江省银行业金融机构民营企业贷款"两个一致"实施意见(试行)》(2021 年)等文件,为民营企业发展提供更可靠的资金来源。三是优先、重点与扎实推进制造业发展。一方面,浙江省以打造全球先进制造业基地为目标,坚定实施"腾笼换鸟、凤凰涅槃"攻坚行动,严格落实高耗低效企业整治提升,不断淘汰落后产业企业,实现创新强攻、招大引强、质量提升;另一方面,浙江省构建创新型中小企业、省级"专精特新"中小企业、"小巨人"企业等一系列市场主体,不断培育具有全球竞争力的优质企业,壮大浙江省高质量发展的基本盘。

三、共同富裕实践的阶段性成就

党的十八大以来,浙江省结合国际国内发展的新形势、新任务、新要求,从省域层面围绕共同富裕不断探索,在实践中为推进中国式现代化行稳致远不断夯实基础。

（一）生态环境保护取得显著成效

根据《2020年浙江省生态环境状况公报》以及《2020年中国生态环境统计公报》，"十三五"期间，浙江省在环境保护、污染治理方面取得较为突出的发展成果。在水资源方面，2020年浙江省全省地表水断面Ⅰ—Ⅲ类水占比高达94.6%，全省跨行政区交接断面水质达标率达98.6%，全年Ⅰ类和Ⅱ类海水面积达43.4%，相较于2015年，分别高21.7%、25.5%以及11.4%。同时，在废水排放方面，浙江省氨氮排放量位居全国第12名，总氮排放量位居全国第11名。在大气污染方面，2020年，浙江省设区城市PM2.5浓度25微克每立方米（较2015年降低43.2%），设区城市空气质量达标天数93.3%（较2015年提升9.5%），两类指标均超额完成"十三五"规划目标。在自然生态方面，2020年浙江省落实、新增耕地13.01万亩（1亩约0.067公顷，后同），全省农药使用量、化肥使用量分别较上年下降5.2%、4%，全省林地资源面积达659.35万公顷、森林面积607.88万公顷，拥有省级自然保护区16个、国家级自然保护区11个。在污染治理方面，2020年浙江省工业废水治理设施数量、污水处理厂数量、危险废物集中处理厂数量以及处理量分别位居全国第一位、第七位、第二位以及第三位。

（二）浙江区域均衡发展态势持续向好

在全国范围内，2015年至2020年，浙江省城镇居民人均可支配收入从43714元上升至62699元（见表1-6），农村居民可支配收入从21125元增长至31930元，分别增长了43.4%与51.1%，明显高于全国城镇居民可支配收入与农村居民可支配收入增长速度，具有较高的经济发展水平。同时，2015年至2020年，浙江省城乡居民收入比值从2.07下降为1.96，远低于全国城乡居民比值2.56，在共享程度上拥有更高的协调度。更值得注意的是，浙江省2020年城镇居民人均可支配收入与农村居民人均可支配收入在全国省市区分别位列第三位与第二位,在全国省份均位列第一位。

表 1-6　"十三五"期间浙江省与全国城乡人均可支配收入比较

年份	浙江省居民人均可支配收入			全国居民人均可支配收入		
	城镇居民/元	农村居民/元	城乡收入比	城镇居民/元	农村居民/元	城乡收入比
2015	43714	21125	2.07	31195	11422	2.73
2016	47237	22866	2.07	33616	12363	2.72
2017	51261	24956	2.05	36396	13432	2.71
2018	55574	27302	2.04	39251	14617	2.69
2019	60182	29876	2.01	42359	16021	2.64
2020	62699	31930	1.96	43834	17132	2.56

数据来源:历年《浙江统计年鉴》《中国统计年鉴》。

从省域内部来看(见表 1-7),从 2015 年至 2020 年,杭州市人均可支配收入从 42642 元上升为 61879 元(增幅 45.11%),宁波市人均可支配收入从 41373 元上升为 59952 元(增幅 44.91%),温州市人均可支配收入从 36459 元上升为 54025 元(增幅 48.18%),嘉兴市人均可支配收入从 37139 元上升为 54667 元(增幅 47.20%),湖州市人均可支配收入从 34251 元上升为 51800 元(增幅 51.24%),绍兴市人均可支配收入从 38389 元上升为 56600 元(增幅 47.44%),金华市人均可支配收入从 34378 元上升为 50580 元(增幅 47.13%),衢州市人均可支配收入从 24460 元上升为 37935 元(增幅 55.09%),舟山市人均可支配收入从 38254 元上升为 55830 元(增幅 45.95%),台州市人均可支配收入从 33788 元上升为 50643 元(增幅 49.88%),丽水市人均可支配收入从 24402 元上升为 37744 元(增幅 54.68%),具有更快的发展态势,这为缩小区域差距奠定了基础。在浙江省内部区域人均可支配收入最高最低比值方面,从 2015 年至 2020 年,浙江省设区市人均可支配收入最高最低比值从 1.75 逐年下降为 1.64,省域内部发展呈现出持续向好态势。

表 1-7 "十三五"期间浙江省内部人均可支配收入比较

地区	2015 年		2016 年		2017 年		2018 年		2019 年		2020 年	
	金额/元	最高最低倍差	金额/元	最高最低倍差	金额/元	最高最低倍差	金额/元	最高最低倍差	金额/元	最高最低倍差	金额/元	最高最低倍差
杭州市	42642		46116		49832		54348		59261		61879	
宁波市	41373		44641		48233		52402		56982		59952	
温州市	36459		39601		43185		46920		51490		54025	
嘉兴市	37139		40118		43507		47380		51615		54667	
湖州市	34251		37193		40702		44487		48673		51800	
绍兴市	38389	1.75	41506	1.72	45306	1.70	49389	1.69	53839	1.67	56600	1.64
金华市	34378		37159		40629		44326		48155		50580	
衢州市	24460		26745		29378		32269		35412		37935	
舟山市	38254		41564		45195		49217		53568		55830	
台州市	33788		36915		40439		43973		47988		50643	
丽水市	24402		26757		29329		32245		35450		37744	

数据来源：历年《浙江统计年鉴》。

（三）人民精神文明建设成绩斐然

根据清华大学中国新型城镇化研究院编制的《人民幸福指数研究报告2021》，在 283 个地级市中，排名前十的城市中有六个浙江省的城市，分别为金华市（第一）、湖州市（第三）、温州市（第四）、绍兴市（第五）、台州市（第七）、舟山市（第八），同时在省会及计划单列市排名中，杭州市与宁波市分列第一名与第三名，可见浙江省人民拥有较高的幸福感、安全感与获得感。从表 1-8 中可见，在文化产业方面，浙江省文化产业产值迅速提升，从 2012 年的 1582 亿元逐年上升为 2019 年的 4600 亿元，文化产值占地区生产总值的比重也由 4.6％逐步上升为 7.4％，于 2013 年突破 5％。同时，作为对外开放的先行区，2012 年至 2019 年，浙江省文化贸易额从 71.3 亿美元逐年上升为 102.4 亿美元，年均增长率为 5.7％，贸易额占贸易总额的比值也一直维持在 3% 上下。

表 1-8　2012—2019 年浙江省文化产业发展情况

年份	文化产业产值			文化贸易		
	增加值 /亿元	增速/%	占 GDP 比重/%	贸易额 /亿美元	增速/%	占贸易总额 比重/%
2012	1582	25.9	4.6	71.3	7.5	3.2
2013	1880	18.8	5.0	77.1	8.1	3.1
2014	2188	16.4	5.5	83.2	7.9	3.0
2015	2490	13.8	5.8	92.4	11.1	3.3
2016	3233	29.8	6.8	88.2	−4.5	3.3
2017	3745	15.8	7.2	85.6	−2.9	3.0
2018	4215	12.6	7.5	91.9	7.4	2.9
2019	4600	9.1	7.4	102.4	11.4	3.1

数据来源:浙江省统计局、历年《中国文化产业及相关产业统计年鉴》。

（四）市场主体活跃度不断攀升

根据中华全国工商业联合会（以下简称全国工商联）发布的"2020 年中国民营企业 500 强"榜单数据,总体而言,相较于北方地区,南方地区上榜民营企业较多,民营企业竞争力较强,其中,浙江省、江苏省以及广东省是上榜企业数最多的三个省份,数量分别为 96 家、92 家以及 61 家（见表 1-9）,占比分别为 19.2%、18.4% 以及 12.2%。浙江省上榜企业数量最多,可谓拥有较强的民营企业竞争力。同时,2021 年,浙江省有在册市场主体 868.5 万户,新设民营企业 53.1 万户,在册民营企业 290.4 万户,个体户 549.3 万户,分别比上年增长 8.1%、11.4%、11.5%、6.6%。2020 年,新设外商投资企业 2821 家,占比 7.3%,实际使用外资金额 157.8 亿美元,占比 10.6%,列全国第五位。

表 1-9　2020 年全国 500 强民营企业各省份上榜企业数

单位:家

省份	上榜数	省份	上榜数	省份	上榜数	省份	上榜数
上海	21	辽宁	4	河南	12	贵州	1
江苏	92	吉林	3	湖北	16	云南	1
浙江	96	黑龙江	1	湖南	7	西藏	0
安徽	5	陕西	5	广东	61	北京	22
福建	17	甘肃	0	广西	3	天津	6
江西	6	青海	0	海南	0	河北	33
山东	53	宁夏	2	内蒙古	4	山西	5
新疆	3	四川	8	重庆	13		

数据来源:"2020 年中国民营企业 500 强"榜单。

第四节　共同富裕浙江实践的高质量发展期:2021 年至今

历经党和人民数十年的团结奋斗,我们如期打赢脱贫攻坚战,完成全面建成小康社会的历史任务,实现第一个百年奋斗目标,顺利开启全面建设社会主义现代化国家新征程。在此背景下,党中央、国务院支持浙江高质量发展建设共同富裕示范区,并赋予浙江为全国缩小区域发展差距、推进全体人民共同富裕提供省域示范的新定位与新目标。

一、时代背景与阶段特征

在百年未有之大变局加速演进的国际背景下,在新冠疫情暴发、经济全球化遭遇逆流、全球老龄化问题显现、以民粹主义为代表的极端政治力量不断抬头、国际贸易与投资不断萎缩等新旧国际矛盾更迭中,外部不确定因素持续加重、风险挑战不断增多,我国面临的国际环境更加严峻,迈向共同富裕的难度与日俱增。从国内形势审视,我国社会主义初级阶段的基本国情依然没有改变,社会主要矛盾转化为人民日益增长的美好生活需要和不平衡不充分的发展之间的矛盾,区域发展差距、城乡收入分配差距依然凸显。同时,我国南北发展态势出现新情况,呈现经济增速"南快北慢"、经济份额"南升北降"的新特征,一些资源型城市、老工业基地出现劳动力、资本等生产要素严重外流的现象,出现"收缩型城市"问题。

面对新发展阶段的新形势,习近平总书记在庆祝中国共产党成立100周年大会上强调:"新的征程上,我们必须紧紧依靠人民创造历史,坚持全心全意为人民服务的根本宗旨,站稳人民立场,贯彻党的群众路线,尊重人民首创精神,践行以人民为中心的发展思想,发展全过程人民民主,维护社会公平正义,着力解决发展不平衡不充分问题和人民群众急难愁盼问题,推动人的全面发展、全体人民共同富裕取得更为明显的实质性进展!"①鉴于区域间经济发展水平、基础设施通达程度和基本公共服务均等化水平等方面条件与基础不同,促进全体人民共同富裕是一项具有长期性、艰巨性与复杂性的系统工程,亟须寻找部分地区先行先试、做出示范。

多年来,浙江省一以贯之地践行"八八战略",持续深化改革开放,不断将先发优势转化为经济优势,经济实力不断壮大,在探索解决区域发展不平衡不充分问题、促进全体人民共同富裕等方面取得了明显的成效。有鉴于此,2020年3月29日至4月1日,习近平总书记在统筹推进疫情防控和经济社会发展的特殊时期,给予浙江工作充分肯定、特别指引,赋予浙江"努力成为新时代全面展示中国特色社会主义制度优越性的重要窗口"的新目标、新定位,赋予了浙江面向全国、面向全球、面向未来更大的政治责任与使命担当。2021年5月,以习近平同志为核心的党中央审时度势、高度谋划,作出了扎实推动共同富裕的重大决策部署,把共同富裕作为中国式现代化的重要目标,正式发布《中共中央 国务院关于支持浙江高质量发展建设共同富裕示范区的意见》,为浙江开局"十四五"、开启新征程,指明了战略方向与实践路径。

---

① 习近平.习近平谈治国理政:第四卷[M].北京:外文出版社,2022:9.

在历史的新起点，浙江省乘势而上，以"努力成为新时代全面展示中国特色社会主义制度优越性的重要窗口"的目标定位、"干在实处、走在前列、勇立潮头"的精神动力，肩负"高质量发展建设共同富裕示范区"的使命担当，承担着通过实践为破解全国性发展不平衡不充分问题、实现全体人民共同富裕等重大问题提供省域示范的重要责任。

二、推进共同富裕重要举措

全体人民共同富裕是社会主义的本质要求，是中国式现代化的重要特征，是中国共产党执政的根本理念。立足于高质量发展高品质生活先行区、城乡区域协调发展引领区、收入分配制度改革试验区、文明和谐美丽家园展示区的战略定位，浙江开启高水平全面建设社会主义现代化新征程，为全国实现共同富裕先行探路。

（一）经济高质量发展先行示范，打造高品质生活先行区

高质量经济发展是夯实共同富裕的物质基础与前提。唯有以高质量发展不断提高居民收入、生活水平，改善民生，才能使改革发展的成果普惠全体人民、实现高质量品质生活。一方面，培育更加活跃更有创造力的市场主体。全面深入推进国资国企改革，优化国有经济布局和功能结构调整，强化国有资本推动共同富裕的战略功能，进一步保障国有企业发展成果全民共享。全面落实民营企业发展促进条例，完善浙江民营企业培育体系（如"雏鹰行动""凤凰行动""雄鹰行动"等），高质量促进民营经济发展，打造民营经济发展生态最优省，放大民营企业在培育中等收入群体、促进共同富裕方面的积极作用。另一方面，加快建设具有国际竞争力的现代产业体系，壮大共同富裕物质基础。坚持以实体经济发展为着力点，探索"腾笼换鸟、凤凰涅槃"新路径，加快传统制造业转型迭代升级，深入实施制造业产业再造和产业链提升工程，大力提升产业链供应链现代化水平。以促进生产性服务业融合发展、加快生活性服务业品质化发展、深化服务业领域改革开放等方

式,加快推进浙江现代服务业高质量发展。同时,以生命健康产业、新材料产业、新兴产业与未来产业为导向,培育与发展高能级战略平台、新产业平台、现代服务业创新发展区等重大产业平台,做优做强战略性新兴产业和未来产业。

高品质生活以人民日益增长的美好生活需要为根本目的,要从刺激消费、扩大内需着手发力来满足人民群众多样化、品质化与精细化的生活需求。一是以全体人民共同富裕为导向,加强社区商业、农村消费基础设施建设,积极发展夜间经济,大力推进“两新一重”建设和“六个千亿”产业投资工程,打造“浙里来消费”“国货新潮”等品牌,通过培育国际消费中心城市推动新一轮有效投资行动。二是以全民共享数字经济红利为核心,制定消除数字鸿沟的体制机制,深入实施数字生活新服务行动,引进培育数字生活开放平台,拓展在线教育、在线文化、在线医疗等线上消费业态,推动各类数字化平台精细化、精准化与简便化,发挥数字经济的普惠效应。同时,加快优化政府机构职能设置,加快建设“整体智治、唯实惟先”的现代政府,加强数据归集、开放和共享,以全面接轨国际规则,打造市场化、法治化、国际化的一流营商环境,大力提升行政质量、效率与公信力。三是坚持“放水养鱼”、富民导向,大力弘扬浙商精神、企业家精神,实施“品质浙商提升工程”“浙商青蓝接力工程”,打造创业创新创造升级版。

（二）城乡融合、“山海”互济先行示范,打造城乡协调发展引领区

缩小城乡差距、促进区域协调发展是高质量打造共同富裕示范区的重点方向。在处理“山”与“海”的关系方面,针对山区 26 县新时代发展的问题与形势,制定《浙江省山区 26 县跨越式高质量发展实施方案（2021—2025年）》,优化山区发展政策体系,坚持分类施策、一县一策,实施做大产业扩大税源、提升居民收入富民行动,积极探索推行市场化推动山区发展新模式。为强化新时代陆海统筹、山海互济,浙江省制定“山海协作”升级版指导意见,以深化产业链、教育医疗卫生等领域协作实现需求精准对接,总结以往

"飞地"建设的经验并不断加以提升,进一步缩小省域内部发达地区与欠发达地区之间在经济发展、公共服务供给与基础设施水平等方面的差距。

在城乡融合发展方面,浙江省深入推进城乡基础设施一体化,以"内外畅联"攻坚行动、公共交通服务智慧化与均等化全面改善革命老区、民族地区等特殊地区交通基础设施水平,实现高铁、航空、高速公路基本覆盖10万人以上城镇,三级以上公路覆盖90%以上乡镇,城乡公交一体化率达到85%以上,率先打造省域一体化发展格局。同时,以农业转移人口为重点,浙江省持续深入改革户籍制度,深化新型居住证制度,深化"三权到人(户)、权随人(户)走"改革,大力推进农业转移人口市民化集成改革。此外,持续深化"千村示范、万村整治"工程,开展未来乡村建设试点,不断迭代升级未来邻里、乡村文化、特色风貌、乡村善治等场景,大力建设一批具有江南特色、未来特征与发展品质的示范性乡村新社区,建设共同富裕现代化基本单元。

(三)收入分配改革先行示范,打造收入分配制度改革试验区

改善与保障民生,促使人民的获得感、幸福感、安全感更加充实、更有保障、更可持续,是推动共同富裕取得更为明显的实质性进展的重要体现,而这离不开具有效率、公平的分配体系。诚如习近平主席于2022年1月17日在世界经济论坛视频会议上发表演讲时所言:"中国要实现共同富裕,但不是搞平均主义,而是要先把'蛋糕'做大,然后通过合理的制度安排把'蛋糕'分好,水涨船高、各得其所,让发展成果更多更公平惠及全体人民。"[1]一方面,浙江省实施中等收入群体规模倍增计划,在医疗、教育、住房、养老、育幼等方面给予技能人才、科研人员、小微创业者等中等收入群体政策支撑,减轻该群体压力并激发增收潜力,进一步优化中等收入社会结构、稳定中等收入群体。同时,以高质量就业优先政策为导向,完善促进创业带动就业、多

---

① 习近平.坚定信心 勇毅前行 共创后疫情时代美好世界——在2022年世界经济论坛视频会议的演讲[M].北京:人民出版社,2022:9.

渠道灵活就业的保障制度,率先构建新就业形态规范发展、创新发展的政策体系,实施低收入群体基本实现现代化行动,依法规范收入分配秩序,健全完善个人收入和财产信息系统,合理调节过高收入、依法保护合法收入、取缔非法收入。另一方面,完善创新要素参与分配机制,在科研经费使用与收入分配方面给予科研机构与高校更大自主权、在技术路线决定和经费使用方面给予科学家更大权力,不断提高科研人员科技转化收益分享比例。积极利用数字技术,探索设立数据交易试点,推动公共数据开放化、共享化与实时化,以构建知识产权数字化运营体系,强化知识产权保护,加快探索新兴要素价值实现机制。

(四)生态文明与精神文明建设先行示范,打造文明和谐美丽家园展示区

共同富裕既是"经济富裕",也是"生态富裕"。立足县域乡村自然风光与生态资源,深入践行"绿水青山就是金山银山"理念,以村落古镇、名山公园、保护湿地、遗址公园等地区为核心,积极建设城市与城市、城市与乡村之间的交通枢纽,联动发展美丽城市、美丽乡村与美丽城镇,打造一批具有可推广性、可复制性的县域大花园建设典型模式。实施生态保护与修复工程,完善生态环境治理体系,全面提升生物多样性保护水平,加快形成山水林田湖草生命共同体,绘好新时代"富春山居图"。以"高效生态、战略产品"为定位,通过顶层设计与制度创设,持续推进产品特色化、精品化、品牌化,打造具有26县特色的"生态+农业""生态+工业""生态+服务业"等生态经济模式,例如"仙居杨梅""遂昌菊米"等,加快构建生态价值产品实现机制。

共同富裕既是"口袋富裕",也是"脑袋富裕"。习近平总书记曾在全国宣传思想工作会议上的讲话中强调:"只有物质文明建设和精神文明建设都搞好,国家物质力量和精神力量都增强,全国各族人民物质生活和精神生活

都改善,中国特色社会主义事业才能顺利向前推进。"①一是深度挖掘和研究南宋文化、浙东学派、南孔文化、永康学派、阳明心学、和合文化等的丰富内涵,深入实施文化研究工程,擦亮"浙江文化"金名片,提升"美丽浙江""诗画浙江""丝绸之路周"等文化交流活动的影响力,传承弘扬中华优秀传统文化。二是健全党员干部理论学习教育体系,提升理论传播工作实效和理论大众化、普及化水平,推进社会主义核心价值观教育引导、实践养成、制度保障体系建设,大力弘扬时代新风,全面提升社会文化程度。三是以日益美好的物质生活需求为内核,借助数字技术实施文化产业数字化战略,优化文化产业发展布局,打造以乡村旅游、森林康养、民宿经济等为标识的全域旅游示范省,丰富高品质与多样化的文化产品和服务供给,加快文化产业高质量发展。

三、共同富裕实践的阶段性成就

共同富裕是一项系统性工程,既需要经济高质量发展来保证发展的质量和效益,也需要处理好公平与效率的关系来不断缩小发展差距。高质量发展建设共同富裕示范区,不仅要求浙江在纵向比较意义上有着较快的发展势头,还要求在横向比较意义上有着更为均衡的发展态势。唯其如此,才能为全国加快区域协调发展、实现全体人民共同富裕先行探路、积累经验、提供示范。

从省份比较来看,浙江在发展水平与共享水平方面具有优势。广东、江苏、山东与浙江是我国经济发展前四强省份,2021年四省地区生产总值合计占全国经济总量约35%,在一定的发展程度上具有可比性。在经济发展水平(见表1-10)上,2021年,浙江在"蛋糕总量"方面小于广东、江苏、山东三省,地区生产总值占广东的59.1%,占江苏的63.2%,占山东的88.5%;而在"人均蛋糕"方面,浙江人均地区生产总值(113032元)仅次于江苏的

---

① 习近平. 习近平谈治国理政:第一卷[M]. 北京:外文出版社,2018:153.

137039 元,高于广东的 98285 元与山东的 81727 元。在共享程度方面,从居民人均可支配收入最高与最低地区倍差来看,2021 年,浙江全体居民、城镇居民倍差分别为 1.61 与 1.40,大幅度低于广东(2.98、2.53)、江苏(2.34、2.19)与山东(2.15、1.89);同时农村居民收入倍差为 1.65,仅次于山东省(1.55)。从居民消费支出最高与最低地区倍差来看,2021 年,浙江全体居民、城镇居民倍差分别为 1.78 与 1.55,大幅度低于广东(2.82、2.47)、江苏(2.32、2.14)与山东(2.11、2.03);农村居民消费支出倍差为 1.69,仅次于山东省(1.61)。从上述结果来看,浙江省整体上具有较好的发展势头,并且在协调上也具有一定优势。

表 1-10　2021 年浙江、广东、江苏、山东四省经济发展情况对比

项目	广东	江苏	山东	浙江
GDP/万亿元	12.4370	11.6364	8.3096	7.3516
增速/%	8.00	8.60	8.30	8.50
人均 GDP/元	98285	137039	81727	113032
全体居民可支配收入倍差	2.98	2.34	2.15	1.61
城镇居民可支配收入倍差	2.53	2.19	1.89	1.40
农村居民可支配收入倍差	2.40	1.92	1.55	1.65
全体居民消费支出倍差	2.82	2.32	2.11	1.78
城镇居民消费支出倍差	2.47	2.14	2.03	1.55
农村居民消费支出倍差	2.13	2.39	1.61	1.69

数据来源:作者手工整理浙江、广东、江苏、山东四省统计公报并计算得到。

从省域内部比较来看,山区 26 县高质量发展持续发力,在共同富裕进程中蹄疾步稳。根据浙江省统计局公布的数据,2022 年,浙江山区 26 县实现地区生产总值 7404.0 亿元,占全省的比重提高到 9.5%,增速比全省高 1.0 个百分点。其中,第一产业、第二产业与第三产业增加值分别为 457.0 亿元、3071.8 亿元和 3875.1 亿元,增速均高于全省平均值,分别为 4.0%、4.4% 和 4.0%。在收入方面,山区 26 县全体居民、城镇居民和农村居民人均可支配收入分别为 44560 元、56303 元和 29607 元,比上年增长 5.7%、

4.8%和7.2%,增速分别比全省高0.9个、0.7个和0.6个百分点。山区26县城乡居民收入差距不断缩小,倍差比为1.9,与全省持平,比上年缩小0.04,缩小幅度大于全省的0.004。更值得注意的是,在低收入群体方面,山区26县低收入农户人均可支配收入为17329元,增长15.8%,增速比全省高1.2个百分点。

第二章　促进经济高质量发展

2017年10月,党的十九大报告提出,我国经济已由高速增长阶段转向高质量发展阶段。2022年10月,党的二十大报告进一步指出,高质量发展是全面建设社会主义现代化国家的首要任务,进一步凸显了发展质量的全局和长远意义。改革开放40多年来,浙江人民秉承"求真务实、诚信和谐、开放图强"的浙江精神,"干在实处、走在前列、勇立潮头",取得了改革开放和社会主义建设的历史性成就。本章聚焦浙江省改革开放以来的生动实践,着重介绍民营经济、数字经济、创新发展、营商环境建设和绿色发展等方面的高质量发展历程,同时穿插高质量发展过程中的一些经典案例。

第一节　民营经济促浙江高质量发展

改革开放不断深化的过程,也是民营经济迅速发展和持续壮大的过程。民营经济从"有益补充"到"重要组成部分""重要基础",再到"共同发展"和"两个毫不动摇",其地位不断提高并得以巩固。发展民营经济有助于稳定经济发展动能、增加就业岗位、加速技术创新、实现碳达峰和碳中和目标,对构筑新发展格局、实现经济高质量发展发挥着重要支撑作用。民营经济是浙江经济发展的最大特色和最大优势,是浙江经济发展的一张"金名片"。改革开放以来,在党和政府的正确指引下,浙江省民营经济从小到大、由弱变强,在增加税收、拉动就业、推动自主创新和扩大出口等方面发挥了举足轻重的作用,成为推动经济发展不可或缺的强大力量。2021年,浙江省民营经济创造增加值49200亿元,占地区生产总值的67%左右,民营经济已经成为浙江发展的生力军、平稳发展的压舱石、共同富裕的主引擎。

一、浙江省民营经济高质量发展历程

1978年,我国的改革开放事业刚刚起步,这一年,浙江实现经济增加值123.7亿元,其中的94.3%都是由公有制经济创造的,由非公有制经济创造的增加值仅占5.7%;在工业增加值中,公有制经济占100%。这一年,党的十一届三中全会拉开了改革开放的大幕,浙江涌现出了第一批农民企业家。40多年风雨征程,浙江省民营经济先后历经恢复发展、高速起飞、健康有序发展和转型发展阶段,迎难而上、破浪前行,2021年创造增加值49200亿元,占地区生产总值的比重达到67%,发挥着越来越重要的作用。

(一)民营经济恢复发展(1979—1991年)

随着改革开放的不断深入,个体经济在全国范围内也逐渐得以发展。1979年4月9日,国务院批转了《关于全国工商行政管理局长会议的报告》,同意恢复和发展个体经济。这是中共中央、国务院批准的第一个有关个体经济的报告,虽然其中仍然有种种限制,但它为个体经济发展打开了绿灯。1980年,浙江温州的章华妹领到了第一张个体工商户营业执照,在浙江乃至全国的民营经济发展史上具有标志性的意义(程雷生,2019)。1981年7月,《关于城镇非农业个体经济若干政策性规定》颁布,在1983年又发布了补充规定,完善了个体经济发展的相关政策。1982年,党的十二大进一步提出:"在农村和城市,都要鼓励劳动者个体经济在国家规定的范围内和工商行政管理下适当发展。"同年12月4日,修改后的宪法中首次明确规定城乡劳动者个体经济是社会主义公有制经济的补充,从根本上确立了个体经济的合法地位,发展个体经济获得了国家宪法的许可,自此个体经济的发展愈发蓬勃。不过,此时还不允许发展私营经济(董大伟,2017)。

1987 年 10 月,党的十三大报告指出,私营经济也是公有制经济必要的和有益的补充,明确肯定了私营经济的重要作用。1988 年通过的《中华人民共和国宪法修正案》提出:"私营经济是社会主义公有制经济的补充,国家保护私营经济的合法权益。"从此,私营经济作为社会主义公有制经济的补充,其发展得到国家的许可,其管理被纳入法制的轨道(冯辉,2004)。到 1990年,浙江省非公有制经济的比重上升了 10 个百分点,占比为 15.7%。1991年的统计数据显示,浙江登记注册的私营企业有 9.2 万家,从业人员 16.9万人,注册资金 7.3 亿元。与改革开放之初相比,浙江民营经济已经得到了较大程度的发展,取得了令人欣喜的成绩,老百姓的创业热情日益高涨,民营经济的未来令人瞩目。

(二)民营经济高速起飞阶段(1992—2000 年)

1992 年初,邓小平同志先后到武昌、深圳、珠海、上海等南方各地视察,其间发表了一系列重要谈话,在中国改革开放史上具有重要转折意义。在这次视察中,邓小平同志科学地总结了党的十一届三中全会以来的基本经验,指出"社会主义的本质,是解放生产力,发展生产力,消灭剥削,消除两极分化,最终达到共同富裕"[①]。邓小平同志的这次视察全面扫除了发展经济的思想障碍,极大地鼓舞了全党和全国各族人民的士气。1993 年初,浙江省委办公厅、省政府办公厅发布了《关于促进个体、私营经济健康发展的通知》,浙江民营企业的经营者们更加放开手脚,民营经济得到进一步发展。1997 年在全国首批 500 家最大的私营企业中,浙江占 112 家,总量居全国第一,浙江省民营经济发展走在了全国前列。1997 年底,为进一步发展民营经济,浙江省委、省政府发布了《关于大力发展个体私营等非公有制经济的通知》(省委〔1998〕2 号),明确了今后一个时期发展非公有制经济总的指导思

---

① 邓小平.邓小平文选:第三卷[M].北京:人民出版社,1993:373.

想：要积极创造平等竞争的环境，在政策上一视同仁。要从过去单纯注重量的扩张，转向量和质的并重，在质的提高中发展；从过去不同程度的自发盲目发展，转向在政策引导和依法管理基础上有序健康发展。这一时期，浙江省民营企业数量迅速增加，从业人员规模不断扩大，2000年，浙江省工商登记注册的个体工商户和私营企业分别为158.9万户和17.9万家，从业人员数量分别为272.4万和300.5万人，浙江民营经济高速发展，不断壮大，成为国民经济的重要组成部分。

（三）民营经济健康有序发展阶段（2001—2011年）

2001年，我国正式加入世界贸易组织，标志着我国的对外开放事业进入了新的发展阶段，民营经济的市场空间进一步扩大，民营企业的管理和经营实力开始逐步与国际接轨。2002年，党的十六大报告提出了两个"毫不动摇"的方针，即必须毫不动摇地巩固和发展公有制经济，必须毫不动摇地鼓励、支持和引导非公有制经济发展。同年7月，浙江发布《关于进一步加快民营科技企业发展的若干意见》，推动加快民营科技企业发展，推进科技强省和经济强省建设——面对日益激烈的市场竞争，也只有不断创新才能维持自身的发展。2004年2月3日，浙江省委、省政府主持召开了浙江省首届"全省民营经济工作会议"，会议由省委、省政府主要领导，省市各单位主要领导，以及浙江省50强民营企业和50佳个体工商户的代表参加。几天后，中共浙江省委、浙江省人民政府发布了《关于推动民营经济新飞跃的若干意见》，在优化民营经济结构、推进民营企业创新、改善民营经济发展环境和加强对民营企业服务和监管等方面提出了一系列的举措，民营经济迎来了发展的春天。2005年2月19日，被很多企业家称为"开创历史的日子"，这一天，《国务院关于鼓励支持和引导个体私营等非公有制经济发展的若干意见》正式出台，这份文件包含七大措施36条内容，时称"非公经济36条"。2010年5月，国务院针对制约民间投资发展的各种困难和障碍，又颁发了《国务院关于鼓励和引导民间投资健康发展的若干意见》，内容共计36条，被称为"新36条"。在短短5年时间里,国务院连续出台两个促进民营经济发展的"36条",充分表明国家高度关注民营企业的生存状况,高度重视并坚定支持民营经济发展,下决心打破影响民营经济发展的体制机制性障碍,建立统一开放、公平公正、竞争有序的市场经济体系的魄力和信心。

这一段时间,在改革开放之初曾发挥重要作用的集体经济逐步从大部分领域退出,民营经济开始发挥越来越重要的作用。2001—2012年,浙江省个体私营经济增加值年均增长18.9%,比同期地区生产总值年均增速高3.4个百分点,占地区生产总值的比重从2000年的40.9%提高到2012年的58%,民营经济已经成为浙江经济发展的主要动力和引擎(王娟,2021)。

(四)民营经济转型发展阶段(2012年至今)

党的十八大报告提出,要全面深化国有企业改革,实现公有制的多种实现形式。在此指导下,党和国家出台了全面落实混合所有制改革配套措施,鼓励民营经济与国有经济通过混合所有制改革实现互动。党的十九大把"两个毫不动摇"写入新时代坚持和发展中国特色社会主义的基本方略,作为党和国家一项大政方针进一步确定下来。2015年6月,浙江省政府办公厅发布了《关于推进民营企业对接现代技术现代金融工作的意见》,以科技和金融"两翼"助推民营企业不断增强自主创新能力与核心竞争力。2017年5月,国务院发布了《关于加快推进"多证合一"改革的指导意见》和《关于进一步激发民间有效投资活力促进经济持续健康发展的指导意见》,部署推进营商环境改革。2019年12月,《中共中央 国务院关于营造更好发展环境支持民营企业改革发展的意见》发布,进一步激发了民营企业发展活力,增强了民营企业发展信心,鼓舞了民营企业家的士气,也极大地调动了民营企业家参与社会主义现代化事业建设的积极性。2020年新冠疫情后,民营企业发展遭遇了较大的困难,同年2月,《浙江省民营企业发展促进条例》正式实施,从市场准入、营商环境、减税降费、融资支持等方面出台一系列政策举措,为浙江省民营经济高质量发展提供了法治保障,推动和激励广大民营企业走向更加广阔的舞台。2022年1月，浙江省民营经济发展大会召开，进一步坚定了民营企业发展信心和发展方向；4月，浙江省政府办公厅发布《关于扶持个体工商户纾困发展的若干意见》，以提振广大个体工商户发展信心、稳定生产经营。这段时间民营经济发展成绩斐然，如图2-1所示，规模以上私营工业企业总产值从2013年的25792.12亿元增长至2021年的48470.10亿元，几乎翻了一倍。图2-2展示了2020年浙江省各地级市规模以上私营工业企业总产值，从数据来看，宁波市2020年实现规模以上私营工业企业总产值8186.8亿元，杭州、嘉兴及绍兴这一指标也均突破4000亿元。从各市上规模民营企业数量（见图2-3）来看，杭州、嘉兴、绍兴及宁波均在200家以上。

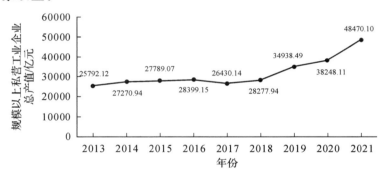

图2-1　2013—2021年浙江省规模以上私营工业企业总产值

数据来源：历年《浙江统计年鉴》。

2022年10月，党的二十大报告中再一次明确提出要坚持"两个毫不动摇"。在此指引下，浙江省民营经济必将加快发展步伐，锐意进取，不断前行，在新时代新征程上发挥更加重要的作用，助力高质量共同富裕示范区建设。

二、民营经济推动经济高质量发展的内在逻辑

当前，我国经济已由高速增长阶段转向高质量发展阶段，民营经济作为经济发展的主体，对于推动经济高质量发展将继续发挥重要作用。同时，浙江高质量共同富裕示范区建设也离不开民营经济的参与。

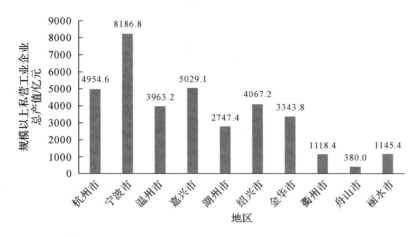

图 2-2　2020 年浙江省各地区规模以上私营工业企业总产值

数据来源:浙江省各地级市 2021 年统计年鉴,未找到台州市该项数据。

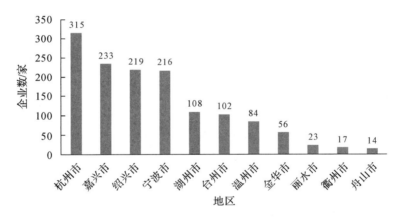

图 2-3　2022 年浙江省上规模民营企业各市分布数量

数据来源:《2022 浙江省上规模民营企业调研分析报告》。

(一)民营经济是中国经济发展的主体

国内经济学界经常用"56789"来说明民营经济的贡献:缴纳了 50% 以上的税收,产出了 60% 以上的 GDP,创造了 70% 以上的科技成果,吸纳了 80% 以上的就业人口,企业数量占比超过 90%。在浙江,民营经济的贡献度更高。2021 年,浙江省税收收入的 73.4% 来自民营经济,民营企业货物出口

2.46 万亿元,进口 6814 亿元,分别占全省总额的 81.6% 和 60.3%,民营经济就业人员占比为 87.5%,民营经济成为吸纳新增就业、增加居民收入的重要渠道。民营经济对国民经济的贡献不仅体现在这些数据上,民营经济的蓬勃发展还提升了经济发展的活力,增强了经济发展的韧性,特别是在面对新冠疫情冲击的背景下,民营经济明显缓冲了经济风险,增强了产业体系的弹性。可以说,中国经济发展取得今天的成绩离不开民营经济,未来中国经济高质量发展的过程中,民营经济同样不可或缺。

(二)民营经济是实现共同富裕的主力军

2021 年,共同富裕示范区建设落户浙江,这对浙江民营经济发展而言是一个难得的机遇。共同富裕是高质量发展的题中应有之义,在高质量发展中促进共同富裕,民营经济在这场"持久战"中有着特别重要的作用。实现共同富裕,必须壮大民营经济,发挥民营经济的主渠道作用。在推动发展成果惠及全体人民、扎实推动共同富裕的过程中,民营企业一方面可以通过市场循环实现自身高质量、可持续发展,推动经济发展的"蛋糕"做大、做好;另一方面还可以通过拉动就业,提高居民收入,并积极履行社会责任,参与和兴办社会公益事业,先富帮后富,创造更大的社会价值,分好发展"蛋糕"(任晓猛等,2022)。

三、民营经济高质量发展的温州实践

温州是中国民营经济的重要发祥地。20 世纪八九十年代,"温州模式"促进了当地经济起飞。步入 21 世纪之后,特别是金融危机之后,民营经济发展面临着诸多挑战,在此背景下,2008 年,温州市开始进行民营经济创新发展综合配套改革。进入新时代以来,为促进非公有制经济健康发展和非公有制经济人士健康成长,2018 年温州市开始创建"两个健康"先行区,出台了一系列政策措施,取得了丰硕的成果,积累了丰富的经验,对全国其他地区民营经济发展起到了良好的示范作用。

（一）民营经济占主导的"温州模式"

1980 年 11 月,温州市革命委员会批准市工商行政管理局对个体工商户进行全面整顿、登记、发证工作。1983 年 2 月,永嘉县人民政府批准建立桥头纽扣市场,这是浙江省最早的专业市场之一。1985—2000 年,民营经济的主导地位不断强化,而民营经济占主导这一特征确立的过程则被概括为"温州模式"(方立明和奚从清,2005)。民营经济在温州的发展有其必然性,是资源禀赋、文化传统和政策支持等因素共同作用的结果,其主要成因可以概括为以下几点:一是人多地少的资源禀赋结构。温州地形是"七山二水一分田",人口与土地之间的关系一直都很紧张。紧张的人地关系使得温州人很早就形成了外出经商和务工的传统,为"温州模式"积累起了人力资源。外出经商和务工获得的收入,为从事家庭工业提供了启动资金。二是义利并举的区域文化。义利并举的区域文化孕育出温州人冒险、务实和创新的精神,让温州在改革春风乍起之时就成为实干家、创业家的乐园。三是发展落后的经济现实。温州地处沿海,临近台湾。改革开放前,由于两岸关系,国家对温州的投资十分有限(黄群慧和杜创,2021)。在计划经济体制下,国家投资少直接导致温州经济发展缓慢。发展落后尤其是国有经济薄弱,使得广大剩余劳动力只能通过发展民营经济找出路,温州市地方政府也主要依靠民营经济获取足够的财政收入(陈明乾,2002)。2000 年,温州市私营工业企业产值为 135.6 亿元,占全市工业总产值的 7.5%,个体工业户产值为530.1 亿元,占全市工业总产值的 29.3%[①],民营经济发展势头迅猛,势不可挡。

（二）再创"温州模式"新优势

2008 年 12 月 11 日,温州市政府下发了《温州市民营经济创新发展综合

[①]　浙江民营经济年鉴编纂委员会.浙江非国有经济年鉴(2001)[M].北京:中华书局,2002:106.

配套改革试点总体方案》，该方案列出了 16 项民营经济创新发展的综合配套改革内容，包括制度创新、要素供给、市场准入、和谐创业、发展环境五个方面，力争通过五年改革试点工作，将温州建设成为机制体制更活、创新能力更强、发展环境更优的民营经济创新发展示范区，为浙江省乃至全国的民营经济改革发展积累经验。自启动民营经济创新发展综合配套改革试点以来，温州市进行了一系列改革。一是全面启动金融综合改革试点。2012 年温州市金融综合改革试验区获国务院批准设立，编制了试验区实施方案，明确了试点重点任务。二是实施扩大民间投资改革试点。出台鼓励和引导民间投资健康发展的实施意见，建立民间投资项目库；进一步优化民间投资项目审批服务，出台优化民间投资建设项目审批流程实施办法，将审批时限由原来的 150 天缩短为 37 天。三是推进乡镇行政区划调整和强镇扩权改革。将 290 个乡镇（街道）调整为 131 个，缩减 54.8%，中心镇规模进一步扩大。全面开展强镇扩权改革，通过延伸机构、搭建平台等方式，扩大试点镇土地使用、财政支配、行政审批、事务管理等权限。四是推进政府部分职能向行业协会转移改革。开展政府技术性服务性职能向行业协会转移试点，共有 9 个部门的 100 余项职能转移给行业协会承接。如图 2-4 所示，2009 年，温州市民营经济生产总值为 2046.89 亿元，经过 10 年的发展，这一数值翻了一倍多，2019 年温州市民营经济生产总值达到了 5618.00 亿元。

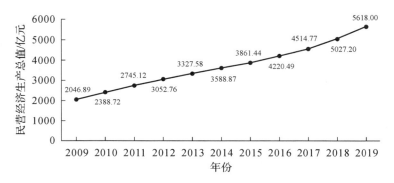

图 2-4 2009—2019 年温州市民营经济生产总值

数据来源：历年《浙江民营经济年鉴》《浙江非公有制经济年鉴》。

（三）新时代"温州模式"的新探索

在 2015 年中央统战工作会议上，习近平总书记明确指出："促进非公有制经济健康发展和非公有制经济人士健康成长是重大经济问题，也是重大政治问题。"[①]2017 年，党的十九大报告指出，要"构建亲清新型政商关系，促进非公有制经济健康发展和非公有制经济人士健康成长"。2018 年 8 月，温州获批创建全国首个新时代"两个健康"先行区，开启了新时代温州民营经济高质量发展的新征程。自获批创建新时代"两个健康"先行区以来，温州实施了一系列改革措施，市场主体数量、营商环境、民营企业家履行社会责任等重要指标稳进提质。为了评估企业的获得感究竟如何，温州市经过近一年的研究，推出《民营经济健康发展评价指标体系（温州）》，一方面客观评价当地民营经济的质量成色和健康程度，另一方面为当地政府更精准、高效服务企业提供了一套量化指标体系。可以定性地说，温州民营经济发展和民营企业家成长"更加健康"。表 2-1 对比了温州市与浙江省总体的工业企业情况，温州市私营工业企业的总产值占比要明显高于全省平均水平，2020年温州市私营工业企业的总产值占全市的 70％以上，同年浙江省总体这一比例仅为 50％，由此可以看出民营经济对温州经济发展的重要性。

表 2-1　浙江省与温州市私营、外资和港澳台资工业企业的总产值占比

单位：％

所有制	地区	2015 年	2016 年	2017 年	2018 年	2019 年	2020 年
私营工业企业	温州市	48.26	46.19	44.03	50.29	67.2	70.11
	浙江省	41.59	41.19	39.85	40.53	47.36	50.54
外资和港澳台资工业企业	温州市	7.65	6.89	6.95	6.56	5.92	5.77
	浙江省	22.42	21.8	22.46	20.43	20.21	20.05

注：统计范围为规模以上工业企业。温州市和浙江省的数据分别来自《温州统计年鉴（2021）》和《浙江统计年鉴（2021）》。

---

① 中共中央文献研究室.习近平关于社会主义政治建设论述摘编[M].北京:中央文献出版社,2017:136.

表 2-2 展示了 2019 年温州市民营经济的发展状况。经初步测算，2019年温州市实现民营经济增加值 5618.00 亿元，占温州市地区生产总值的 85.0%；民间投资总额占比为 61.2%；民营企业直接出口 1575.19 亿元，占全部出口总额的 93.5%；民营企业上缴税收 783.3 亿元，占全部税收的 89.0%；民营企业就业人数 193.25 万人，占全部就业人数的 89.2%。在"两个健康"的正确指引下，温州民营经济必将创造新的辉煌。

表 2-2　2019 年温州市民营经济主要指标

指标	单位	数额	占全部比重/%
民营经济增加值	亿元	5618.00	85.0
民营经济税收	亿元	783.30	89.0
民间投资	亿元	—	61.2
民营经济外贸出口额	亿元	1575.19	93.5
民营企业就业人数	万人	193.25	89.2

数据来源：《浙江民营经济年鉴（2020）》。

第二节　营商环境激发市场主体活力

营造一流营商环境，是政府提供公共服务的重要内容，也是实现高质量发展的重要基础和关键一环。党的二十大报告指出，要"营造市场化、法治化、国际化一流营商环境"。改革开放 40 多年来，我国始终坚持和发展中国特色社会主义，使市场在资源配置中起决定性作用和更好发挥政府作用。40 多年的改革开放历程也是我国营商环境不断优化、商业规则不断规范、社会治理体系和能力不断加强的过程。根据全国工商联发布的 2022 年度万家民营企业评营商环境调查，浙江省营商环境排名第一，杭州市和温州市营商环境位列前十，这表明浙江省营商环境建设获得了广大民营企业家的一致认可，营商环境改革成效显著，极大激发了市场主体活力和内生动力，有力提振了市场信心，推动了浙江经济的高质量发展。

一、浙江省营商环境改革历程

营商环境是市场经济的培育之土,是市场主体的生命之氧,只有不断改善营商环境,才能真正解放和发展生产力、提高竞争力。营商环境提升是一场深刻的体制改革和制度创新,是具有基础性、全局性和长远性的复杂工程,任重而道远。浙江省营商环境40多年的改革历程可以大致划分为以下几个阶段。

(一)营商环境初步改善阶段(1978—2001年)

1978年,党的十一届三中全会的顺利召开标志着我国进入了改革开放的历史新时期。在政策支持下,国内个体经济和私营经济开始发展了起来,吸引外商直接投资也是重点之一。1978年9月5日,国务院召开全国计划会议,提出要利用国外资金,大胆进入国际市场。为了吸引外资,改善营商环境成为各地区特别是沿海地区工作的重点。1987年4月6日,在《人民日报》的一篇报道中,时任福建省委书记陈光毅说道:"今后除要继续搞好能源、交通、供水、通信设施等方面的'硬环境'建设外,更要重视'软环境'建设,主要是教育和培训干部树立开放意识,开阔思路,在对外开放中改善服务、提高办事效率,健全各种管理制度。"[①]1992年,邓小平南方谈话吹响了中国新一轮改革开放的号角。1998年4月14日,浙江省人民政府发布了《关于进一步改善外商投资软环境的决定》,提出要简化审批手续,提高办事效率,规范收费行为,减轻外商投资企业负担,为外商创造良好的工作和生活条件。2000年,中共浙江省委、省政府发布了《关于进一步扩大对外开放加快发展开放型经济的决定》,提出要"大力改善软环境,营造开放型经济发展的法制环境"。经过这一段时间的改革,浙江省的营商环境得到了明显的改善,但不可否认的是,营商环境方面仍然存在很多问题,还需要进一步加

---

① 王锦鸪.敞开对外开放的窗口——来自福建省的人大代表谈开放[N].人民日报,1987-04-06(2).

大改革力度。同时,不仅是要重视吸引外商投资的营商环境改革,更是要推进整体营商环境改革。

(二)营商环境改革深化推进阶段(2002—2012 年)

以我国加入 WTO 为标志,我国进入对外开放新时代。加入 WTO 促使我国加快在市场规则、运行机制、法律制度等方面与国际市场接轨步伐,也推动我国营商环境进一步深化改革。2001 年 10 月,国务院发布了《国务院批转关于行政审批制度改革工作实施意见的通知》,行政审批制度改革正式启动。2004 年 3 月,国务院印发《全面推进依法行政实施纲要》,确立了建设法治政府的目标,7 月《中华人民共和国行政许可法》正式实施。同年 12 月,时任浙江省省长吕祖善在"中国浙江"政府门户网站建设工作会议上指出,要从提高执政能力的高度来重视和推进政府门户网站建设。[①] 2006 年 4 月26 日,《中共浙江省委关于建设"法治浙江"的决定》发布,法律是个人和企业保障自身合法权益的有力武器,法治浙江建设对于接下来进行营商环境改革具有重要意义。2009 年,浙江省继续深化扩权强县改革,《浙江省加强县级人民政府行政管理职能若干规定》于 8 月 1 日正式实施,此次改革共下放443 项审批权限给县级部门(袁亚平,2009)。县级扩权后,政府的行政效率显著提高,大幅降低了企业的时间成本和经营成本。以加入 WTO 为契机,这一段时间浙江省不断优化营商环境,经过 10 余年的改革,取得了明显成效。

(三)营商环境优化提升阶段(2013 年至今)

2013 年,党的十八届三中全会首次提出建设"法治化营商环境"的目标。2013 年 1 月,时任浙江省代省长李强在代表浙江省人民政府所作的政府工作报告中明确,浙江要力争成为审批事项最少、速度最快的省份。同年 11月,作为全国唯一试点省,浙江省启动以"权力清单"为基础的"三张清单一

---

① 吕祖善.积极推进政府门户网站建设 不断提高行政管理能力和水平[J].信息化建设,2005(3):6-8.

张网"建设。2014 年 6 月,全国首个省、市、县一体化的网上政务服务平台——浙江政务服务网开通运行。随后浙江又在全国率先部署"责任清单"工作,逐步形成"四张清单一张网"的政府改革总抓手,这一系列改革举措极大提高了办事效率,企业的获得感大幅提升。在此基础上,2016 年 12 月,浙江省开始进行"最多跑一次"改革,2017 年 2 月,浙江省政府下发《关于印发加快推进"最多跑一次"改革实施方案的通知》,"最多跑一次"改革全面启动,这一大刀阔斧的改革深刻地体现了"以人民为中心"的发展理念,老百姓反映的办事难、办事慢、办事繁等一系列问题从根本上得到了解决。2019 年 6 月,国务院召开全国深化"放管服"改革优化营商环境电视电话会议,会议对深化"放管服"改革作出部署,推动"放管服"改革和优化营商环境取得更大成效。2021 年 7 月,浙江省人民政府办公厅发布了《关于进一步深化企业减负担降成本改革的若干意见》,提出"两减五降"减负政策,全面实施制度性减税降费,扩大自主减负力度,切实降低企业税收负担,这是浙江连续第六年出台减负降本政策。2021 年 12 月,浙江省制定了《浙江省营商环境优化提升行动方案》,以进一步优化浙江省营商环境,更大程度激发市场主体活力。2023 年,浙江省政府工作报告把持续优化营商环境作为"一号改革工程",对浙江积极构建亲清政商关系,营造市场化、法治化、国际化一流营商环境工作作出重要决策部署。图 2-5 展示了浙江省及全国平均市场化指数,数据来源于王小鲁等发布的《中国分省份市场化指数报告》,结果显示,

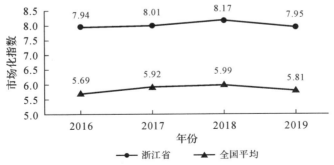

图 2-5　2016—2019 年浙江省及全国平均市场化指数

数据来源:《中国分省份市场化指数报告》。

2016—2019 年浙江省营商环境优于全国平均水平。根据全国工商联发布的"万家民营企业评营商环境"调查结论,2020—2022 年度,浙江省连续三年营商环境得分位列各省(区、市)第一。表 2-3 展示了 2021 年浙江省工业大县(市、区)营商环境综合排名前 20 强,义乌市、杭州市萧山区、宁波市鄞州区位列前三名。

表 2-3　2021 年浙江省工业大县(市、区)营商环境综合排名前 20 强

排名	县(市、区)	排名	县(市、区)
1	义乌市	11	上城区
2	萧山区	12	富阳区
3	鄞州区	13	北仑区
4	江北区	14	柯桥区
5	吴兴区	15	滨江区
6	海曙区	16	瑞安市
7	嘉善县	17	临安区
8	海宁市	18	余姚市
9	越城区	19	永康市
10	桐乡市	20	温岭市

数据来源:《2021 年浙江省万家民企评营商环境报告》。

二、营商环境改革推动经济高质量发展的内在逻辑

"欲致鱼者先通水,欲致鸟者先树木。水积而鱼聚,木茂而鸟集。"推动高质量发展离不开高质量的营商环境做支撑。党的二十大报告提出,要"完善产权保护、市场准入、公平竞争、社会信用等市场经济基础制度,优化营商环境"。应对新的风险挑战,推动高质量发展,更需加大改革力度,在优化营商环境上取得更大进展。

(一)提振市场信心,增强内生动力

党的十八大以来,我国在营商环境改革方面持续发力,先后推出了一系

列优化营商环境的举措,营商环境得到了大幅改善,企业的获得感不断提升。一方面,加强商事制度改革,促进市场公平竞争,优化政务公共服务,有力激发了全社会的创新创业热情,市场主体数量不断增长,创新能力和活力不断提升;另一方面,政府部门也不断加大减税降费力度,先后进行了增值税、环境保护税等的改革,切实减轻了市场主体负担,市场主体投资意愿上升,投资规模不断扩大(周志强和李舜,2020)。在优化营商环境的过程中着重解决企业发展过程中存在的难点、痛点,激发市场主体活力,提高市场主体信心,推动实现经济高质量发展。

(二)推动扩大对外开放和提升我国国际竞争力

开放带来进步,封闭必然落后。对外开放是我国经济持续快速发展的重要动力,也是重要经验。当前,我国发展的内部条件和外部环境正在发生深刻复杂变化,面对严峻复杂的形势,我们必须以高水平对外开放打造国际合作和竞争新优势。当前,我国经济已由高速增长阶段转向高质量发展阶段,地区之间的竞争从要素资源的较量转变为制度规则的比拼,营商环境已成为区域发展竞争的焦点。良好的营商环境是一个国家或地区参与国际竞争,提升自身竞争力的关键要素,营造市场化、法治化、国际化的营商环境,有利于提升我国参与国际竞争的综合实力,推动经济高质量发展。

三、浙江省"最多跑一次"改革

浙江省"最多跑一次"改革始于 2016 年 12 月,这一改革取得了极大成效,赢得了社会的一致好评。"最多跑一次"改革是在全国范围内开展"放管服"改革的背景下进行的,同时也是浙江顺应群众需求、持续优化营商环境的产物。

(一)"最多跑一次"改革的起源

早在 2013 年,作为全国唯一试点省,浙江省即启动了以"权力清单"为基础的"三张清单一张网"建设，构建了政务服务"一张网"——浙江政务服务网，公布了政府权力清单、企业投资负面清单、政府部门专项资金管理清单，后续又公布了政府责任清单，形成了"四张清单一张网"，为推进"最多跑一次"改革奠定了基础。"最多跑一次"是在2016年12月27日召开的浙江省委经济工作会议上被首次提出的。2017年1月，浙江省政府工作报告将"加快推进'最多跑一次'改革"列为深化政府改革的第一项重点任务。时任浙江省委副书记、代省长车俊担任省政府推进"最多跑一次"深化"四单一网"改革协调小组组长。之后，浙江省公布了《加快推进"最多跑一次"改革实施方案》《浙江省公共数据和电子政务管理办法》，对改革进行整体部署。"最多跑一次"改革是以人民为中心发展思想的浙江实践，是坚定不移执行"八八战略"再创浙江体制机制优势的重大创新，是深化和推进浙江改革发展的有力举措。

（二）"最多跑一次"改革的主要做法及成效

"最多跑一次"改革以权力清单和公共服务事项目录为基础，全面梳理规范办事事项，建立事项名称、申请材料、办事流程、办理时限等"八统一"的省、市、县三级办事事项体系，除"最多跑一次"例外事项（共6个主项、16个子项）外，省、市、县三级1925项办事事项全部实现"最多跑一次"。推进一体化在线政务服务平台、掌上办公平台等"8+13"重大项目实现全省全贯通、市县全覆盖，"网上可办"、"掌上可办"、"跑零次"、民生事项"一证通办"比例分别达到100％、80.5％、97.4％和91.4％。在教育、医疗、民政、科技、文化、体育等领域实施民生保障"10×N"集成改革，努力解决群众牵肠挂肚的"关键小事"。对开办企业、登记财产、获得信贷等营商环境便利化主要指标，企业注销、知识产权保护等N个支撑性指标，逐一进行流程再造，推动环节再精简、材料再压缩、时间再缩短、费用再降低。推进法律法规与"最多跑一次"改革相衔接，出台地方性法规《浙江省保障"最多跑一次"改革规定》，制定实施《浙江省深化"最多跑一次"改革推进政府职能转变和"放管服"改革行动计划(2018—2022 年)》,出台《政务办事"最多跑一次"工作规范》《"双随机、一公开"管理规范》《企业投资工业项目"标准地"建设规范》等 11 项省级地方标准和 52 项市级地方标准,推进具有浙江特色的标准体系建设。[①]

　　浙江省"最多跑一次"改革取得了良好的经济和社会效益。这项改革降低了各类市场主体的负担特别是制度性交易成本,改善了投资经商环境,让企业和个人可以集中精力去发展经济,群众满意度明显提升(郁建兴和高翔,2018)。根据国家统计局浙江调查总队发布的《浙江"最多跑一次"改革专题调研报告》,群众办事一次成功率达 76.5%。图 2-6 及表 2-4 反映了国家统计局浙江调查总队的调研报告结果。据对 1069 位办事群众的访问,第一次来办事并办成的人占 76.5%,跑过几次后办成的人占 16.7%。62.7%的群众 30 分钟内办完事,93.2%的办事群众当天办成了事。大多数群众认为改革成效明显,78%的群众认为办事比以前好,绝大多数群众认为办事更方便了。

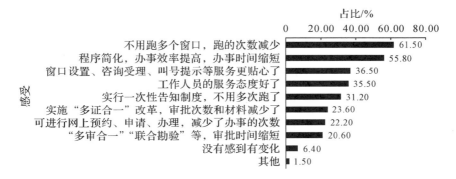

图 2-6 "最多跑一次"改革的具体获得感调查结果

数据来源:国家统计局浙江调查总队. 浙江"最多跑一次"改革专题调研报告[EB/OL]. (2017-09-04)[2023-03-01]. http://zjzd. stats. gov. cn/zwgk/xxgkml/tjxx/tjfx/tjdcfx/201709/t20170904_83644. html.

---

① 国家发展和改革委员会,林念修. 中国营商环境报告 2020[M]. 北京:中国地图出版社,2020:497-500.

表 2-4　群众来政府机构办事遇到的困难和问题

困难和问题	选择比例/%
1.办事项目所需的申请材料事先不清楚,要跑多次准备材料	65.2
2.办事所需的证件、材料太多,容易遗漏	42.3
3.办一件事,要跑多个部门准备材料,多头提供证明材料,来回奔跑	36.7
4.办事所需的证明和材料清单,获取渠道少,没有权威的查询平台	36.1
5.不同政府办事地点,办事项目不同,办一事要跑多个办事点	24.8
6.审批事项太多,涉及部门过多	19.8
7.行政服务中心交通不方便,没有地方停车,双休日不办事,不方便	16.7
8.办事流程复杂,要跑多个窗口,比较麻烦	14.9
9.人太多,没有休息场所,等待时间长	12.1
10.窗口工作人员业务不熟悉,服务态度不好	6.2
11.其他	3.8

数据来源：国家统计局浙江调查总队. 浙江"最多跑一次"改革专题调研报告[EB/OL]. (2017-09-04)[2023-03-01]. http://zjzd. stats. gov. cn/zwgk/xxgkml/tjxx/tjfx/tjdcfx/201709/t20170904_83644. html.

第三节　创新发展推动产业转型升级

党的二十大报告提出"创新是第一动力",要"加快实施一批具有战略性全局性前瞻性的国家重大科技项目,增强自主创新能力"。科技是国家强盛之基,创新是民族进步之魂,自主创新是我们攀登世界科技高峰的必由之路。习近平总书记多次强调必须"坚持走中国特色自主创新道路",这是我们建设世界科技强国的出发点和落脚点。创新驱动发展是全面贯彻新发展理念的内在要求。党中央提出"创新、协调、绿色、开放、共享"的新发展理念,创新居于首要位置,发挥先导作用,要以创新为核心、为动力,实现协调、绿色、开放、共享发展,推动浙江经济高质量发展。改革开放以来,浙江省不断加大科技创新投入,自主创新能力不断提升,经济高质量发展的基础更加扎实,步伐更加稳健,动能更加充沛。

一、浙江省科技创新的高质量发展历程

改革开放以来,浙江省始终把科技创新摆在突出位置,实施科教兴省战略和创新强省战略,不断加大科技研发投入,培育和吸引大批科技人才来浙创业就业,自主创新能力日益提升,创新水平不断增强,全省科技事业取得了突破性发展。2020 年,浙江省研发经费投入为 1858.59 亿元,专利授权量达到 391700 项,走上了一条依靠自主创新的高质量发展之路。改革开放以来,浙江省科学技术发展历程大致经历了以下几个阶段。

(一)科技工作恢复发展阶段(1978—1990 年)

1978 年 3 月,全国科学技术大会在北京顺利召开,为科技事业的发展奠定了坚实的思想和理论基础,全国科学技术的发展迎来了春天。同年 6 月,浙江省科学院成立;8 月,浙江省科学技术协会恢复建制。1979 年,全省科学大会召开,一大批科研机构、科技管理机构和学术组织恢复重建,全省科技工作迅速恢复并全面发展。另外,科技体制也必须进行改革。1985 年 3月,中共中央发布《关于科学技术体制改革的决定》,科技工作的重心从以国防安全为导向转向以服务经济为导向,这也标志着中国科技体制改革的正式启动(程磊,2019)。这一阶段,浙江省平均每万人口拥有自然科技人员数从 1978 年的 27.1 人增长至 1990 年的 73.4 人,专利申请受理量从 1985 年的 355 件增长到 1990 年的 2243 件,科技人员的热情日益高涨,科技创新活动生机勃勃。高等教育在这一段时间也逐渐恢复发展,1978 年普通高等学校在校人数为 24544 人,1990 年增长至 62933 人,科学技术人才规模不断扩大。如图 2-7 所示,1978—1990 年浙江省平均每万人口拥有自然科技人员数不断增长,为科技发展提供了坚实的人才支撑。

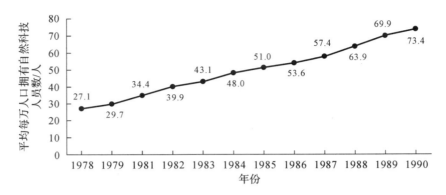

图 2-7　1978—1990 年浙江平均每万人口拥有自然科技人员数

数据来源：《浙江科技统计年鉴（1991）》。

（二）科学技术快速发展阶段（1991—2005 年）

1991 年，浙江省"八五"计划提出，要"把科技教育放到重要战略地位上来，增强科技开发和吸收能力，培养适应我省经济和社会发展需要的建设人才。经济增长中技术进步因素的作用要求由目前的四分之一左右提高到三分之一左右"。1992 年 7 月，浙江省委、省政府进一步作出《关于大力推进科技进步、加速经济发展的决定》。1995 年 5 月，中共中央、国务院作出《关于加速科学技术进步的决定》，提出要把科技和教育摆在经济、社会发展的重要位置，把经济建设转移到依靠科技进步和提高劳动者素质的轨道上来。同年，浙江省率先启动创建科技工作先进县市，1996 年率先建立市县党政领导科技进步目标责任制，并作出深入实施科教兴省战略、加速科技进步的重大决策。1998 年率先出台技术要素参与收益分配政策。其间，浙江省委、省政府出台了培育"五个一批"企业、大力推进高新技术产业化、运用高新技术和先进适用技术改造传统产业、加强技术改造等政策举措，促进科技与经济紧密联系，有效提升了科技综合实力，优化了工业经济结构。1998 年 9 月15 日，原浙江大学、杭州大学、浙江农业大学、浙江医科大学合并成立新浙江大学。1999 年，浙江省在全国率先颁布《浙江省鼓励技术要素参与收益分配的若干规定》，允许高校、科研院所科技人员办企业，转化职务成果；同年，浙江省作出大力发展高等教育的决定,扩大高等教育招生规模,启动建设六大高教园区,新办一批高等院校。2003 年,时任浙江省委书记习近平又提出要"引进国内外大院名校联合共建科技创新载体"。从图 2-8 中可以看出,浙江省高等学校数量从 1999 年的 36 所增加到 2005 年的 67 所,本专科毕业生数量也从 30561 人增加到 133051 人,每年的本专科毕业生数量增加了 10 万人左右。2000 年,浙江省新产品产值率达到 11.41％,高新技术产业增加值占规模以上企业工业增加值的 17.5％,比 1995 年提高了近 5 个百分点。2002 年,浙江省第十一次党代会召开,会议提出了建设科技强省的战略目标,科教兴省战略进一步深化,推动浙江科技事业向新的更高目标迈进。

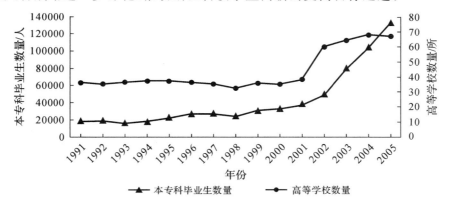

图 2-8　1991—2005 年浙江省高等教育发展情况

数据来源:《浙江统计年鉴(2022)》。

(三)自主创新起步阶段(2006—2012 年)

2006 年 1 月,全国科学技术大会在北京召开,中央作出提高自主创新能力、建设创新型国家的战略决策。3 月,时任浙江省委书记习近平主持召开浙江省自主创新大会,提出要用 15 年时间建成创新型省份和科技强省,明确到 2020 年全社会研发投入占国内生产总值的比重提高到 2.5％以上,科技进步贡献率提高到 65％以上,使浙江成为科技对经济社会发展具有决定性作用、高新技术产业成为主导产业、传统产业得到全面改造提升、创新创业环境优越、具有持续创新能力的创新型省份,成为科技综合实力、区域创新能力和公众科学素质居于全国前列的科技强省(聂献忠,2011)。为落实这一目标,中共浙江省委、浙江省人民政府出台了《关于加快提高自主创新能力 建设创新型省份和科技强省的若干意见》,进一步明确了浙江加强自主创新的指导思想、发展目标、总体部署、战略任务和保障措施。2007年6月,浙江省第十二次党代会召开,会议提出要坚定不移地走创业富民、创新强省之路,2008年浙江省政府发布《自主创新能力提升行动计划(2008—2012)》,对未来5年浙江省提升自主创新能力进行重大战略部署。这一时期,全社会逐渐认识到创新对经济长期可持续发展的重要作用,浙江省自主创新开始起步,创新能力不断增强(范柏乃、郑启军和段忠贤,2013)。

(四)自主创新加速提升阶段(2012年至今)

2012年,党的十八大明确要求把科技创新摆在国家发展全局的核心位置,同年,浙江省政府发布了《关于建设创新型城市(县、区)的指导意见》《关于进一步支持企业技术创新加快科技成果产业化的若干意见》等政策文件,浙江省自主创新能力加速提升。2016年5月,中共中央、国务院发布《国家创新驱动发展战略纲要》,强调创新是引领发展的第一动力,是建设现代化经济体系的战略支撑。2019年6月,浙江省科技厅出台《省科技厅为基层减负的八条举措》,进一步扫除了科研道路上的阻碍,让科技工作者可以更加心无旁骛地搞科研。建设共同富裕示范区,浙江省正借助科技的力量,发挥科技创新重要战略支撑作用。2022年1月15日,科技部和浙江省人民政府发布了《推动高质量发展建设共同富裕示范区科技创新行动方案》,方案提出,到2035年,浙江省要建设成为高水平创新型省份和科技强省,成为展示新型举国体制优越性的"中国创新之窗"。2020年,浙江省区域创新能力居全国第五位、省(区)第三位,企业技术创新能力居全国第三位。全社会研究与试验发展(R&D)经费支出占GDP比重为2.8%,科技进步贡献率为65%,高新技术产业增加值占规上工业的比重为59.6%,创新型省份基本建

成。图 2-9 展示了 2012—2021 年浙江省财政科技支出情况,从中可以看出,
财政科技支出规模不断扩大。图 2-10 显示,浙江省研发投入从 1990 年的
2.04 亿元增长至 2020 年的 1858.59 亿元,专利授权量从 1990 年的不到
1000 项增长至 2020 年的近 40 万项。浙江省科技创新发展"十四五"规划提
出,到 2025 年,浙江省科技创新要走在全国前列,初步建成高水平创新型省
份;到 2035 年,建成高水平创新型省份和科技强省,在世界创新版图中确立
特色优势。

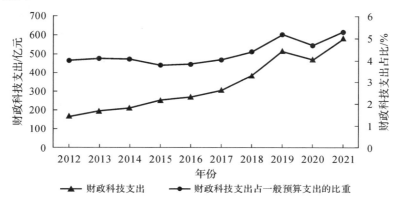

图 2-9　2012—2021 年浙江省财政科技支出情况

数据来源:《浙江统计年鉴(2022)》。

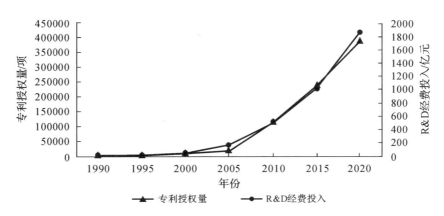

图 2-10　部分年份浙江省 R&D 经费投入及专利授权量

数据来源:《浙江统计年鉴(2022)》。

二、科技创新推动经济高质量发展的内在逻辑

在新发展理念中，创新居首位，尤其令人瞩目。高质量发展是创新驱动的发展，创新是高质量发展的第一动力。当前世界百年未有之大变局正加速演进，要在危机中育先机、在变局中开新局，就要充分发挥科技创新的支撑引领作用。

（一）科技创新是贯彻新发展理念、推动高质量发展的内在要求

随着我国经济进入高质量发展阶段，发展方式从要素驱动、投资规模驱动发展为主转向以创新驱动发展为主，关键的驱动力在于创新。新发展理念深刻回答了新形势下实现什么样的发展、怎样实现发展这一重大理论问题，是引领我国高质量发展的指挥棒。在新发展理念中排在首位的就是"创新发展"，可见创新在现代化建设全局中居于核心地位。加强科学技术创新将引领全省经济高质量发展，不断满足人民日益增长的美好生活需要，为"重要窗口"建设提供有力支撑。

（二）科技创新是顺应时代大势、实现共同富裕的必然选择

纵观人类发展史，创新始终是推动一个国家、一个民族向前发展的不竭力量和强大动力。从西方国家发展经验看，一个国家或地区的命运与兴衰，与其在历次科技革命中扮演的角色息息相关，取决于长期的技术进步和科研投入。迄今为止，世界范围内先后发生了以蒸汽机为代表的第一次产业革命、由电力主导的第二次产业革命、由信息主导的第三次产业革命以及当下正在进行的以互联网、大数据、人工智能、机器学习为代表的新一轮科技革命和产业变革。近年来，美国、德国、日本、俄罗斯等国纷纷推出国家创新战略，将创新能力视作综合国力竞争的核心，国际科技竞争日益激烈。顺应当前时代形势，高质量推进共同富裕示范区建设必须牢牢抓住创新这个"牛鼻子"，不断加大科技研发投入，延揽四方优秀人才，打造高水平科技型省份

和科技强省。

（三）科技创新是经济长期可持续发展的基本经验

抓创新就是抓发展，谋创新就是谋未来。回顾浙江经济高质量发展历程可以发现，浙江经济能够取得今天如此骄人的成绩，正是因为紧紧抓住了创新这个"牛鼻子"，从科教兴省战略到创新型省份建设，历届浙江省委、省政府深刻认识到创新对于经济发展的重要性和紧迫性，坚持一张蓝图绘到底、一任接着一任干，聚焦建设成为展示新型举国体制优越性的"中国创新之窗"，不断弥补创新短板，把科技强省工作向纵深推进，为高质量发展提供了重要支撑。未来，创新在经济发展竞争中的作用更加凸显，只有抓住创新才能抓住未来，在经济竞争中快人一步，实现经济高质量发展。

三、浙江县域科技创新的"新昌经验"

"天姥连天向天横，势拔五岳掩赤城。"新昌是浙江省绍兴市下辖的一个山区县，资源禀赋有限、人才基础薄弱、区位优势不足，在这种情况下，新昌摸索并形成了县域创新发展的"新昌经验"，创新能力位列中国创新百强县（市）第七位（于长宏，2021）。新昌县"小县大创新"的发展理念和科技创新"新昌模式"受到广泛好评和肯定。表 2-5 从科技投入、技术创新、科技产出、转型升级及科技人才等方面详细展示了 2020 年新昌县的科技发展情况。

表 2-5　2020 年新昌县科技发展指标

指标类别	指标名称（单位）	数值
科技投入	全社会 R&D 经费支出占 GDP 比重（%）	4.38
	规模以上工业企业 R&D 经费支出占营业收入比重（%）	4.14
技术创新	高新技术企业数（家）	220
	科技型中小企业数（家）	683
	规模以上工业新产品产值率（%）	51.9

续表

指标类别	指标名称(单位)	数值
科技产出	技术交易总额(亿元)	6.4
	科技服务业营业收入占规上服务业营业收入比重(%)	29
	全社会劳动生产率(万元/人)	17.6
	每万人高价值发明专利拥有量(件/万人)	20
转型升级	数字经济核心产业增加值(亿元)	29.86
	高新技术产业增加值占工业增加值比重(%)	90.79
科技人才	每万名就业人员中R&D人员数(人年/万人)	230.06
	人才资源总量(万人)	9.9

数据来源:《新昌县科技创新发展"十四五"规划》。

(一)新昌县创新发展的背景

2016年,浙江省委、省政府决定选择包括新昌在内的若干试点地区开展全面创新改革试验。新昌县积极探索、主动作为、持之以恒,在创新治理能力、工作机制和发展模式等方面形成了一批改革成果,有力地促进了县域创新驱动发展和经济转型升级,形成了"小县大创新"的县域创新发展典型模式。近年来,浙江省新昌县聚焦重点领域关键环节,全力推进各项改革举措落地,跻身首批全国创新型县(市)建设名单,走出了一条科技强、产业好、生态优的高质量创新驱动发展之路。

(二)新昌县域创新的做法及成效

第一,持之以恒促创新。新昌是全国第一批科技先进县。"九五"期间,新昌县科技进步对经济增长的贡献率已经达到70%左右,基本与发达国家接轨,2002年6月,新昌成为全国首家县级博士后科技开发基地。2010年,全县高新技术产业增加值占工业增加值的38%,占全省23%,新产品产值率达到44%,均高出全省平均值一倍左右。与此同时,高新企业创新能力强劲,"十一五"期间组织申报专利6218件,其中发明专利1628件,发明专利申请量居浙江省各县(市)前列。党的十八大以来,新昌研发经费投入不断提高,2020年研发经费占地区生产总值比重达到4.38%,高出全省平均水平近1.6个百分点。对创新持之以恒的坚持是新昌创新发展能够取得优异成绩的重要原因。

第二,围绕特色优势产业抓创新。新昌县梳理了轴承、纺织机械、生物医药等多条主导产业链,针对性地引进和培育龙头"链主"企业与核心配套企业,并把研发投入强度作为准入门槛。2020年,制冷配件、汽车零部件、生物医药、轴承、纺织机械五大主导产业实现规模以上企业工业总产值346.2亿元,占全县规模以上企业工业总产值的74.5%。2022年5月,《新昌县科技创新引领企业"专精特新"发展五年行动计划(2022—2026年)》发布,共安排1000万元专项资金,设立重大科技专项10个,围绕五大主导产业加强布局。

第三,构建完善的创新体制机制。在科技投入方面,不断增加政府研发投入,提升整体创新水平。图2-11显示,截至2021年,新昌研发经费支出占地区生产总值比重已连续7年保持在4%以上。在吸引人才方面,实施人才兴县战略,构筑人才发展高地。近年来,新昌县围绕吸引人才、聚集人才、使用人才和留住人才等方面出台了一系列政策,为他们提供全方位保障,解决了人才的后顾之忧。在服务企业创新方面,新昌打造综合服务平台,包括构建产业承载平台、创新服务平台、资源共享平台,为企业创新做好服务。

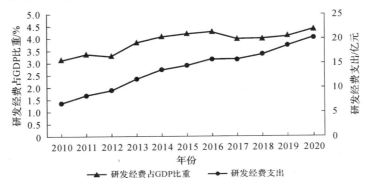

图2-11　新昌县研发支出情况

数据来源:《绍兴统计年鉴(2021)》。

第四节　绿色发展引领发展方式转变

　　党的二十大报告强调:"必须牢固树立和践行绿水青山就是金山银山的理念,站在人与自然和谐共生的高度谋划发展。"绿色发展是关系我国发展全局的重要理念,是突破资源环境瓶颈制约,转变发展方式,实现可持续发展、高质量发展的必然选择。浙江省土地资源稀缺,矿产资源并不丰富,但是拥有丰富的林水资源,"七山一水两分田"的地理环境特征,赋予了浙江良好的生态优势,因此浙江在发展经济的过程当中也一直高度重视资源环境问题,始终深入践行"绿水青山就是金山银山"的发展理念,坚持不以牺牲环境为代价发展经济,坚持生产、生态、生活协调发展,努力建设人与自然和谐共生的现代化,书写了生态文明先行示范的新篇章(潘家华和沈满洪,2015)。

一、浙江省绿色高质量发展历程

　　浙江省是在陆地地域小、自然资源少、环境容量低的省情下进行现代化建设的,因此,也率先遭遇了"成长中的烦恼",从而率先开始生态文明建设。纵观浙江追逐"绿色""生态"的脚步,每一步都扎实稳健。浙江一直致力于生态环境保护,为人民群众创造良好的发展环境,促进人与自然和谐相处。回顾浙江省绿色高质量发展之路,其40多年来的发展历程可以划分为以下几个阶段。

(一)生态文明建设与绿色发展起步阶段(1978—2002年)

　　1978年通过的《中华人民共和国宪法》中明确规定"国家保护环境和自然资源,防治污染和其他公害",这是新中国成立以来第一次在宪法中写入环境保护条款,为中国环境保护法治建设奠定了良好的基础。1979年9月13日,《中华人民共和国环境保护法(试行)》通过,这是我国第一部综合性的环境保护法,为我国环境保护工作提供了法律保障。1983 年,第二次全国环境保护工作会议召开,会议将环境保护作为一项基本国策正式确定下来,并提出了"经济建设、城乡建设、环境建设,同步规划、同步实施、同步发展,实现经济效益、社会效益和环境效益相统一"的战略方针。这一方针政策的确立,奠定了一条符合中国国情的环境保护道路(俞海滨,2010)。1993 年,浙江省第九次党代会报告中提出要"增强环保意识,治理环境污染,保护和合理利用自然资源,逐步改善生态环境"。从 1996 年到 2000 年,浙江省累计投入环境治理资金 216.5 亿元,全省环境质量恶化的趋势得到控制(汪波和陈伟光,2001)。总体来说,这段时间浙江省是在发展经济的过程中开展环境保护工作的,虽然积极努力保护生态环境,但仍以发展经济为主,对环境保护的重视程度不足,主要污染物排放量不断上升,环境问题日渐凸显,迫切需要政府部门加大环境保护工作力度,加快环境污染治理。

(二)生态文明建设与绿色发展加速阶段(2003—2013 年)

"八八战略"的一个重要方面就是进一步发挥浙江的生态优势,创建生态省,打造"绿色浙江"。根据 2003 年通过的《浙江生态省建设总体规划纲要》,在其后的 20 年内,分三个阶段推进浙江生态省建设,2003—2005 年为启动阶段,2006—2010 年为推进阶段,2011—2020 年为提高阶段。2004 年,《浙江省环境违法行为责任追究办法(试行)》发布,实行环境违法行为责任追究制度。2005 年,浙江出台了全国第一个省级层面的生态补偿文件,探索建立生态补偿制度,同年《浙江省发展循环经济实施意见》和循环经济"991"行动计划出炉。2012 年,浙江省第十三次党代会将"坚持生态立省方略,加快建设生态浙江"作为建设物质富裕精神富有现代化浙江的重要任务,提出打造"富饶秀美、和谐安康"的"生态浙江",同年,《浙江省人民政府关于进一步加强环境保护工作的意见》发布。2013 年 11 月 29 日,中共浙江省委十三届四次全体(扩大)会议明确提出将"五水共治"作为水环境治理的重大战略方针,吹响了浙江大规模治水行动的新号角。"五水共治"分步实施,时间表分三年、五年、七年等三步。经过 10 年左右的治理,浙江省主要水系水质状况明显改善,至 2017 年底,全面剿灭劣 V 类水,2020 年主要水系水质状况评价全部在 Ⅲ 类以上(莫丰勇,2021)。表 2-6 展示了 2010 年、2015 年及 2020 年浙江省主要水系水质状况。这一时期,在"八八战略"的指引下,浙江省委、省政府坚持不懈地推进全省生态文明建设,推动绿色发展循序渐进、不断深化,奋力打造生态文明建设"重要窗口",全省生态环境质量明显改善,山更美了,水更清了,老百姓的日子也越来越好了。

表 2-6　浙江省主要水系水质状况评价结果(按浙江省控监测断面统计)

年份	主要水系	监测断面个数/个	分类水质断面占全部断面百分比/%					
			Ⅰ 类	Ⅱ 类	Ⅲ 类	Ⅳ 类	Ⅴ 类	劣 Ⅴ 类
2010	钱塘江	45	6.7	26.7	40.0	17.8		8.9
	曹娥江	10	10.0	40.0	20.0	30.0		
	甬江	14		28.6	35.7	35.7		
	椒江	13	7.7	30.8	46.2	7.7		7.7
	瓯江	29	10.3	58.6	27.6	3.4		
	飞云江	5		100.0				
	鳌江	4		25.0			25.0	50.0
	苕溪	18	5.6	38.9	50.0	5.6		
2015	钱塘江	47	4.2	44.7	38.3	12.8		
	曹娥江	10	10.0	40.0	50.0			
	甬江	14	7.1	14.3	42.9	35.7		
	椒江	11	9.1	27.2	45.5	9.1		9.1
	瓯江	28	14.2	67.9	17.9			
	飞云江	5	20.0	60.0	20.0			
	鳌江	4		25.0	25.0	25.0		25.0
	苕溪	16		56.2	43.8			

年份	主要水系	监测断面个数/个	分类水质断面占全部断面百分比/%					
			Ⅰ类	Ⅱ类	Ⅲ类	Ⅳ类	Ⅴ类	劣Ⅴ类
2020	钱塘江	47	10.6	61.7	27.7			
	曹娥江	10		80.0	20.0			
	甬江	14	7.1	28.6	64.3			
	椒江	11	9.1	45.5	45.5			
	瓯江	29	20.7	72.4	6.9			
	飞云江	5	40.0	40.0	20.0			
	鳌江	4		25.0	75.0			
	苕溪	16	6.3	56.3	37.5			

数据来源:历年《浙江自然资源与环境统计年鉴》。

注:表中百分比数据统一保留一位小数,因四舍五入可能导致个别累计数据存在差异。

(三)生态文明建设与绿色发展进程持续深化阶段(2014年至今)

2014年5月,浙江省委第十三届五次全会作出了建设"两美浙江"的重要决策,即建设美丽浙江,创造美好生活。"两美浙江"缘起"绿水青山就是金山银山"理念,传承"美丽中国",建设"美丽浙江"是"美丽中国"在浙江的生动实践和创新发展;创造"美好生活"响应浙江人民对良好生态环境的诉求,是"美丽浙江"内涵的外延和升华,是改善人民生产、生活条件的重要内容。同年,浙江在全国首先提出创建国家清洁能源示范省。2016年4月,浙江省委明确指出,要在2020年将浙江建成生态省,实现生态立省。2017年,浙江省第十四次党代会报告提出,要在提升生态环境质量上更进一步、更快一步,努力建设美丽浙江。2020年8月,在"绿水青山就是金山银山"理念提出15周年之际,浙江发布《深化生态文明示范创建 高水平建设新时代美丽浙江规划纲要(2020—2035年)》。12月,浙江首个环境资源法庭淳安县人民法院千岛湖环境资源法庭正式挂牌成立,这为淳安加强生态保护工作提供更多司法保障。2021年9月,生态环境部与浙江省人民政府签订了《生态

环境部 浙江省人民政府共同推进浙江高质量发展建设共同富裕示范区合作协议》，就深入打好污染防治攻坚战、落实碳达峰碳中和部署、优化生态环境监管服务、加强自然生态保护、深化生态环境数字化改革、加强生态环保能力建设、深化生态文明示范创建等方面加强合作，支持浙江创造性贯彻"八八战略"，建设文明和谐美丽家园展示区，在高质量发展中扎实推进共同富裕。响应习近平同志在 2020 年 9 月提出的中国碳达峰、碳中和目标，2021年 12 月，浙江省人民政府发布《关于加快建立健全绿色低碳循环发展经济体系的实施意见》，提出构建绿色低碳循环发展的产业体系、清洁低碳安全高效的能源体系、覆盖全社会的资源高效利用体系、市场导向的绿色技术创新体系，健全绿色低碳循环发展体制机制。2022 年 8 月 1 日起，《浙江省生态环境保护条例》正式施行。作为浙江省生态环境保护领域的综合性法规，该文件的出台为浙江省生态环境建设持续走在前列、生态文明建设先行示范提供了强有力的法治保障。党的二十大进一步指出，要"加快发展方式绿色转型""深入推进环境污染防治""提升生态系统多样性、稳定性、持续性""积极稳妥推进碳达峰碳中和"，为接下来浙江省生态文明建设指明了方向。表 2-7 反映了 1990—2020 年浙江省主要污染物排放情况，可以看出，虽然工业固体废物产生量逐渐上升，但综合利用率也在不断提升，工业固体废物、工业二氧化碳、工业烟尘等的排放量不断减少，反映出环境治理成效显著。2013—2020 年，浙江省环境保护支出稳步提升，从图 2-12 中可以看出，环境保护支出占财政一般预算支出比重始终保持在 2% 以上。生态环境持续改善，"美丽浙江"建设不断深入，浙江省已经探索出一条富有浙江特色的绿色高质量发展之路。

表 2-7　浙江省主要污染物排放情况

污染物		1990 年	1995 年	2000 年	2005 年	2010 年	2015 年	2020 年
固体废物	工业固体废物产生量/万吨	847	1018	1385.73	2513.83	4267.58	4677.99	5035.30
	工业固体废物综合利用率/%	41.8	69.8	79.34	92.56	94.31	92.55	—
	工业固体废物排放量/万吨	58.0	12.0	6.42	5.64	0.62	—	—
水环境	供水总量/亿立方米	—	—	203.27	209.91	220.08	186.06	163.94
	工业废水排放总量/亿吨	—	—	13.64	19.24	21.74	14.74	10.03
大气环境	工业废气排放量/亿标立方米	2595.00	3108.00	6509.00	13025.00	20433.77	26842.54	38752.67
	工业二氧化硫排放量/万吨	51.0	41.3	56.08	83.10	65.39	52.40	4.95
大气环境	工业烟尘排放量/万吨	28.6	14.7	25.0	19.9	—	—	—

数据来源:《浙江自然资源与环境统计年鉴(2021)》。

二、绿色发展理念引领经济高质量发展的内在逻辑

党的二十大报告指出,推动经济社会发展绿色化、低碳化是实现高质量发展的关键环节。绿色发展是新发展理念的重要组成部分,其以人与自然的和谐共生为价值取向,以绿色低碳循环为主要原则,以生态文明建设为基本抓手,最终实现经济社会发展和生态环境保护的协调统一。

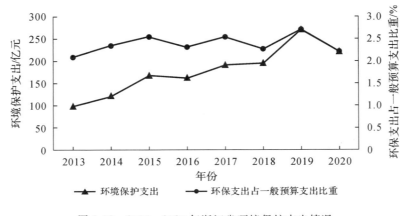

图 2-12　2013—2020 年浙江省环境保护支出情况

数据来源：历年《浙江统计年鉴》。

（一）绿色发展是转变经济发展方式的必然选择

党的十八大以来，党中央作出了我国经济发展进入新常态的重大战略判断，转变经济发展方式、优化产业结构、转换增长动力、绿色发展成为新时代推动我国经济高质量发展的新要求。从历史的长时段来看，18 世纪以来，工业革命的浪潮一方面带来了经济社会的极大发展和人类生存状态的改善，另一方面与之相伴的环境污染和生态危机问题也开始频频出现，人类为此付出了沉重的代价，我们必须从中吸取教训。在传统模式下，经济增长主要依赖要素投入和规模效应，而忽视对环境产生的影响，导致资源环境矛盾日益突出，生态环境持续恶化，各种问题接踵而至。粗放型的经济发展模式从根本上来看是不可持续的，依赖这种经济模式实现经济发展必然难以为继。与传统发展模式不同，绿色发展模式可以有效降低资源消耗，提升经济发展的可持续性，培育新的经济增长点和经济发展新动能，引领经济高质量增长。

（二）绿色发展是实现经济长期可持续发展的必由之路

"绿水青山就是金山银山"理念深刻阐述了经济发展和生态环境保护两

者之间的关系,保护生态环境就是保护生产力,改善生态环境就是发展生产力,必须实现经济发展和环境保护二者相协调。习近平同志一直强调,我们绝不能以牺牲生态环境为代价换取经济的一时发展。[①] 绿色发展和经济发展并不是矛盾对立的存在,而是辩证统一的有机整体,绿色生态是最大的财富(王祖强和刘磊,2016)。人与自然是一个生命共同体,实现人的发展不能以牺牲自然环境为代价,优美的生态环境没有替代品,需要人类共同保护。因此必须贯彻绿色发展理念,保护生态环境,方能实现经济长期可持续发展。

三、浙江湖州余村的高质量发展之路

余村位于安吉县天荒坪镇,村域面积 4.86 平方公里,现有家庭 280 户,共计 1050 人。2018 年,全村实现地区生产总值 2.783 亿元,人均收入 44680 元,村集体经济收入达到 471 万元。10 多年来,余村始终牢记习近平同志嘱托,全力践行“绿水青山就是金山银山”理念,坚持绿色发展,推动乡村振兴,走出了一条高质量发展之路。

(一)“灰色”经济时代

1975 年,余村村民人均收入 110 元,低于全省平均水平。为解决温饱问题,1976 年,余村就地取材,开山取石办石灰窑。依靠石灰窑,余村村民收入有了较快增长,到 1978 年人均收入已达 125 元,比 1975 年增加了 15 元,但仍低于浙江省农村居民人均纯收入。1984 年 8 月,浙江省人民政府下发了《关于加快发展乡镇企业的若干规定》(浙政〔1984〕44 号),明确“加快发展乡镇企业是浙江省经济发展的重要战略”“乡镇企业是浙江省国民经济的一支重要力量”“乡镇企业应该成为浙江省经济发展的战略重点”,并要求“各级政府都要充分认识乡镇企业对于社会经济发展的重要意义,主要领导同志

---

① 　中共中央文献研究室.习近平关于社会主义生态文明建设论述摘编[M].北京:中央文献出版社,2017:21.

要亲自动手抓乡镇企业"。安吉县政府提出工业立县、工业强县,乡镇工业得到快速发展,竞争力也明显提高。以矿山企业为主的余村村办企业发展加快。1998 年,余村农民人均纯收入 4493 元,比安吉县同期高 827 元,比浙江省同期高 678 元。

(二)"十字路口"的艰难决策

1998 年,国务院专门发出黄牌警告,实施太湖蓝藻治理专项行动,将安吉列为太湖水污染治理重点区域。安吉成为重点整治对象,不得不关闭了全县 74 家污染企业。2001 年,安吉县委、县政府出台《关于"生态立县—生态经济强县"的实施意见》,明确提出生态立县的主要任务是发展生态工业、生态农业、生态旅游和生态镇,安吉生态立县战略正式实施。2003 年 6 月,《中共安吉县委 安吉县人民政府关于生态县建设的实施意见》出台,明确提出四项主要任务,即发展生态经济、改善生态环境、打造生态家园、弘扬生态文化,同时提出打造安吉生态经济强县、生态文化大县、生态人居名县"三张名片"。同年,时任浙江省委书记习近平赴安吉调研时强调,"推进生态建设,打造'绿色浙江',像安吉这样生态环境良好的地方,要把抓特色产业和生态建设有机结合起来,深入实施'生态立县'发展战略"[①]。作为安吉县主要收入来源的造纸、水泥、化工等产业,环境污染重、生态破坏性强,被纳入生态治理的范围内,必须关停。这些产业关停了之后,经济发展该往何处去成为摆在安吉余村人民面前的一个重要问题。

(三)"生态经济"的柳暗花明

2003 年,浙江省委、省政府决定实施"千村示范、万村整治"工程(以下简称"千万工程"),余村是浙江省"千万工程"的试点村、示范村。2003 年至2005 年,余村决定彻底改变原有的经济发展模式,陆续关停了村里所有的矿

---

① 俞文明. 浙江省委书记习近平:推进生态建设打造"绿色浙江"[EB/OL]. (2003-04-10)[2023-03-02]. https://news. sina. com. cn/c/2003-04-10/1500989754. shtml.

山和水泥厂,导致村集体经济收入大幅下降,许多村民也都失去了收入来源。2005年8月,习近平同志赴安吉余村考察,对余村经济转型发展进行了高度评价,并提出"绿水青山就是金山银山"的发展理念。在"绿水青山就是金山银山"理念的正确引领下,余村开始进行绿色发展的探索,尝试走出一条依靠绿色发展的新路子,为余村经济转型发展奠定了坚实的基础。在这之后,余村在生态复绿、环境治理方面下了大力气,原本泥泞的村路被平坦开阔的"两山绿道"取代,坑坑洼洼的矿山摇身变为"遗址公园",复垦后的水泥厂旧址也被改建成了五彩田园……与此同时,村里的休闲产业链,也从单纯的自然观光,发展到河道漂流、户外拓展、果蔬采摘等综合业态(尹怀斌,2017)。

自2005年余村关停矿山转型绿色发展至2018年,村级集体经济收入持续增加,2005年村集体经济总收入为91万元,到2014年达到304万元,2018年提高到471万元;村民人均纯收入也由2005年的8732元、2015年的32990元提高到2018年的44680元,高于湖州市12913元,高于全省17378元。余村用亲身实践证明了绿色发展是可行的,是更加长远和可持续的发展(闻海燕等,2021)。2020年3月,习近平总书记再次到余村考察,总书记说,美丽乡村建设在余村变成了现实。①

第五节　数字经济创浙江发展新优势

数字经济是继农业经济、工业经济之后的主要经济形态,是以数据资源为关键要素,以现代信息网络为主要载体,以信息通信技术融合应用、全要素数字化转型为重要推动力,促进公平与效率更加统一的新经济形态。数字经济能够提高生产效率和组织效率、交易效率和资源配置效率,引领产业发展,助力建设现代化产业体系,有效促进经济高质量发展。党的二十大报

---

① 裘一佼,程少波,郑亚丽,等.余村新传[N].浙江日报,2022-03-28(1).

告提出,要"加快发展数字经济,促进数字经济和实体经济深度融合,打造具有国际竞争力的数字产业集群",为数字经济的发展指明了方向。浙江是数字经济发展的先发地,2003 年,习近平同志在浙江工作期间,就以极具前瞻性的战略眼光提出了"数字浙江"建设。20 年来,浙江坚持推进数字经济的创新发展,紧抓发展机遇构筑经济建设的"数字引擎",拉开了一场壮阔的数字化新实践。2021 年,浙江省实现数字经济增加值 3.57 万亿元,占地区生产总值比重为 48.6%,核心产业增加值达到 8348.3 亿元,占地区生产总值比重达到 11.4%,数字经济在浙江经济高质量发展过程中的地位更加稳固,引领经济增长的作用更加凸显,已成为浙江省经济高质量发展的一张新名片。

一、浙江省数字经济的高质量发展历程

20 世纪八九十年代,世界范围内计算机、半导体产业发展如火如荼,竞争非常激烈,然而我国工业化发展才刚刚起步。随着改革开放的不断深化,浙江省电子信息产业开始逐渐发展起来。进入 21 世纪以后,浙江省紧紧抓住电子商务产业的发展机遇,加大政策扶持力度,积极推动电子商务产业发展,在数字经济发展过程中积累了一定优势。近年来,浙江省委、省政府抢抓智能化发展机遇,围绕数字经济发展不断作出重大决策部署,有力推动了人工智能、大数据等相关产业发展,浙江省数字经济发展迈上了新台阶。回顾浙江实践,数字经济发展大致经历了以下几个阶段。

(一)数字经济发展起步期(1991—2001 年)

在这一阶段,浙江省电子信息产业发展成效初显。1991 年,《浙江省国民经济和社会发展十年规划和第八个五年计划纲要(1991—2000 年)》提出在电信方面"从现有的模拟网为主逐步向全数字网发展。配合国家新建沪—浙—闽大容量光缆和沪—浙—粤数字微波两条省际干线,抓好省内光缆和数字微波电路以及数字长途电话自动交换中心改造工程"。1993 年 12

月,顺应全球建设信息高速公路的潮流,我国正式启动了国民经济信息化的起步工程——"三金工程",即金桥工程、金关工程和金卡工程。"三金工程"的启动,标志着我国"金"字工程全面铺开,数字化发展开始起步。1997年,电子信息产业被列为重点培育的四大主导产业之一,浙江省的数字经济产业也开始逐渐发展起来。2000年,浙江省近7000家信息产品制造企业实现工业总产值1300亿元,增加值占全省地区生产总值的5.5%,同时培育了一批特色优势产品。全省有70余家企业生产的产品进入全国同行的前三名;有40多家企业的产品成为行业的"单打冠军",其中,移动通信手机、用户程控交换机等通信产品在全国具有较强的竞争优势和市场知名度;软件产业获得了迅速发展。2001年,浙江省信息产业增加值为250.65亿元,其中电子及通信设备制造业增加值为69.35亿元,邮电通信业增加值为169.57亿元,计算机服务和软件业增加值为11.73亿元,信息产业增加值占全省生产总值的比重为3.63%。[1] 总体而言,这一时期浙江数字经济发展比较缓慢,相关产业规模还比较小。

(二)数字经济发展突破期(2002—2012年)

2002年6月,浙江省第十一次党代会作出了建设"数字浙江"、全面推进现代化建设的重大决策。在2003年1月召开的浙江省第十届人大一次会议上,时任浙江省委书记习近平指出,"数字浙江"是全面推进浙江国民经济和社会信息化、以信息化带动工业化的基础性工程。[2] 当年,浙江省开始实施"百亿信息化建设工程",出台了《数字浙江建设规划纲要(2003—2007年)》,为浙江数字经济发展提供了系统性指导。5月,阿里巴巴投资1亿元创立淘宝网,进军C2C(customer to customer,个人与个人之间的网上交易)。10月,阿里巴巴推出"支付宝",为网络交易双方提供包含第三方担保

---

① 徐梦周,吕铁.数字经济的浙江实践:发展历程、模式特征与经验启示[J].政策瞭望,2020(2):49-53.

② 余昕."数字浙江"历程[J].政策瞭望,2021(3):55-56.

的网络支付服务。淘宝网与支付宝在接下来的 10 年里彻底改变了中国人的购物方式和生活方式,产生了巨大的影响。2008 年 3 月,全省"数字浙江"工作会议召开,会议提出在此后 5 年重点实施信息技术"倍增"和城乡统筹信息化两大行动计划,全面提升信息化总水平。2011 年 1 月 1 日起,《浙江省信息化促进条例》正式实施,该条例的实施对加快浙江信息化发展,规范信息化工作,推进信息化与工业化融合,促进经济发展和社会进步具有重要意义。2012 年,浙江全省销售超亿元的网络零售企业近 80 家,有 8 家企业入选商务部电子商务示范企业;全年实现网络零售额 2027.4 亿元,占全国的 16.22%。此后 10 年间,浙江省网络零售额不断增长,2021 年达到 25230.3 亿元(见图 2-13)。这一时期,浙江省的电子商务迅速发展,也正是得益于电子商务的发展,浙江数字经济跨入了新阶段。

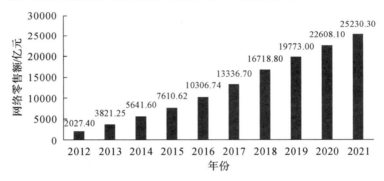

图 2-13　2012—2021 年浙江省网络零售额

数据来源:历年《浙江省电子商务发展报告》。

(三)数字经济深化发展期(2013 年以后)

2013 年 8 月,浙江省正式获批建设"信息化和工业化深度融合国家示范区",此后信息化和工业化深度融合成为推动经济加快转型升级的主要路径。2014 年 4 月,浙江省政府召开全省信息经济发展大会,将发展信息经济列为七大万亿产业之一;同年 5 月,出台《关于加快发展信息经济的指导意见》,围绕加强信息基础设施建设、优先发展信息产业、提升发展电子商务扩大信息消费和推进信息化、工业化深度融合等方面作出一系列重大决策部署;同年 11 月,首届世界互联网大会在浙江乌镇召开,从此世界互联网大会成为展示浙江数字经济发展的一个重要窗口。2016 年,二十国集团(G20)杭州峰会发布《二十国集团数字经济发展与合作倡议》后,浙江把信息经济升级为数字经济;同年 11 月,国家正式批复浙江成为国家信息经济示范区。2017 年 4 月,《浙江省国家信息经济示范区建设实施方案》出台;同年 12 月,浙江省委经济工作会议提出数字经济"一号工程",提出要大力发展互联网、物联网、大数据、人工智能等产业,打造"云上浙江"、数据强省。自 2021 年 3月 1 日起,《浙江省数字经济促进条例》正式实施,这是全国首部促进数字经济发展的地方性法规,提出发展数字经济是浙江经济社会发展的重要战略。2022 年 7 月 13 日,浙江省数字经济高质量发展大会召开,发布了数字经济"一号工程"升级版的建设宣言:未来 5 年,力争全省数字经济增加值突破 7万亿元、核心产业增加值突破 1.6 万亿元,实现新一轮"双倍增",抢占数字竞争新的制高点。

　　如图 2-14 所示,浙江省数字经济核心产业增加值占地区生产总值的比重从 2016 年的 8.8% 增加至 2021 年的 11.4%。2021 年,浙江省数字经济增加值占地区生产总值的比重达 48.6%,居全国各省(区)第一;数字经济增加值达 3.6 万亿元,居全国第四。表 2-8 从基础设施、数字产业化、产业数字

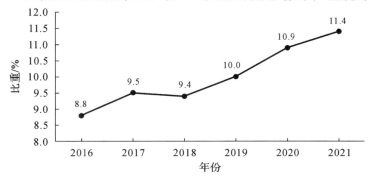

图 2-14　浙江省数字经济核心产业增加值占地区生产总值的比重

数据来源:浙江省统计局官网。

化、新业态新模式及政府与社会数字化等方面全方位地展示了2021年浙江省数字经济发展的主要指标。党的二十大报告提出，要"加快发展数字经济，促进数字经济和实体经济深度融合，打造具有国际竞争力的数字产业集群"。在推进浙江经济高质量发展、奋力打造共同富裕示范区的过程中，数字经济将在拉动经济增长、推动产业转型、促进创新创业等领域发挥重要作用。

表 2-8　2021 年浙江省数字经济发展主要指标

类别	一级指标	二级指标	单位	数值
基础设施	网络基础设施	城域网出口带宽	Gbps	76389.0
		FTTH/O 宽带接入率（光纤宽带用户率）	%	91.1
		固定宽带端口平均速率	Mbps	259.8
		每平方公里拥有移动电话基站数量	个	5.9
基础设施	数字网络普及	固定互联网普及率	户/百人	47.4
		5G 套餐用户数普及率	户/百人	47.8
		付费数字电视普及率（含 IPTV）	户/百户	191.0
数字产业化	创新能力	数字经济核心产业 R&D 经费相当于营业收入比重	%	2.0
		人均拥有数字经济核心产业有效发明专利数	件/万人	13.6
		数字经济核心产业制造业新产品产值率	%	57.6
	质量效益	数字经济核心产业增加值占 GDP 的比例	%	11.4
		数字经济核心产业劳动生产率	万元/人	43.1
		数字经济核心产业制造业亩均税收	万元	21.9
产业数字化	产业数字化投入	数字经济核心产业人才占比	%	44.2
		数字经济投资占全部固定资产投资的比例	%	5.3
		信息化投入占营业收入比例	%	0.223
	产业数字化应用	企业使用信息化进行购销存管理普及率	%	62.3
		企业使用信息化进行生产制造管理普及率	%	46.3
		企业使用信息化进行物流配送管理普及率	%	16.7

续表

类别	一级指标	二级指标	单位	数值
新业态 新模式	电子商务	人均电子商务销售额	元	22803.5
		网络零售额相当于社会消费品零售总额比例	%	86.4
		工业企业电子商务销售额占营业收入的比重	%	3.03
	数字金融	移动支付活跃用户普及率	%	78.6
		人均移动支付业务量	笔	242.0
政府与 社会 数字化	数字民生	人均移动互联网接入流量	GB	208.1
		高速公路入口 ETC 使用率	%	73.4
		生均教育信息化经费投入	元	1039.7
		区域医院门诊智慧结算率	%	86.4
	数字政府	人均数据共享接口调用量	次	323.7
		依申请政务服务事项"一网通办"率	%	100
		浙政钉应用水平	分	9.48

数据来源:《2022浙江省数字经济发展综合评价报告》。

二、数字经济推动经济高质量发展的内在逻辑

党的二十大报告提出,"加快发展数字经济,促进数字经济和实体经济深度融合,打造具有国际竞争力的数字产业集群"。可见,大力发展数字经济已上升为国家战略,数字经济正在成为驱动我国未来经济高质量发展的重要引擎。

(一)数字经济能够优化资源配置

数字经济的发展,能够有效降低信息不对称问题,优化资源配置,极大地提高资源的利用效率(刘钒和马祎,2019)。数字经济催生了新的产业组织形态,平台企业大量涌现,为消费者节约了搜寻和谈判成本。交易成本的降低能够进一步扩大市场范围,促进市场合理分工,企业得以扩大市场规模,实现经济高质量发展(乔岳,2021)。数字经济能够让市场和政府充分发挥各自的作用,协同配合实现经济高质量发展。

（二）数字经济能够促进产业转型

习近平总书记在主持中共十九届中央政治局第三十四次集体学习时强调，要"推动数字经济和实体经济融合发展"，"要把握数字化、网络化、智能化方向，推动制造业、服务业、农业等产业数字化，利用互联网新技术对传统产业进行全方位、全链条的改造，提高全要素生产率，发挥数字技术对经济发展的放大、叠加、倍增作用"[①]，为产业数字化转型指明了方向。当前，数字经济已从单纯的数字技术创新、数字产业集群走向数字经济与实体经济深度融合的发展阶段。一方面，我们应当继续加大数字经济底层技术的研究与开发；另一方面，也要利用好数字技术，推动加快数字化转型，通过数字经济对传统产业进行数字化、网络化和智能化改造，促进产业结构升级，提升经济的增长动能，推动经济的高质量发展（邝劲松和彭文斌，2020）。

三、数字经济高质量发展的杭州实践

杭州是数字经济先发城市，在 21 世纪初就提出要打造"天堂硅谷"，加快"信息港"建设。近年来，杭州坚定不移实施数字经济"一号工程"，以数字化改革为引领，全面推进数字产业化、产业数字化和城市数字化"三化融合"，打造数字经济第一城。2021 年，杭州数字经济核心产业实现增加值 4905 亿元，占全市地区生产总值比重达 27.1%，同比增长 11.5%，两年平均增长 12.4%，数字经济发展呈现一片欣欣向荣的景象。

（一）拥抱数字经济，打造天堂硅谷

杭州是最早拥抱数字经济的城市之一。2000 年，杭州市"十五"规划正式将建设"天堂硅谷"列为"一号工程"，大力支持信息产业发展。2006 年 7 月 3 日，中共杭州市委、杭州市人民政府发布了《关于进一步打造"天堂硅

---

① 习近平．习近平谈治国理政：第四卷[M]．北京：外文出版社，2022：207．

谷"推进创新型城市建设的决定》，提出"做大做强信息产业，不断拓展通信、软件、微电子、数字电视、动漫、网络游戏六大产业链，加快'信息港'建设"。2008 年 5 月 29 日，杭州市获批"中国电子商务之都"称号，电子商务产业加快发展。2009 年 8 月 13 日，中共杭州市委、杭州市人民政府发布《关于加快发展信息产业推进信息化与工业化融合的意见》，明确了工业企业信息化和电子信息产业的发展目标。2012 年，杭州市出台《杭州市软件和信息服务业创新发展三年行动计划（2013—2015）》，大力推进"中国软件名城"创建工作，推动实现杭州软件和信息服务业创新发展，提升产业核心竞争力（武前波、万为胜和洪明，2022）。这一段时间，虽然杭州的数字经济取得了一定程度的发展，但政府部门的重视程度仍显不足。

（二）加快数字经济发展，打造数字经济第一城

2013 年前后，中央作出中国经济处于"三期叠加"阶段的重要判断，杭州市经济发展也面临着土地资源紧缺、劳动力成本上升、环保监管趋严等诸多难题，曾经高速增长的传统制造业、商贸业进入发展瓶颈期，杭州陷入增速下行、效益下滑、动能下降的困局，亟须寻找新的经济增长点。2014 年 7 月，杭州市委第十一届七次全会召开，大会审议通过了《关于加快发展信息经济的若干意见》，此次全会为杭州数字经济发展擘画了清晰的"路线图"，提出到 2020 年要力争建成国际电子商务中心、全国云计算和大数据产业中心、物联网产业中心、互联网金融创新中心、智慧物流中心、数字内容产业中心等"六个中心"。2018 年，杭州市开始定位于发展成为"数字经济第一城"，先后出台了一系列政策文件，推动杭州数字经济高质量发展。表 2-9 列出了杭州市近几年来颁布的促进数字经济发展的部分相关政策，在短短 5 年的时间里，杭州市在 5G 产业、跨境电商、人工智能、直播电商、集成电路、智能物联、软件和信息技术服务业等七个数字经济核心产业分别推出了一系列政策，可以看出杭州市推动数字经济发展的决心。图 2-15 及图 2-16 显示，从 2015 年到 2020 年，杭州市数字经济核心产业增加值从 2314 亿元增长至

4290 亿元,增长了近一倍,其中余杭区和滨江区数字经济核心产业增加值占杭州市的 71.1%。根据《2021 浙江省数字经济发展综合评价报告》,杭州市各项指标均位列浙江省各地级市第一。2022 年 9 月 29 日,杭州市数字经济高质量发展大会召开,会议提出要"高水平重塑全国数字经济第一城",杭州数字经济进一步推动高质量发展未来可期。

表 2-9　2018—2022 年杭州市政府颁布的促进数字经济发展的部分政策

发布时间	文件名称
2018 年 5 月 14 日	杭州市高新技术企业培育三年行动计划(2018—2020 年)
2018 年 8 月 8 日	关于印发进一步鼓励集成电路产业加快发展专项政策的通知
2019 年 5 月 23 日	杭州市加快 5G 产业发展若干政策
2019 年 12 月 2 日	关于加快推进跨境电子商务发展的实施意见
2019 年 12 月 30 日	杭州市建设国家新一代人工智能创新发展试验区若干政策
2020 年 10 月 29 日	关于加快杭州市直播电商经济发展的若干意见
2022 年 7 月 28 日	关于促进集成电路产业高质量发展的实施意见
2022 年 9 月 5 日	杭州市智能物联产业政策实施细则
2022 年 10 月 24 日	杭州市推进软件和信息技术服务业高质量发展的若干政策

数据来源:《杭州市人民政府公报》。

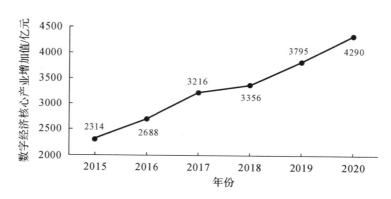

图 2-15　杭州市数字经济核心产业增加值

数据来源:历年《杭州统计年鉴》。

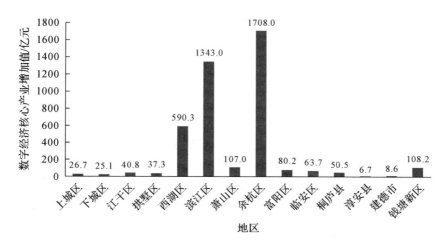

图 2-16　2020 年杭州市各地区数字经济核心产业增加值

数据来源:《杭州统计年鉴(2021)》。

第三章　居民就业与增收

　　共同富裕是社会主义的本质要求,是人民群众的共同期盼,是中国式现代化的重要特征。改革开放以来,特别是在"八八战略"的推动下,浙江实现了从经济小省到经济大省,再到经济强省的跃升,经济发展质量不断提升,城乡居民收入水平长期位列各省(区)第一。即使是在新冠疫情冲击下的2020年,全省实现地区生产总值6.46万亿元,全年同比增长3.6%;居民人均可支配收入首次突破5万元,仅次于直辖市上海和北京,同比实际增长2.6%;高新技术产业增加值占全省规模以上工业增加值比重达59.6%,比2015年提高了22个百分点。正是这些良好的发展基础和发展势头,《国民经济和社会发展第十四个五年规划和2035年远景目标纲要》明确提出,支持浙江高质量发展建设共同富裕示范区。2021年6月10日发布的《中共中央 国务院关于支持浙江高质量发展建设共同富裕示范区的意见》更是专门就浙江共同富裕示范区建设提出了具体目标,到2025年,浙江省推动高质量发展建设共同富裕示范区取得明显实质性进展,人均地区生产总值达到中等发达经济体水平,城乡区域发展差距、城乡居民收入和生活水平差距持续缩小,低收入群体增收能力和社会福利水平明显提升,以中等收入群体为主体的橄榄型社会结构基本形成;到2035年,浙江省高质量发展取得更大成就,基本实现共同富裕,人均地区生产总值和城乡居民收入争取达到发达经济体水平,城乡区域协调发展程度更高,收入和财富分配格局更加优化。

本章旨在梳理改革开放以来,特别是 2003 年实施"八八战略"以来,浙江省城乡居民增收的主要特征,总结浙江促进城乡居民增收的创新性实践,为推动实现共同富裕提供浙江示范。

第一节　多渠道提高居民收入

一、浙江城乡居民增收的主要特征

浙江是改革开放的先行地,是习近平新时代中国特色社会主义思想的重要萌发地。改革开放以来,浙江立足省情,干在实处、走在前列,率先走出了一条"富民强省"的发展路子,城乡居民生活水平显著提升,率先实现了"富起来"。"富裕浙江"已成为浙江经济的一块金字招牌。

（一）城乡居民收入水平长期领跑全国省（区）

改革开放初期的 1978 年,浙江城乡居民收入水平并不突出,城镇居民收入水平甚至还低于全国平均水平,也远低于广东省。然而,借助改革开放的春风,浙江城乡居民人均可支配收入快速增长,分别从 1978 年的 332 元和 165 元增加到 2020 年的 62699 元和 31930 元（见表 3-1）,年均实际增长率达 7.63％和 8.20％,比同期全国水平高出 0.61 个和 0.63 个百分点（见表3-2）。国家统计局公布的数据显示,2020 年浙江居民人均可支配收入达 52397 元,仅次于上海和北京两大直辖市,浙江成为居民人均可支配收入率先突破 5 万元的省份。城镇居民人均可支配收入水平自 2001 年来连续 20 年居全国省（区）首位;农村居民人均纯收入（人均可支配收入）自 1985 年来连续 36 年居全国省（区）首位,自 2014 年起更是超过北京,仅次于上海。

表 3-1　1978—2020 年全国和部分省(市)居民人均可支配收入

单位:元

年份	全国	浙江	北京	上海	江苏	广东
城镇居民						
1978	343.4	332	365	406	288	412
1990	1510.2	1932	1902	2183	1464	2303
2000	6824.0	9279	10590	11718	6756	9762
2005	10382.3	16294	18775	185645	12098	14770
2010	18779.1	27359	32132	31838	22273	23897
2015	31194.8	43714	52859	52962	37173	34757
2016	33616.2	47237	57275	57692	40152	37684
2017	2378.4	51261	62406	62596	43622	40975
2018	2532.1	55574	67990	68034	47200	44341
2019	42358.8	60182	73849	73615	51056	48118
2020	43833.8	62699	75602	76437	53102	50257
农村居民						
1978	133.6	165	225	290	155	193
1990	686.3	1099	1297	1665	884	1043
2000	2282.1	2966	4533	5565	3591	3654
2005	3370.2	6660	7041	8342	5258	4690
2010	6272.4	11303	12368	13746	9067	7890
2015	11421.7	21125	20569	23205	16257	13360
2016	12363.4	22866	22310	25520	17606	14512
2017	13432.4	24956	24240	27825	19158	15780
2018	14617.0	27302	26490	30375	20845	17168
2019	16020.7	29876	28928	33195	22675	18818
2020	17131.5	31930	30126	34911	24198	20143

数据来源:历年《中国统计年鉴》和各省(市)统计年鉴。

表 3-2　1978—2020 年全国和部分省(市)人均 GDP 和居民人均可支配收入增长率

单位:%

时段	全国	浙江	北京	上海	江苏	广东
人均 GDP						
1978—1990	7.47	10.58	7.14	5.78	9.77	10.67
1990—2000	9.26	14.13	9.04	10.36	13.02	11.91
2001—2005	9.49	11.88	9.42	8.57	13.65	12.17
2006—2010	10.41	9.59	5.62	6.57	12.40	9.21
2011—2015	6.84	6.02	5.10	6.29	8.10	5.78
2016—2020	5.04	4.63	5.20	5.15	5.47	4.01
1978—2020	8.18	10.16	7.20	7.30	10.49	9.60
城镇居民						
1978—1990	5.86	7.43	6.97	7.81	7.29	5.98
1990—2000	6.80	7.38	7.57	7.90	7.49	7.78
2001—2005	9.75	10.72	11.75	8.65	12.04	8.08
2006—2010	9.39	7.59	8.44	8.27	9.32	7.90
2011—2015	7.47	6.89	7.15	7.22	7.44	4.25
2016—2020	4.52	4.90	4.99	5.31	4.73	4.95
1978—2020	7.02	7.63	7.73	7.70	7.88	6.59
农村居民						
1978—1990	9.92	9.33	7.89	8.41	8.71	6.42
1990—2000	4.64	7.03	2.68	2.91	8.05	6.50
2001—2005	5.99	7.67	9.17	8.25	6.39	4.23
2006—2010	9.75	8.32	9.64	7.40	8.05	8.88
2011—2015	9.19	10.46	7.90	7.62	8.52	6.87
2016—2020	5.94	6.00	5.58	6.16	5.61	5.83
1978—2020	7.57	8.20	6.62	6.56	7.84	6.52

数据来源:历年《中国统计年鉴》和各省(市)统计年鉴。

以上数据还反映了一个重要特征,浙江城乡居民收入增长与人均 GDP 增长日趋同步。改革开放以来,我国城乡居民收入实际增长率总体上低于人均 GDP 增长率，《国民经济和社会发展第十二个五年规划纲要》提出，要使城乡居民收入普遍较快增加，努力实现居民收入增长和经济发展同步。浙江积极贯彻落实这一政策，自 2011 年以来，城乡居民人均可支配收入实际增长率不仅高于全国平均水平，也双双高于同期浙江人均地区生产总值的实际增长率，实现了居民收入增长与经济增长同步。"十二五"期间，城乡居民收入增长率分别比人均地区生产总值增长率高 0.87 个和 4.44 个百分点，"十三五"期间，增长率有所回落，但仍高于人均地区生产总值增长率。

(二)城乡居民收入差距持续缩小

"中国要富，农民必须富。"农民富裕是"富裕浙江"的一大亮点。浙江农村人口的贫困发生率显著低于全国平均水平(见表 3-3)，浙江省于 2015 年消除农村绝对贫困，是率先取得脱贫攻坚决定性胜利的省(区)之一。

表 3-3　2010—2014 年全国和部分省(市)农村贫困人口规模和贫困发生率

年份	全国	浙江	北京	上海	江苏	广东
农村贫困人口规模/万人						
2010	16567	148	1	—	187	314
2011	12238	94	2	—	123	166
2012	9899	83	1	—	106	128
2013	8249	72	—	—	95	115
2014	7017	45	—	—	61	82
农村贫困发生率/%						
2010	17.2	3.9	0.3	—	3.0	4.6
2011	12.7	2.5	0.3	—	2.5	2.4
2012	10.2	2.2	0.2	—	2.1	1.9
2013	8.5	1.9	—	—	2.0	1.7
2014	7.2	1.1	—	—	1.3	1.2

数据来源:《中国农村贫困监测报告》。
注:贫困线标准为 2011 年标准 2300 元(2011 年不变价)。

浙江农村居民收入水平不仅长期领先全国各省(区),而且增长率总体高于城镇居民收入增长率。2000年以来,浙江城乡居民收入差距总体呈不断缩小趋势(见表3-4)。2020年,浙江城乡居民人均可支配收入比为1.96,远低于全国平均水平(2.56),也低于北京(2.51)、上海(2.19)、江苏(2.19)和广东(2.50)等兄弟省(市)。浙江城乡居民收入比自1993年来首次低于2。

表3-4　1978—2020年全国和部分省(市)城乡人均可支配收入比

年份	全国	浙江	北京	上海	江苏	广东
1978	2.57	2.01	1.62	1.40	1.86	2.13
1990	2.20	1.76	1.47	1.31	1.66	2.21
2000	2.99	3.13	2.34	2.11	1.88	2.67
2005	3.08	2.45	2.67	22.25	2.30	3.15
2010	2.99	2.42	2.60	2.32	2.46	3.03
2015	2.73	2.07	2.57	2.28	2.29	2.60
2016	2.72	2.07	2.57	2.26	2.28	2.60
2017	0.18	2.05	2.57	2.25	2.28	2.60
2018	0.17	2.04	2.57	2.24	2.26	2.58
2019	2.64	2.01	2.55	2.22	2.25	2.56
2020	2.56	1.96	2.51	2.19	2.19	2.50

数据来源:历年《中国统计年鉴》和各省(市)统计年鉴。

(三)地区间收入差距日趋平衡

党的十九大报告指出,中国特色社会主义进入新时代,我国社会主要矛盾已经转化为人民日益增长的美好生活需要和不平衡不充分的发展之间的矛盾。要解决发展的不平衡不充分问题,必须通过"实施区域协调发展战略"和"建立更加有效的区域协调发展新机制",有效地消除城乡区域发展和收入分配差距。

进入 21 世纪以来,尤其是实施"八八战略"以后,浙江高度重视统筹区域协调发展,采取了一系列措施支持欠发达地区加快发展,地区间协调发展程度进一步提高,地区收入差距日趋缩小。地级市城乡人均可支配收入的基尼系数均呈现下降趋势(见表 3-5),其中城镇人均可支配收入基尼系数从 2001 年的 0.0572 下降到 2019 年的 0.0366;农村人均可支配收入基尼系数从 2010 年的 0.0976 下降到 2019 年的 0.0806。

表 3-5 还报告了最高人均可支配收入与最低人均可支配收入比的变化趋势。可以看到,无论是城镇还是农村,浙江的这一收入比自 2005 年以来均有显著的降低,城镇地区从 1.5417 下降到 1.4149,农村地区从 2.2416 下降到 1.6838。横向比较来看,数据显示,无论是城镇还是农村,浙江省地级市人均可支配收入的基尼系数和"最高—最低收入比"均远低于同一时期的江苏和广东等兄弟省份,地区间收入差距日趋平衡。

表 3-5　2001—2020 年部分省份城乡收入差距

| 年份 | 地区人均可支配收入基尼系数 | | | | | |
| | 浙江 | | 江苏 | | 广东 | |
	城镇	农村	城镇	农村	城镇	农村
2001	0.0572	0.0850	—	—	—	—
2005	0.0503	0.0902	—	—	0.2251	0.1335
2010	0.0458	0.0976	0.1404	0.1399	0.1790	0.1466
2015	0.0416	0.0867	0.1418	0.1316	0.1554	0.1128
2016	0.0405	0.0839	0.1417	0.1304	0.1544	0.1161
2017	0.0377	0.0824	0.1412	0.1293	0.1539	0.1177
2018	0.0378	0.0815	0.1411	0.1285	0.1557	0.1201
2019	0.0366	0.0806	0.1383	0.1272	0.1575	0.1229
2020	—	—	0.1384	0.1276	0.1587	0.1234

| 年份 | 最高人均可支配收入与最低人均可支配收入比 | | | | | |
| | 浙江 | | 江苏 | | 广东 | |
	城镇	农村	城镇	农村	城镇	农村
2001	1.5157	1.9569	2.1464	2.0977	—	—
2005	1.5417	2.2416	2.2580	2.1862	3.4491	2.7203
2010	1.4301	2.1975	2.3803	2.1014	2.7085	3.6294
2015	1.4697	1.7892	2.2665	2.0028	2.3349	2.2591
2016	1.4509	1.7618	2.2561	1.9880	2.3381	2.2854
2017	1.4431	1.7395	2.2516	1.9634	2.4411	2.2725
2018	1.4374	1.7207	2.2447	1.9522	2.4817	2.2381
2019	1.4227	1.7059	2.2418	1.9463	2.5187	2.2905
2020	1.4149	1.6838	2.2166	1.9526	2.5833	2.3803

数据来源:历年《浙江统计年鉴》《江苏统计年鉴》《广东统计年鉴》。

(四)国民收入分配格局日趋合理

劳动者报酬是城乡居民可支配收入的主要来源,居民可支配收入能否持续快速增长很大程度上取决于劳动者报酬能否持续快速增长。自20世纪90年代中期到2010年,劳动者报酬或居民可支配收入占我国国民收入的比重总体上呈现持续下降趋势,浙江也不例外。

针对居民收入在初次分配中的比重下降这一形势,《国民经济和社会发展第十二个五年规划纲要》提出"努力提高居民收入在国民收入分配中的比重,提高劳动报酬在初次分配中的比重"。浙江积极贯彻落实中央政策,城乡居民人均可支配收入占人均地区生产总值的比重自2010年来持续上升,使更多劳动者分享了经济发展成果(见表3-6)。从表3-6中可以看出,2010—2020年,浙江城镇居民人均可支配收入占人均地区生产总值比重持续上升,到2020年回升至62.31%,明显高于北京(45.85%)、上海(49.07%)、江苏(43.80%)和广东(56.97%)等兄弟省(市),也超过全国平

均水平(60.88％)。农村居民人均可支配收入占人均地区生产总值比重自
2010 年以来也逐年上升,到 2020 年回升至 31.73％,比全国平均水平高近 8
个百分点,更是远高于北京(18.27％)、上海(22.41％)、江苏(19.96％)和广
东(22.84％)等其他经济发达省(市)。

表 3-6　2001—2020 年全国和部分省(市)居民人均可支配收入占人均 GDP 的比重

单位:％

年份	全国	浙江	北京	上海	江苏	广东
城镇居民						
2001	78.28	71.06	42.49	40.15	56.77	74.65
2005	72.26	62.01	39.79	37.76	50.44	61.55
2010	60.96	53.53	41.03	40.10	42.19	53.50
2015	62.49	59.66	46.49	47.68	41.57	50.17
2016	62.50	60.26	46.42	46.67	41.46	50.10
2017	61.08	59.88	45.83	45.99	40.71	49.55
2018	59.89	59.61	45.04	45.74	40.71	49.94
2019	60.45	60.93	45.65	47.01	41.71	50.95
2020	60.88	62.31	45.85	49.07	43.80	56.97
农村居民						
2001	27.61	31.12	17.51	18.23	29.33	27.02
2005	23.46	25.35	14.92	16.89	21.92	19.54
2010	20.36	22.12	15.79	17.31	17.18	17.66
2015	22.88	28.83	18.09	20.89	18.18	19.28
2016	22.99	29.17	18.08	20.64	18.18	19.29
2017	22.54	29.15	17.80	20.44	17.88	19.08
2018	22.30	29.28	17.55	20.42	17.98	19.34
2019	22.86	30.25	17.88	21.20	18.53	19.92
2020	23.79	31.73	18.27	22.41	19.96	22.84

数据来源:历年《中国统计年鉴》和各省(市)统计年鉴。

二、浙江城乡居民增收的创新实践

浙江是自然资源小省,也没有强大的工业基础,但是借助改革开放的东风,浙江贯彻执行党中央的方针政策,创造性地以"八八战略"为总纲,深入践行"干在实处、走在前列、勇立潮头"的浙江精神,率先发展成为中国经济最发达、最活跃的地区之一,成为城乡居民收入最高且发展比较均衡的省份。

(一)较早引入市场机制,激活市场主体活力

民营经济发达是浙江经济的一大优势,民营经济也是城乡居民经营性收入的一个重要来源和富民强省的重要抓手。作为改革开放的先行地,浙江依托群众智慧、尊重群众首创精神,较早地进行市场取向的改革,从积极引导群众自发性地改革创新,到积极推行"刀刃向内"的政府自我革命,极大地激发了广大人民群众的创业活力,培育了一大批富有活力的市场主体,率先构建起相对完善的市场经济体系。根据中国市场化指数数据库,浙江市场化进程相对指数自 1997 年以来稳居全国前三,2014 年更是跃居全国第一。

率先探索市场化取向的改革,激发企业家精神。2018 年 11 月 1 日,习近平总书记在民营企业座谈会上指出:"民营经济具有'五六七八九'的特征,即贡献了 50％以上的税收,60％以上的国内生产总值,70％以上的技术创新成果,80％以上的城镇劳动就业,90％以上的企业数量。""我国经济发展能够创造中国奇迹,民营经济功不可没!"[1]据统计,早在 2002 年,浙江民营经济创造的增加值就已经占全省生产总值的 69％,浙江个体私营经济增加值占全省生产总值比重分别比江苏(28.3％)、山东(29.1％)、上海(9％)高出 18.8 个、18.0 个和 38.1 个百分点;全省民营经济从业人员已占到全部

---

① 习近平.在民营企业座谈会上的讲话[M].北京:人民出版社,2018:4-5.

从业人员的 88.2%,经工商登记注册的个体工商户数量达 100.3 万户,私营企业达到 24.7 万家。

改革开放初期,浙江就积极探索发展个体私营经济,发放了全国第一份个体工商户营业执照,设立了全国第一个专业市场,颁布了第一个股份合作制地方性规章,催生了享誉全国的"温州模式"和"台州现象",诞生了全球规模最大的小商品市场——义乌小商品市场。1998 年,全国私营企业 500 强中,浙江占了 112 家,总量居全国第一。2021 年 3 月,浙江的各类市场主体达 816 万户,其中企业 300 余万户,个体工商户 500 余万户。按常住人口计算,8 个浙江人里面就有 1 个是老板。据统计,截至 2020 年底,浙江上市公司数量达 519 家,仅次于广东省(676 家)。

率先推行政府自我革命,营造良好市场环境。党的十八届三中全会提出了国家治理体系和治理能力现代化这一重大命题。浙江深入贯彻中央政策精神,2016 年创造性地推行了一项"刀刃向内",面向政府自身的自我革命——"最多跑一次"改革。"最多跑一次"改革对准发展所需、基层所盼、民心所向,是浙江落实中央全面深化改革部署的重要创新实践,是对习近平同志在浙江工作时倡导的机关效能建设、政府自身改革的继续深化,是新发展阶段推动"放管服"改革、优化市场环境的重要举措。"最多跑一次"改革已成为浙江的又一块金字招牌。

浙江各级政府十分重视市场营商环境建设,坚持"人人都是营商环境、事事关系营商环境",全方位地优化营商环境。近年来,以数字化改革为牵引,浙江省积极开展流程再造和制度重塑,推出优化营商环境"10+N"便利化行动方案,有效地解决了企业和人民群众到政府办事难、环节多、费时长和成本高等"老大难"问题。通过实施企业开办便利化行动,实现企业开办一个工作日、零成本、"一网办结"。据统计,目前浙江全省企业开办网办率已经达到 98.4%,在增进企业和人民群众的满意度、获得感的同时,也极大地改善了市场创新创业环境。

（二）统筹城乡和区域发展，优化收入分配格局

城乡和区域发展不平衡是我国经济发展中的突出问题，浙江自改革开放以来也同样面临着发展的不协调和不平衡问题。对此，浙江创造性地提出并实施了"百亿帮扶工程""欠发达乡镇奔小康工程""山海协作工程"三大工程，以及新型城市化、城乡一体化和长三角地区一体化等一系列重大战略，中心镇培育工程、建设特色小镇、小城市培育和四大都市区建设等具体举措，形成了以城带乡、城乡互促、区域一体、整体发展的良好格局，有力地促进了浙江区域协调发展，使浙江成为全国区域发展不平衡程度最低的省份之一。

率先实施城乡一体化和新型城市化战略，统筹城乡融合发展。在浙江工作期间，习近平同志深刻指出需要把统筹城乡发展摆在"五个统筹"之首，加快推进城市化进程、推进城乡一体化是解决"三农"问题的根本途径，要不断推动农村人口向城镇集聚、城市文明向农村辐射。2004年，浙江率先出台了《浙江省统筹城乡发展、推进城乡一体化纲要》，建立城乡融合发展体制机制和完善政策体系，推进欠发达地区转型发展，推动发达地区与欠发达地区的联动发展和全面对接，形成区域经济发展一体化格局，有效地缩小城乡和区域经济发展差距。

创造性实施"山海协作工程"，促进区域协调发展。"山海协作工程"是习近平同志在浙江工作期间作出的重大战略决策，也是"八八战略"的重要内容。"山海协作工程"旨在通过"政府推动，企业主体、市场运作，互利双赢"，促进沿海发达地区与浙西南山区、海岛等欠发达地区在产业开发、新农村建设、劳务培训就业、社会事业发展等方面的项目合作，努力推进欠发达地区加快发展和发达地区产业结构优化升级。"山海协作工程"于2002年4月正式启动，之后不断推进和发展，有效地促进了浙江全省区域协调发展，走出了一条造血帮扶、双向互动、合作共赢的协调发展之路。

（三）深入推进乡村振兴，保障农民收入持续增长

促进共同富裕，最艰巨最繁重的任务在农村，关键要确保农民收入持续稳定增长。改革开放以来，浙江始终把农村发展和农民增收作为改革与发展的着力点。特别是进入 21 世纪以来，浙江先后出台了《关于进一步促进农业增效农民增收的若干政策意见》《关于促进城乡居民收入持续普遍较快增长的若干意见》《浙江省激发重点群体活力带动城乡居民增收实施方案》《低收入农户高水平全面小康计划》等一系列有针对性的农民收入促进政策，实施了"百乡扶贫攻坚计划""低收入农户奔小康工程""低收入农户收入倍增计划"等一系列增收工程，显著促进了农村居民收入尤其是低收入农户的收入持续普遍增长，一些乡村率先成为"全面小康建设示范村"。

实施结对帮扶，创新农民增收机制。在 2000 年 9 月启动的"百乡扶贫攻坚计划"中，全省有 145 个机关、企事业单位和欠发达县（市）结对帮扶。其中，浙江大学自 2000 年与武义县结对帮扶以来，以科教扶贫为抓手、以合作项目为平台，先后开展了数十项以发展生态农业、绿色农业、效益农业为主的扶贫项目，推动了农业产业结构优化调整，实现了农民收入的持续增长。

建设美丽乡村，激活农村发展潜力。自 2003 年以来，浙江在全国率先全面推进"千万工程"，大力推进美丽乡村建设。全省各地积极践行"绿水青山就是金山银山"的发展理念，实施《浙江省农业绿色发展试点先行区三年行动计划（2018—2020 年）》，推进农业绿色发展的先行先试，激发农村活力，促进农民增收。"千万工程"于 2018 年 9 月获联合国"地球卫士奖"。《2019 乡村民宿报告》显示，2019 年浙江省乡村民宿数量位居全国首位。

第二节　促进高质量充分就业

居民收入主要源于工资性收入，因此就业机会和就业质量关系着民生

的根本和经济的高质量发展。中华人民共和国成立以来,党中央高度重视人民就业问题,始终将扩大就业规模、提高就业质量摆在经济社会稳定发展的优先位置。改革开放以来,我国就业规模稳步增长,就业人口总量从期初的 4.02 亿人增长至 2021 年的 7.47 亿人,增长了 85.8%;同时城镇与农村就业人员比从 0.31 提升至 1.68,城镇化进程取得显著成效。[①] 1978—2021年,浙江省年末就业人口从 1795 万人增加至 3897 万人,增长速度远超全国平均水平。[②] 尤其是在"十三五"期间,我国经济与就业受到中美贸易摩擦和新冠疫情冲击的影响,面对百年未有之大变局,浙江省委、省政府坚持围绕高质量发展主线,将稳定就业、扩大就业蓄水池作为经济社会发展的强心剂,就业社保全面提升,城镇新增就业人数累计实现 606 万人,超额完成规划的 400 万人目标任务;城镇登记失业率从 2.93% 降至 2.79%,城镇调查失业率均保持在 4.5% 左右,就业形势总体稳定。[③]

"十四五"时期是我国全面建成小康社会、实现第一个百年奋斗目标之后,乘势而上开启全面建设社会主义现代化国家新征程、向第二个百年奋斗目标进军的第一个五年。我国经济已由高速增长阶段转向高质量发展阶段,浙江省的就业形势也面临新的机遇。户籍制度壁垒的消除助力劳动力在省内城乡间自由流动,为劳动力跨越地理空间选择就业机会提供了诸多便利;劳动保障制度日益健全,实现了从单位福利向统筹互济的社会保险的转变,为就业环境构建了一个稳固的保障体系;乡镇企业蓬勃发展,充分吸纳了富余的农村劳动力,新兴技术变革为高技能劳动力创造了更丰富的就业岗位;计算机和互联网的高度渗透提高了就业服务体系的效率。不容忽视的是,浙江省仍然存在一些尚未解决的就业问题,如劳动力市场存在资源供求失衡的现象,人才培养供给侧与企业需求侧不对口;就业困难群体"年轻化",失业群体多为低学历低技能人员,待业时间延长,导致再就业困难;

---

　① 数据来源:国家统计局《2021 年国民经济和社会发展统计公报》等。
　② 数据来源:历年《浙江统计年鉴》。
　③ 数据来源:浙江省统计局《"十三五"时期浙江经济社会发展报告》。

低技能劳动力面临技术变革的岗位替代效应，农村劳动力涌入使得城镇就业压力倍增等。因此，新发展阶段背景下仅追求高就业率具有一定的片面性，关注并正确全面地认识浙江的就业状况是十分必要且有意义的。

2021年，国务院印发《"十四五"就业促进规划》，对推动高质量发展的工作作出指示，提出实现更加充分更高质量就业是践行以人民为中心的发展思想、扎实推进共同富裕的重要基础。在充分就业的基础上，实现高就业质量能有效提高居民的预期工资收入，为居民增收提供坚实保障。同时充分发挥出不同劳动力的人力资本价值，实现更高效率的初次分配，使更多低收入劳动者迈入中等收入行列，助推形成橄榄型收入结构，优化国民收入分配结构。因此，如何优化就业质量是实现共同富裕道路上的焦点问题。就业在稳定社会民生、推动经济高质量发展过程中具有重要作用。以更为准确和全面的角度对就业质量的概念进行界定，深入探讨浙江省的就业质量现状及发展趋势，有利于增进对我国就业形势的认知，实现以浙江模式为借鉴，牵头引领迈向全社会共同富裕的发展路径。

本节旨在梳理就业质量这一概念的起源和内涵，并以此为基础构建就业质量指数，对浙江省劳动力市场的就业质量特征进行深入的统计分析，力求在未来的发展模式上扬长避短，以更加充分、更高质量的就业扎实推动高质量发展，为全国稳步实现共同富裕提供省域范例。

一、就业质量的概念和测度

（一）就业质量的概念

就业问题一直是政府和经济学家重点关注的问题之一。在经济发展过程中，尤其是在发达国家，片面地追求高就业率导致就业人员自身权益得不到保障，劳动力市场出现"低能低薪"的低效率资源配置现象，这些均无益于企业生产力和经济长期高质量发展。就业率（失业率）只是衡量就业（失业）人数占劳动人口的比例，并不能体现就业的综合质量，如劳动力的人力资本水平,就业人员的薪资待遇、就业环境、发展机会等个人福利状况,以及劳动力市场的就业结构、公平和效率等方面的问题。

随着经济全球化的不断深入和就业市场的繁荣发展,就业质量问题已经上升成为全球范围内的焦点问题,"就业质量"这一概念也逐渐成为政府和经济学家关注的重要主题,尤其是许多国际组织已经率先开始研究和提倡就业质量。1999年,国际劳工组织(ILO)提出"体面劳动"(decent work)的概念,强调劳动者个体应该受到尊重,享有公正平等的待遇,得到了广泛的推广,并由此展开了以"体面劳动"为中心概念的关于就业质量的讨论。2000年,欧盟委员会(CEC)针对欧洲出现的高失业率和就业结构失衡的问题,提出了"工作质量"(quality of work)的概念和多指标评估体系的建立方法,随之也引起了经济学家对就业质量的量化研究,其中以针对欧洲就业市场构建的工作质量指数(job quality index,JQI)为代表,但在不同研究中涉及的维度指标也不尽相同。

学术界关于就业质量的概念界定尚不统一,总体上涵盖了微观、中观和宏观三个层面(丁煜和王玲智,2009;苏士尚,2009)。微观层面的就业质量一般以管理学和心理学为基础,强调劳动者的"社会人"而非"经济人"属性,更注重员工在工作满意度、自我实现、工作压力等方面的体验和感受,更关注企业组织提供的工资薪酬、工作环境、工作稳定性、晋升机会、组织文化等要素对劳动力的影响。同时,微观层面的就业质量有时也考虑员工在工作和家庭之间的平衡性,以及享有的生活质量和保障等。在中观层面,就业质量一般从地区或行业的劳动力市场运行状况出发,围绕提高劳动力市场的效率和公平问题,主要包括资源配置效率和公共就业服务质量两个方面。劳动力市场资源配置效率的测度除了常见的就业率和失业率,还涉及就业结构、就业公平、市场就业机会等多个维度。而公共就业服务是政府以促进劳动力顺利就业为目的建立的公共制度,包括职业技能培训、就业指导、失业救济、劳动力市场监测、资源整合分配等多个方面,是促进经济可持续发展的重要因素。就业质量在宏观层面的概念主要源于"体面劳动",但其探讨的内容与中观层面并没有明显的差别，劳动力市场的公平和效率的矛盾、市场结构转型、劳动政策的经济效益等问题都在这一研究范畴内，此处不做深入探讨。

综合而言，就业质量在微观层面是一个针对劳动者个体就业发展情况的综合性概念，宏观层面更突出劳动力市场的整体运行效率及其与全社会经济发展的关联，而中观层面的就业质量概念则关注到了改善微观个体就业状况与规范市场运行机制之间的联系，具体对就业质量的度量应该在结合研究背景的前提下，综合考虑以上多个方面的因素，力求建立可比、可评价的指标体系，为政策制定提供可靠的依据与有效的参考。

（二）就业质量指数

在中国市场经济制度逐渐完善的背景下，传统上采用的就业率和失业率的二分法只能作为是否达到充分就业水平的衡量指标，已不能满足全面充分认知我国各地区就业质量状况的需求。基于我国现有经济发展阶段和就业市场状况，以及数据的可得性，本子节参考赖德胜等（2011），从就业结构、就业公平、劳动者报酬、收入分配、社会保障和就业能力等六大维度出发，选取了适用于衡量我国就业质量现状的六个代表性指标，用于构建就业质量指数（employment quality index，EQI）。具体指标体系及相关定义如表3-7 所示。

表 3-7　就业质量指数构建体系

维度	代表性指标	指标定义
就业结构	服务业发展	城镇服务业就业比重（%）
就业公平	城乡收入差距	城镇与农村可支配收入之比
劳动者报酬	工资性收入	城镇单位就业人员平均工资（万元）
收入分配	初次分配水平	工资总额占 GDP 比重（%）
社会保障	社会保险	养老保险参保人数占总人口比重（%）
就业能力	教育发展水平	就业人员平均受教育年限（年）

首先,采用线性功效函数对指标进行标准化,以更直观地比较细分就业指标在地区间的差异。然后,对正向指标和负向指标进行不同的标准化处理,以保证指标大小与就业质量高低具有经济含义上的正相关。按照常规做法,令 $\max_{it}$ 和 $\min_{it}$ 分别表示 t 年指标 i 的最大值和最小值,x_{ipt} 为 t 年时省份 p 的指标 i 水平,则原始的正向指标可以被标准化为:

$$X_{ipt} = \frac{x_{ipt} - \min_{it}}{\max_{it} - \min_{it}} \times 100 \tag{3-1}$$

类似地,负向指标可以被标准化为:

$$X_{ipt} = \frac{\max_{it} - x_{ipt}}{\max_{it} - \min_{it}} \times 100 \tag{3-2}$$

显然,标准化后的指标 X_{ipt} 是一个介于 0 和 100 之间的省份间相对得分值,但地区间的可比性仅局限于同一年份内。因此,本子节参考 Leschke 和 Watt(2014)的做法,将 2011 年设定为基准年份,式(3-1)与(3-2)中的 $\max_{it}$ 和 $\min_{it}$ 将被替换成基年的对应值 $\max_{i0}$ 和 $\min_{i0}$,重新进行标准化,以实现地区指标在不同年份之间的可比性。

最后,参照 OECD(2008)的标准和经典文献(Green et al.,2013;Leschke et al.,2012)的做法,为六大维度指标赋予相同的权重,加权平均后获得 t 年省份 p 的综合就业质量指数:

$$EQI_{pt} = \frac{1}{6} \sum_{i=1}^{6} X_{ipt} \tag{3-3}$$

下一子节将基于该综合指数对浙江省的就业质量进行分析,为推动高质量发展提供启示性建议。

二、浙江省就业质量的主要特征

实施就业优先战略在国民经济和社会发展中具有重要地位。浙江肩负起"干在实处永无止境,走在前列要谋新篇"的新使命,省政府积极响应,在《浙江省就业和社会保障发展"十二五"规划》和《浙江省国民经济和社会发展第十三个五年规划纲要》中指出,坚持就业优先、保障为基,着力稳定和扩大就业,健全社会保障体系,完善工资收入分配制度,提高劳动者就业素质,构建并巩固和谐劳动关系,努力实现就业和社会保障事业全面协调可持续发展,为全面建成惠及全省人民的小康社会做出新的更大贡献。本子节将围绕就业质量综合指数及六大维度,对浙江省的就业发展状况进行全面的比较分析,力求为全国各地区实现高质量就业提供发展经验。

(一)综合就业质量稳步提升

图 3-1 是 2011—2020 年全国和含浙江在内的五个代表性省(市)的就业质量指数变化趋势。初期我国就业总量压力和结构性矛盾并存,就业质量较低,EQI 仅为 30 左右。2011 年,浙江省 EQI 为 41.49,整体就业质量明显高于全国平均水平,略高于广东和江苏,但仍存在一些就业问题,如招工难和就业难共存,各类群体收入差距扩大,部分群众缺乏社会保障,侵害劳动者合法权益现象偶有发生,总体上与北京和上海两个直辖市相比仍有显著差距。

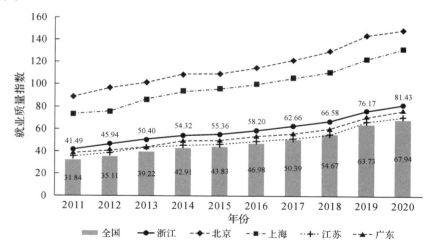

图 3-1 2011—2020 年全国和部分省(市)就业质量指数变化趋势

数据来源:国家统计局、历年《中国劳动统计年鉴》和《中国人口和就业统计年鉴》。

十多年来,浙江全面实施"八八战略"和"创业富民、创新强省"总战略,贯彻落实"就业优先战略",牵头引领就业可持续发展,就业质量长期领跑全国平均水平和绝大部分省份。尤其是在 2011—2013 年,浙江的就业质量增长势头迅猛,最大年增幅达到 10.72%(见表 3-8),超过其他四个省(市),这离不开浙江省政府坚持劳动者自主择业、市场调节就业和政府促进就业相结合的积极有力的就业政策支持。之后,就业质量增长速度逐渐减缓,2016年后稳定在 5%—7%,直至 2019 年上述各省(市)的就业质量相较往年均有了极大的提高,其中浙江省增长百分比达到 14.41%,仅次于江苏(20.49%)和广东(17.41%)。2020 年,在大国博弈和新冠疫情的不利冲击下,浙江仍然保持了较高的就业质量增长(6.91%),增幅高于江苏(5.31%)和北京(3.43%)。

表 3-8　2011—2020 年全国和部分省(市)就业质量增长幅度

单位:%

年份	全国	浙江	北京	上海	江苏	广东
2011	—	—	—	—	—	—
2012	10.27	10.72	8.30	3.19	10.24	7.86
2013	11.69	9.70	5.06	14.00	12.22	6.84
2014	9.41	7.77	6.56	9.16	5.48	12.88
2015	2.15	1.93	0.61	1.85	1.92	1.00
2016	7.18	5.12	5.16	4.91	4.98	7.57
2017	7.28	7.67	6.02	4.97	6.06	4.39
2018	8.48	6.25	6.61	5.15	7.20	7.92
2019	16.58	14.41	11.08	10.19	20.49	17.41
2020	6.59	6.91	3.43	7.75	5.31	8.01

数据来源:国家统计局、历年《中国劳动统计年鉴》《中国人口和就业统计年鉴》。

(二)劳动力市场结构持续优化

产业就业结构升级,第三产业就业比重逐年增长。制造业一直是浙江经济的命脉、富民强省的根基。10 多年来,浙江省城镇制造业就业比重稳定在 30%—40%,第二产业就业人数始终保持在城镇总就业人数的一半以上

（见表 3-9），而第三产业就业比重相较于其他省份并不高。"十三五"期间，浙江优化产业结构，全面提升产业竞争力，着力以转型促发展，推动经济社会持续平稳健康发展，在多方面形成了新的先发优势。尤其是服务业的发展推动了大量的劳动力转移到二、三产业。近年来，第三产业从第二产业吸纳了大量年轻劳动力和灵活就业人员，形成了彼长此消的发展态势，第三产业城镇就业比重也从 2011 年的 36.69％迅速提高到了 2020 年的 49.16％（见表 3-9）。可以看出，浙江省产业结构转型势头正猛，劳动力在产业间的分布更加合理，劳动力资源配置更加高效。

表 3-9　2011—2020 年浙江省城镇就业结构分布与就业公平程度

年份	产业间就业结构			城乡间就业公平			
	制造业就业比重/%	第二产业就业比重/%	第三产业就业比重/%	城镇人均可支配收入/元	农村人均可支配收入/元	城乡收入比（浙江）	城乡收入比（全国）
2011	39.80	63.16	36.69	30340	14197	2.14	2.90
2012	37.83	63.67	36.26	33846	15806	2.14	2.88
2013	34.81	63.05	36.88	37080	17494	2.12	2.81
2014	33.40	62.97	36.97	40393	19373	2.09	2.75
2015	31.79	61.45	38.51	43714	21125	2.07	2.73
2016	30.52	60.19	39.77	47237	22866	2.07	2.72
2017	29.78	58.43	41.53	51261	24956	2.05	2.71
2018	29.87	57.41	42.56	55574	27302	2.04	2.69
2019	28.54	51.73	48.22	60182	29876	2.01	2.64
2020	29.05	50.78	49.16	62699	31930	1.96	2.56

数据来源：国家统计局和历年《中国人口和就业统计年鉴》。

区域间就业均衡发展，城乡差距逐渐缩小。浙江始终重视缩小城乡发展差距，关注农村劳动力就业问题，着力实现就业均衡发展的目标。2011—2020 年，浙江的城镇人均可支配收入翻了一番，区域收入差距却能长期维持在一个较低的水平。其间，浙江城乡居民可支配收入比从 2.14 降低到了 1.96，2020 年首次低于 2，远低于全国平均水平，就业公平程度始终位列全国前三位，这在很大程度上得益于浙江独特的经济发展模式。在乡镇企业的引领和政府的政策支持下,浙江县域形成了具有各自地方特色的产业模式,为农村劳动力创造了众多新的就业岗位,满足了劳动力市场的多元化需求,农村居民可支配收入也因此实现了可观的增长,10 年间年均增长率达到将近 14%,绝对数值上仅次于上海,这为全国城乡一体化发展和共同富裕提供了有益的经验和示范。

(三)劳动力个体福利逐步完善

薪资与社会保障水平显著提高,劳动力的整体福利改善。在劳动者报酬方面,浙江省对最低工资标准进行了多次上调,直接带动就业人员工资增长,尤其是低收入群体的收入,一定程度上缩小了劳动力城乡收入差距。除此以外,省政府深化实施工资集体协商制度,促进企业建立工资正常增长机制,推动技术工人"以技提薪",提高了中等收入人群比重。具体而言,2011—2020 年,浙江省工资回报的绝对数值以平稳的趋势增长,年均增长率达到 15.6%,在全国的相对排名也有所上升,近年来基本仅次于北京、上海和天津;同时,劳动力市场初次分配效率也有所提高,具体表现为工资总额占地区生产总值的比重在此期间增长了近 3 个百分点(见表 3-10)。

在社会保障方面,浙江省积极实施相关政策以保护劳动力合法权益。例如,推进落实城乡居民养老保险待遇确定和基础养老金正常调整机制,提高个人缴费水平,推动参保人提高个人账户积累,合理设置梯度补贴制,提高政府缴费补贴,激励多缴多得;探索城乡居民养老保险提档补缴政策,鼓励参保人员增加个人缴费积累,稳步提高养老待遇水平。从政策效果来看,职工基本养老保险参保率从 34.46% 提高到了将近 50%[①],提高了约 15 个百分点(见表 3-10),到 2019 年后仅次于北京、上海和天津。近年来,浙江省政府还对失业、工伤保险待遇提出向上调整,扩大失业保险支出范围,切实提高了职工的社会保障水平。

---

① 囿于数据可得性,职工基本养老保险参保率以城镇职工参与养老保险人数与该省年末总人口之比衡量,实际参保率应比本子节中的数值更高。

表 3-10 2011—2020 年浙江省就业质量六大维度指标绝对值

年份	就业结构	就业公平	劳动者报酬	收入分配	社会保障	就业能力
	第三产业就业比重/%	城乡可支配收入比	平均工资/万元	工资总额占比/%	职工基本养老保险参保率/%	平均受教育年限/年
2011	36.69	2.14	4.52	13.94	34.46	9.70
2012	36.26	2.14	5.02	15.45	38.41	9.81
2013	36.88	2.12	5.66	16.03	41.07	9.93
2014	36.97	2.09	6.16	16.66	43.26	10.08
2015	38.51	2.07	6.67	16.34	41.84	9.84
2016	39.77	2.07	7.33	16.24	41.29	9.89
2017	41.53	2.05	8.08	15.88	43.96	10.02
2018	42.56	2.04	8.89	15.41	45.97	10.05
2019	48.22	2.01	9.97	15.56	47.56	10.92
2020	49.16	1.96	10.86	16.89	49.65	10.76

数据来源:国家统计局、历年《中国劳动统计年鉴》《中国人口和就业统计年鉴》。

(四)劳动力素质仍有提升空间

在就业能力方面,浙江省政府积极推进教育改革和发展,提高了教育普及水平和质量,如实施高等教育大众化、提升职业教育水平、推进终身学习体系建设等,为就业人员提供了更多的学历提升途径和渠道;同时支持外来劳动力的培训和教育,提高外来劳动力的素质和能力,促进外来劳动力的融入和发展。由表 3-11 可知,城乡就业人员的综合素质得到了显著的提升,平均受教育年限从 2011 年的 9.7 年增长到了 2020 年的 10.7 年,从低于全国平均水平走向全国前列,近年来仅次于北京和上海两个直辖市。然而,从学历结构来看(见表 3-11),浙江省高学历劳动力占比并不高。虽然多年来整体呈现上升趋势,但 10 年间浙江省大专及以上的就业占比最高只达到 30.61%,只稍高于同期的江苏(27.71%)和广东(24.00%),和北京(62.19%)、上海(50.89%)相比仍存在较大的差距,学历结构存在较大的优化空间,就业人员的人力资本水平要达到理想状况,仍需付诸努力。

表 3-11　2011—2020 年部分省(市)就业人员中大专及以上学历人员占比

单位:%

年份	浙江	北京	上海	江苏	广东
2011	15.92	50.26	32.12	13.68	12.53
2012	17.64	53.58	33.68	15.38	12.16
2013	19.20	51.41	35.03	16.95	14.22
2014	21.49	55.88	42.86	18.23	15.44
2015	24.75	52.58	43.88	22.92	17.40
2016	25.16	54.06	44.55	24.63	18.57
2017	26.54	55.77	46.21	25.16	18.67
2018	27.40	57.40	48.10	25.50	19.70
2019	30.61	62.19	50.89	27.71	24.00
2020	28.60	63.00	49.90	26.80	24.60

数据来源:历年《中国人口和就业统计年鉴》。

三、以高质量就业推动高质量发展

高质量就业是高质量发展必不可少的重要环节,也是实现共同富裕的基础和保障。浙江省既是中国经济发展的"绩优生",又是共同富裕的"探路先锋",在高质量发展中积极培育就业新增长极,推动劳动者实现体面劳动,其发展模式极具借鉴意义。以下思考与建议可作为全国其他省(市)实现共同富裕的一些路径参考。

优化劳动力技能结构,积累高水平人力资本储备。对于本地已有的就业人员,加大职业教育投入,推进产教融合、校企合作,多渠道扩大终身教育资源,满足不同群体的学习需求与全面发展。对于高学历劳动力,改善高学历高技能人才的社会地位和提高岗位吸引力,加大人才培养和引进力度,完善技术型人才的激励和保障机制,加强与产业发展的对接,培育适应市场需求的人才,并提供更多的晋升和创新机会。多方双管齐下,推动人口红利向人才红利转型，实现人力资源的优化配置，提高经济体生产效率。

维护劳动收入的主体地位，助力高效率收入分配改革。落实就业优先政策，完善重点群体就业支持体系，优化政府、企业、居民之间的分配格局，拓宽城乡居民的财产性收入渠道。消除户籍、地域、身份、性别等影响就业的制度障碍，促进生产要素跨区域、跨行业、跨所有制畅通无阻地流动，提高资源配置效率。完善初次分配制度，提高分配效率，按劳分配为主体、多种分配方式并存，支持创新要素参与分配。加大再分配调节力度，提高收入分配公平性，以税收、社会保障、转移支付等为主要手段，扩大中等收入群体比例。构建三次分配协调配套的基础性制度安排，形成人人共享的收入财富分配格局和优质均衡的社会保障体系。

加快就业结构转型，推动高质量经济发展。以改革开放为动力，以产业化、市场化、国际化为方向，增加第三产业资金和技术投入，大力发展现代服务业，改组、改造传统服务业，带动资源、要素、技术、市场需求等整合集成和优化重组。注重发展农村生活性服务业，满足农民多样化的消费需求，提升农村居民的生活品质。发挥农村绿水青山、乡土文化等资源的优势，发展休闲农业和乡村旅游等服务，培育新型农业经营主体，支持返乡下乡人员创业创新，实现农村富余劳动力的充分利用，缩小城乡就业差距和收入差距，推动就业平等，促进区域间经济均衡发展和高质量发展。

第三节　着力扩大中等收入群体

《国民经济和社会发展第十四个五年规划和 2035 年远景目标纲要》首次明确提出，2035 年远景目标之一是"全体人民共同富裕取得更为明显的实质性进展"。浙江省更是提出把基本形成"中等收入群体为主的橄榄型社会结构"作为"十四五"时期经济社会发展主要目标之一，要"率先推动全省人民走向共同富裕"，充分体现了浙江省委、省政府"重民生、促转型"的发展理念和政策导向。

实现共同富裕本质上依赖于更高质量的经济发展,把"蛋糕"做大,也需要更好地完善分配格局,使全体人民共享发展成果。许多发达国家的发展经验表明,一个庞大的中等收入群体是经济高质量发展所需的消费和产业结构升级、人力资本积累、技术进步等因素的重要支撑,也是社会和谐稳定的基础。培育壮大中等收入群体不仅有助于缩小收入差距,也是扩大消费需求、促进消费结构升级和经济高质量发展以及实现共同富裕的重要途径。

本节力图利用多个调查数据库,通过比较分析浙江省中等收入群体状况,剖析中等收入群体的主要特征,进而提出扩大中等收入群体、推动构建橄榄型社会结构的对策措施。

一、中等收入群体的概念和测度

中等收入群体主要从收入角度来看社会群体的收入分布状态,家庭(人均)收入是主要甚至唯一的衡量维度。中等收入群体的数量和质量在一定程度上反映了共同富裕的广度和深度。需要指出的是,中等收入在理论上并没有一个清晰的界定标准,它在很大程度上取决于一个国家或地区的经济发展水平。本节的分析采用国家统计局使用的口径来界定中等收入,即以 2018 年价格为基准,将标准家庭年收入为 10 万—50 万元的家庭定义为中等收入家庭[①],其所在家庭成员为中等收入人群。

中等收入群体已成为我国消费市场的主体人群。与低收入群体相比,中等收入群体的耐用消费品拥有率更高,对住房、汽车、旅游、教育、医疗和新兴服务业有旺盛的需求。中等收入群体规模的扩大在促进消费升级的同时,也会创造规模巨大的国内市场购买力,使得消费成为经济增长的重要拉动力。2018 年全国住户调查数据显示,中等收入群体规模仅占全国人口的29.4%,但这一群体的消费总支出约占全国总消费的 46.5%,其中居住消费支出占全国的 47.7%,医疗支出占全国的 43.2%,教育支出占全国的

---

① 根据国家统计局的数据,2018 年我国标准家庭的人口规模为 3.2 人。

45.2%。不仅如此,近些年中等收入群体消费的"升级型"特点比较突出,已成为推动消费结构从物质型消费为主向服务型消费为主转型的内在动力。2018 年全国不同收入群体的消费率如表 3-12 所示。

表 3-12　2018 年全国不同收入群体的消费率

单位:%

群体	总体		农村		城市	
	中位数	平均值	中位数	平均值	中位数	平均值
相对贫困群体	125.8	159.0	153.9	187.5	98.6	120.7
低收入群体	73.6	84.9	75.1	88.6	72.1	80.6
中等收入群体	59.5	65.2	45.8	53.2	60.5	66.3
高收入群体	46.2	53.5	24.9	35.3	46.2	53.6

注:表中数据根据《中国住户收入调查 2018》估算。消费率=消费支出/可支配收入。

数据也显示,我国中等收入群体的消费需求还有进一步释放的空间。中等收入群体的平均消费率为 65.2%,但农村中等收入群体的平均消费率(53.2%)低于城市中等收入群体(66.3%)。这和农村中等收入群体的就业、收入的不稳定性有一定关系。如果农村居民、进城务工人员能够享受到和城镇居民均等的社会保障和公共服务,他们的消费率将会进一步提高,消费需求将会得到释放。

二、中等收入群体的主要特征

根据前述中等收入群体的收入上下限界定标准,本子节使用中国家庭追踪调查数据估算了浙江过去 10 多年内中等收入群体比重的发展变化(见表 3-13)。作为比较,表 3-13 也估算了同一时期上海、广东和江苏等代表性省份以及全国的中等收入群体比重的变化。结果显示:①全国中等收入群体占总人口的比重总体上呈快速增长态势,2020 年中等收入群体约占全国人口的 30%;②浙江省中等收入群体的比重(2020 年为 53.2%)远高于全国平均水平,也高于江苏(48.3%)和广东(36.8%)等地区,但与上海(61.2%)

和北京(56.8%)相比仍有差距,表明浙江在"扩中"方面具有很大潜力;③浙江中等收入群体比重的增长率低于全国水平,且与 2009—2013 年相比,近年来浙江中等收入群体比重的增速趋于放缓。

表 3-13　中等收入群体比重及年均增长率

单位:%

地区	中等收入群体比重				中等收入群体比重年均增长率		
	2009 年	2013 年	2017 年	2020 年	2009—2013 年	2013—2017 年	2017—2020 年
全国	7.6	13.6	26.7	30.4	15.7	18.4	4.4
北京	36.7	41.2	56.1	56.8	2.9	8.0	0.4
上海	26.3	38.3	58.4	61.2	9.9	11.1	1.6
江苏	13.2	22.9	44.6	48.3	14.8	18.1	2.7
浙江	17.7	30.9	49.7	53.2	15.0	12.6	2.3
广东	8.3	17.8	32.5	36.8	21.0	16.2	4.2

注:表中数据根据中国家庭追踪调查数据估算。2020 年尚未有家庭经济调查数据,故该年的中等收入比重系推算值,即先根据 2013—2017 年各地区年均增长率推算 2020 年各家庭的年收入,然后按 2018 年不变价估算 2020 年的中等收入群体比重。

从家庭收入来源来看(见表 3-14),近年来工资性收入仍是浙江中等收入群体的主要收入来源,占家庭总收入的 76.0%。与全国和其他发达省份相比,浙江中等收入群体的经营性收入比重较高(13.3%),这一特征体现了浙江民营经济较为发达的优势。

表 3-14　2017 年中等收入群体家庭收入来源构成

单位:%

地区	工资性收入	经营性收入	财产性收入	转移性收入	其他收入
全国	70.7	10.7	2.1	13.2	3.4
浙江	76.0	13.3	2.7	6.6	1.5
北京	75.7	1.5	2.8	18.6	1.4
上海	70.9	2.0	3.1	21.9	2.1
江苏	72.9	13.1	1.5	8.5	4.0
广东	76.9	8.8	2.2	9.7	2.4

数据来源:根据中国家庭追踪调查数据估算。

进一步地,依据收入主要来源将浙江中等收入群体划分为四个中等收入子群体：以工资性收入为主的中等收入群体，以经营性收入为主的中等收入群体，以财产性收入为主的中等收入群体，以及上述三类之外的中等收入群体。

表 3-15 显示，2017 年浙江中等收入群体占全省总人口的比重已经超过了 50％。其中，88.35％的中等收入群体以工资性收入为主，在浙江总人口中的占比达到了 45.28％；11.11％的中等收入群体以经营性收入为主；而以财产性收入为收入主要来源的子群体仅占中等收入群体的 0.54％。

表 3-15　2017 年浙江省各收入组占总人口比重

收入组		定义方式	比重/％	
低收入群体		家庭年收入＜97941 元	46.29	—
中等收入群体	以工资性收入为主	97941 元≤家庭年收入＜489707 元，且工资性收入占比≥50％	51.25	88.35
	以经营性收入为主	97941 元≤家庭年收入＜489707 元，且经营性收入占比≥50％		11.11
	以财产性收入为主	97941 元≤家庭年收入＜489707 元，且财产性收入占比≥50％		0.54
	其他	97941 元≤家庭年收入＜489707 元，上述三类之外的中等收入者		10.20
高收入群体		家庭年收入≥489707 元	2.47	—
总计			100.00	100.00

注：表中数据根据中国家庭追踪调查数据估算。中等收入上下限经过价格指数平减调整。

从职业构成来看（见表 3-16），浙江中等收入群体的主要职业为生产制造及有关人员、社会生产服务与生活服务人员，分别占 34.95％和 26.21％。职业为党政机关或企事业单位负责人、专业技术人员和办事人员及有关人员的中等收入子群体占比较为平均，均在 10％左右。中等收入群体中农、林、牧、渔业生产及辅助人员占比较低，仅为 5.83％，因而从事这类职业的低收入群体是"扩中"的一类主要潜在对象。

表 3-16 2017 年浙江省中等收入群体的职业分类

职业分类	比重/%
党政机关或企事业单位负责人	8.09
专业技术人员	12.30
办事人员及有关人员	11.65
社会生产服务与生活服务人员	26.21
农、林、牧、渔业生产及辅助人员	5.83
生产制造及有关人员	34.95
军人及不便分类的其他从业人员	0.97

注:表中数据根据中国家庭追踪调查数据估算。职业类别来源于《职业分类与代码(GBT 6565-2015)》中的一位数职业大类。

进一步地,对中等收入群体中从事四类主要职业的子群体的单位所有制构成进行分析。[①] 表 3-17 的结果显示,从事各个职业的中等收入群体主要集中于私营企业及个体工商户,占比均超过了 50%,最高达到 83.53%。此外,相当一部分专业技术人员工作于事业单位,占比达 22.86%;办事人员及有关人员中有 13.89%的比例从事于党政机关及人民团体。最后,无论是哪种职业,工作于外商或其他企业和民办非企业组织,以及自雇或家庭帮工的群体占比均较少,总占比不到 10%。

表 3-17 2017 年浙江省不同职业中等收入群体的单位所有制构成

单位:%

类别	专业技术人员	办事人员及有关人员	社会生产服务与生活服务人员	生产制造及有关人员
党政机关及人民团体	8.57	13.89	1.82	1.18
事业单位	22.86	8.33	3.64	1.18
国有企业	2.86	2.78	9.09	5.88
私营企业及个体工商户	54.29	72.22	81.82	83.53

① 主要职业指表 3-16 中占比超过 10%的中等收入群体从事的职业,即专业技术人员、办事人员及有关人员、社会生产服务与生活服务人员、生产制造及有关人员。

续表

类别	专业技术人员	办事人员及有关人员	社会生产服务与生活服务人员	生产制造及有关人员
外商及港澳台商企业	0.00	0.00	1.82	1.18
其他类型企业	2.86	0.00	0.00	0.00
民办非企业组织	2.86	2.78	0.00	1.18
个人及家庭	5.71	0.00	1.82	5.88

注:表中数据根据中国家庭追踪调查数据估算。零值与数据样本量造成的偏误有关,但不会对比重的相对大小产生显著影响。表中分项数据统一保留两位小数,因四舍五入可能导致累计数据不等于100%。

从城乡分布来看(见表 3-18),基于城乡收入分组数据的估算结果表明,浙江城镇地区中等收入群体占比较大,城镇人口中等收入群体比重在 56% 左右,而农村人口中等收入群体比重不足 40%。这意味着"扩中"在浙江省农村地区仍然有很大增长空间。

表 3-18 城乡人口中等收入群体比重

单位:%

指标	2017 年		2020 年	
	城镇	农村	城镇	农村
中等收入群体比重	50	34	56	37

注:根据城乡居民收入分组数据、中国家庭追踪调查数据和中国家庭金融调查数据对 2017 年数字做了估算,对 2020 年数字做了推断。

进一步地,表 3-19 表明,浙江省内以工资性收入为主和以经营性收入为主的中等收入群体主要由城镇居民构成,比重分别达到了 63.28% 和 68.29%,约为农村居民的 2 倍。而以财产性收入为主的中等收入群体绝大部分由城镇居民构成,城镇居民也是以其他收入为主的中等收入群体的主要组成部分。这表明浙江在扩大农村中等收入群体方面具有较大的潜力。

表 3-19　2017 年浙江省各中等收入子群体的城乡结构

单位:%

群体	以工资性收入为主	以经营性收入为主	以财产性收入为主	其他
城镇居民	36.72	31.71	0	29.55
农村居民	63.28	68.29	100 [a]	70.45

注:[a] 与数据样本量造成的偏误有关,但城镇居民仍然是主要构成群体。
数据来源:根据中国家庭追踪调查数据估算。

　　从学历分布来看,浙江中等收入人群在各学历程度人口中的占比整体呈现出显著的上升态势,且高学历人口中的中等收入人群的比例远高于低学历人口(见图 3-2)。具体而言,高中或中职学历人口的中等收入群体比重超过 58%,大专及以上学历人口的中等收入群体比重更是高达近 76%,较北京、江苏和广东分别高出 5.5 个、24.6 个和 9.6 个百分点(见表 3-20)。结合 2015 年全国人口抽样调查数据,浙江本省户籍劳动力中 70% 仅有初中及以下文化程度,外省来浙劳动力中,超过 80% 仅有初中及以下文化程度(见表 3-21)。这为通过优化劳动力学历结构进一步扩大浙江中等收入群体提供了政策性启示。

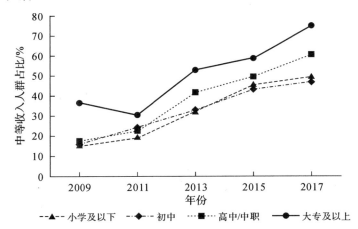

图 3-2　2009—2017 年浙江省不同学历程度的中等收入人群比重变化
数据来源:根据中国家庭追踪调查数据估算。

表 3-20　2017 年不同学历程度的中等收入群体比重

单位:%

学历	全国	浙江	北京	上海	江苏	广东
小学及以下	17.4	41.7	52.4	48.1	32.1	25.7
初中	24.5	47.1	49.4	59.2	51.3	33.5
高中/中职	32.9	58.9	70.1	75.8	58.0	44.7
大专及以上	54.8	75.8	70.3	76.1	51.2	66.2

数据来源:根据中国家庭追踪调查数据估算。

表 3-21　2015 年不同地区 6 岁以上非在校人口的学历构成

单位:%

学历	浙江		广东		江苏	
	外省户籍	本省户籍	外省户籍	本省户籍	外省户籍	本省户籍
小学及以下	28.85	35.92	14.78	24.59	17.56	26.02
初中	54.32	35.08	50.86	42.43	49.21	39.91
高中	8.49	11.39	16.93	15.64	12.88	13.73
中职	2.89	3.56	6.84	5.48	7.95	5.12
大专	3.39	7.77	6.86	7.05	7.28	8.48
本科及以上	2.06	6.27	3.73	4.8	5.07	6.74

数据来源:根据 2015 年全国 1% 人口抽样调查数据估算。

从消费结构来看,以不同收入来源的中等收入子群体为例,食物、居住和交通等生存资料消费居于以工资性或经营性收入为主的中等收入群体的消费支出前三位,但前者的食物支出显著高于居住和交通支出,达到 36.38%,后者的食物和居住支出较为平均,分别为 28.47% 和 26.82%。相对而言,两类子群体的教育和医疗等发展型支出占比较低,总和仅为 10% 左右(见表 3-22)。

表 3-22   2017 年浙江省各中等收入子群体的消费结构

单位:%

消费类别	以工资性收入为主	以经营性收入为主
食物	36.38	28.47
衣着	6.17	6.67
交通	13.50	18.45
生活	10.64	7.33
居住	13.97	26.82
教育	6.10	5.93
医疗	5.85	2.28
其他	7.37	4.05

数据来源:根据中国家庭追踪调查数据估算。

　　以不同职业的中等收入子群体为例(见表 3-23),食物消费依然是所有职业类别的中等收入群体的主要消费支出,占比在 32.03%—36.21%。此外,专业技术人员、社会生产服务与生活服务人员的第二大消费支出为居住支出,占比达 22.44% 和 16.62%,而专业技术人员的交通和生活的总支出占比约为 25%。办事人员及有关人员的交通、居住和生活支出较为相当,占比在 11.68%—15.48%。同样地,四类子群体的教育和医疗等发展型消费支出占比也较低,总和仅为 10% 左右。因而,进一步降低恩格尔系数并提高发展型消费支出或许是扩大浙江中等收入群体规模的有效途径。

表 3-23   2017 年浙江省不同职业中等收入群体的消费结构

单位:%

消费类别	专业技术人员	办事人员及有关人员	社会生产服务与生活服务人员	生产制造及有关人员
食物	32.03	36.21	34.81	35.40
衣着	5.22	7.74	5.83	5.70
交通	12.79	15.48	13.71	12.94
生活	12.59	11.68	10.38	9.13
居住	22.44	12.99	16.62	14.71
教育	4.73	3.21	6.16	6.99
医疗	4.12	5.94	5.56	7.67
其他	6.07	6.74	6.92	7.46

数据来源:根据中国家庭追踪调查数据估算。

三、多措并举扩大中等收入群体

培育壮大中等收入群体是实现共同富裕的必由之路,也是新时代浙江全面展示中国特色社会主义制度优越性的重要方面。得益于浙江省委、省政府一贯以来富民强省的发展理念和政策导向,现阶段浙江中等收入群体比重在全国省级区域处于前列,但在提高这一比重上仍有很大的发展潜力和空间。扩大中等收入群体的政策可以从以下两个重要角度切入。

一方面,促进低收入人群收入增长,促使他们尽快成为中等收入人群。从短期来看,需要识别低收入人群中更有潜力成为中等收入群体的群体,将其作为政策的瞄准对象。目前家庭年收入处于中等收入标准下限附近的低收入群体是未来最有潜力成为中等收入人群的群体。浙江省低收入家庭中有 21.3% 的家庭年收入虽低于中等收入标准下限,但高于下限的80%,这部分人群约占总人口的 10%。应利用大数据技术,着力提高对这部分群体的瞄准率,对他们的收入增长潜力进行分析,制定有针对性的政策措施。

另一方面,稳定现有中等收入群体就是稳定他们就业和收入增长。浙江省中等收入群体比例已超过了 50%,但是他们中的一部分人很容易滑落到低收入人群行列。特别是一些从事商业服务或生产设备操作等替代性较高的职业,以及制造业和批发零售业等行业的中等收入从业人员,其就业和收入水平容易受经济波动和外部冲击的影响。在不利的外部因素(如失业、重病、天灾等)冲击下,他们更有可能重新回到低收入人群行列。因此,除了通过已有的社会保障制度和社会政策对他们加以托底保护,还应该考虑制定一些有针对性的稳定就业和收入的保障制度和政策。

围绕以上两个切入点,浙江省在接下来的发展过程中,可以从以下四个方面入手,多举措并行着力扩大中等收入群体。

第一,多渠道扩大农村人口中等收入群体比重。千方百计地提高农民的收入增长:一是创新农地流转收益分享机制,进一步推动农地集约化、规模化生产经营;二是推动城乡融合发展,积极探索城市资本下乡的有效方式,盘活数量庞大的农村宅基地资产,提高农民的财产性收入;三是创造条件吸引乡贤和社会高层次人才下乡创业、就业、居住、养老,带动农村高端服务业发展,增加高收入就业岗位。

第二,实施更加积极的人才集聚计划,优化外省来浙劳动力队伍的技能结构。浙江省是人口流入大省,但外省来浙劳动力的受教育程度总体偏低。这意味着浙江省通过优化劳动力结构以扩大中等收入群体的空间很大。一方面,应加快建设优质基础教育、社会保障、住房保障、医疗服务等社会服务体系,吸引更多的人才来浙务工经商;另一方面,要建立外来劳动力的培训制度,提高他们的劳动技能和技术水平。

第三,强化政府、企业和社会三方参与的人力资本投资战略,提高劳动力队伍素质。工资性收入是家庭收入的主要来源,劳动力的技能和文化程度在很大程度上决定了其工资性收入水平。长期来看,应进一步加强普惠性的职业技术教育,激励私人部门的技能培训,大力补齐浙江省高等教育短板,为经济高质量发展提供高质量的劳动力队伍。

第四,进一步优化营商环境,促进创新创业和小微企业的可持续发展。作为民营经济大省,数量庞大的小微企业经营者和个体工商户是浙江中等收入群体的重要组成部分,但他们的收入水平受营商环境和宏观经济波动影响极大,属于中等收入群体中的"脆弱者"。通过有效落实针对小微企业经营者的税收优惠、补贴等财税政策,以及有条件的租金减免、放宽市场准入限制、信贷优惠等激励和保障措施,确保这些群体的收入稳定增长。

第四节　完善收入分配政策

目前,我国已形成相对完善的三次分配体系,即初次分配、再分配和第三次分配。初次分配为基础性分配,通过对资本、劳动、土地、数据和技术等生产要素进行按贡献分配,重点调节货币资本所有者与人力资本所有者的利益分配关系,即劳资关系,也是市场经济国家基本的分配关系。再分配在初次分配的基础上进行,更加注重公平,通过政府实施的各种公共政策,着力解决社会发展中的不平等问题。一般而言,再分配是指在初次分配的基础上,政府通过税收、社会保障、转移支付等财政政策手段,实现国民收入在不同社会主体之间的调整和转移,致力于解决由初次分配造成的收入差距过大等弊端。第三次分配主要是指社会互助对于市场机制和政府调控在收入分配领域的补充,这种以公益组织和慈善部门为分配主体的新型社会分配机制,是缓解社会收入分配不平等的重要辅助性手段(杨灿明,2022)。本节主要概述最低工资政策和工会等初次分配政策,同时描述性地介绍浙江在社会保险和三次分配方面的情况,本书第六章对此会有进一步的介绍。

一、初次分配

本子节主要论述浙江省与初次分配相关的最低工资、工会的发展情况。两者都是保证劳动者在初次分配中权益不受损害的制度设计,但侧重点不同。最低工资制度是政府为了保证劳动者收入不会过低而制定的劳动力市场制度;工会是中国共产党领导的职工自愿结合的工人阶级群众组织,代表职工的利益,依法维护职工的合法权益。事实上,中国法定的劳资政策是一套以工会为平台,以《最低工资规定》和《中华人民共和国劳动合同法》为基础的完整体系(李明和徐建炜,2014)。

(一)最低工资

最低工资制度是包括美国在内的许多工业化国家和地区进行劳动市场管理的一种重要的政策手段。我国 1994 年颁布的《中华人民共和国劳动法》明确了最低工资制度。2004 年初,劳动和社会保障部颁布的《最低工资规定》进一步推动了这一制度在中国的全面实施。目前已有大量研究探究了最低工资对于减少收入差距、促进共同富裕的积极作用,如最低工资对工资收入有显著提高作用,且这种效应主要集中在低收入人群(邸俊鹏和韩清,2015);针对特定群体,最低工资可以提高农民工尤其是欠发达地区农民工的工资率,有助于农民工就业状况的改善和工资水平的提升(郭凤鸣,2022;杨正雄,2020);降低城市户籍劳动力相对贫困的发生概率(张凡等,2022)。综上所述,最低工资标准的上涨对于优化收入分配格局存在正向作用。

表 3-24 显示了部分省(市)2003—2022 年最低工资标准变化情况。可以看出,浙江省的最低工资标准长期位居全国前列,且在此期间经历了大幅度上升,从 2003 年的 520 元提高到了 2022 年的 2280 元,翻了两番。与其他地区相比,2022 年浙江省的最低工资标准在全国仅次于上海(2590 元)、北京(2320 元)和广东(2300 元),与江苏省并列第四。

表 3-24　2003—2022 年部分省(市)最低工资标准变化

单位:元

年份	浙江	北京	上海	江苏	广东
2003	520	495	570	540	510
2005	1932	670	690	690	684
2010	1100	960	1120	960	1100
2015	1650	1720	2020	1630	1895
2016	1860	1890	2190	1770	1895
2017	1860	1890	2190	1770	1895
2018	2010	2000	2420	1890	1895
2019	2020	2120	2480	2020	2100
2020	2010	2200	2480	2020	2100
2021	2280	2320	2480	2280	2300
2022	2280	2320	2590	2280	2300

注:数据来源于历年《中国劳动统计年鉴》。浙江、江苏和广东三个省份实行多档最低工资政策,该表所列最低工资为第一档最低工资,北京和上海只有一档最低工资。

同时,浙江省的最低工资标准仍存在不足。国际劳工组织认为,合理的最低工资水平应占社会平均工资比重的 40％—60％。但在 2021 年,浙江省最低工资标准占社会平均工资的比重仅为 22.4％,离国际劳工组织的最低比率 40％尚有一定距离。以此为标准,浙江以及其他各省(市)的最低工资标准有相当大的上调空间。

(二)工会

工会的发展情况也与实现共同富裕的目标息息相关。1992 年,我国颁布《中华人民共和国工会法》,并分别于 2001 年、2009 年和 2022 年进行了修改。已有文献探究了参加工会对于工会会员的劳动权益保护作用。姚洋和钟宁桦(2008)发现,工会能够显著地提高工人的小时平均工资,缩短每月平均工作时间,并提高企业养老保险覆盖率。李明和徐建炜(2014)发现,中国工会不仅提高了会员职工的工资率,还缩短了他们的工作时间,且这种效应对于低技能职工更加明显。靳卫东和崔亚东(2019)发现,工会显著改善了职工权益,不再表现为企业利益的协同者,而是实现了向劳工组织角色的回归。冷晨昕、陈丹青和祝仲坤(2021)发现,加入工会能够显著降低新生代农民工的过度劳动水平。李龙和宋月萍(2017)发现,工会参与能够显著提升农民工工资率。毛学峰、刘靖和张车伟(2016)发现,工会显著提高了女性工资,改善了性别工资差异。魏下海和许家伟(2022)发现,工会显著增加了企业长期雇佣占比,减少了短期雇佣和临时雇佣占比。综上所述,参加工会可以有效保护会员在初次分配中所能获得的权益,各地区工会发展情况与实现共同富裕的目标息息相关。

表 3-25 为 2000—2020 年全国和部分省(市)工会发展情况。2000—2020 年,浙江省工会发展情况良好,基层工会组织数、工会会员人数和建立职工代表大会制度的单位数等都经历了迅速增长。其中,基层工会组织数从 2000 年的 65176 个增加到 2020 年的 136655 万个,年均增长率为 5.5％,略低于全国同期增长速率;工会会员人数从 4493615 人增加到 18817677 人,建立职工代表大会制度的单位数从 10624 个增加到了 396410 个,年均增

长率分别为 15.9％和 175％,比同期全国水平高出 7.8 个和 116.2 个百分点。这表明浙江省工会会员和建立职工代表大会制度的单位个数增加速度远高于全国平均水平。与其他省(市)相比,2020 年浙江省基层工会组织数和工会会员人数均位列全国第六,建立职工代表大会制度的单位数则位列第一。

表 3-25　全国和部分省(市)工会发展情况

地区	年份	基层工会组织数/个	工会会员人数/人	建立职工代表大会 制度的单位数/个
全国	2000	858592	103615203	287879
	2005	1174421	150293965	431822
	2010	1976435	239964943	996610
	2015	2805518	295460406	5058907
	2016	2824772	302881049	5153940
	2017	2808796	303111851	5009142
	2018	2730966	294765485	4687999
	2019	2610841	283177955	4193448
	2020	2475560	271897986	3672534
浙江	2000	65176	4493615	10624
	2005	70581	7949454	27661
	2010	117527	14690866	89899
	2015	151330	20278293	444566
	2016	150155	20565112	465430
	2017	149731	20717889	476813
	2018	148909	20694652	471441
	2019	137855	18832101	421476
	2020	136655	18817677	396410
北京	2000	12023	2280730	5117
	2005	13469	3284195	6945
	2010	22112	4050215	9676
	2015	30380	4471107	66663
	2016	34334	4838337	80092
	2017	34017	4874467	83113
	2018	32572	4719053	64134
	2019	33754	4855476	63457
	2020	34837	5357145	54991

续表

地区	年份	基层工会组织数/个	工会会员人数/人	建立职工代表大会制度的单位数/个
上海	2000	47719	3738962	12121
	2005	34459	5074282	16689
	2010	53747	7601602	36025
	2015	51639	8567158	235874
	2016	51261	8571879	227193
	2017	48310	7666012	167793
	2018	46304	6970789	140502
	2019	47919	7057342	120249
	2020	47786	6903331	115676
江苏	2000	37160	6266704	17684
	2005	61838	10022480	30075
	2010	113129	15751146	65815
	2015	162725	22653249	342848
	2016	168021	23526009	342643
	2017	171905	23974318	365876
	2018	175641	24466519	362531
	2019	156743	21751956	314464
	2020	155112	21562148	307308
广东	2000	65551	6158817	18566
	2005	129938	13367748	35507
	2010	200061	20650560	68287
	2015	258767	29027572	585529
	2016	257853	29704678	616695
	2017	260227	30182542	564408
	2018	257100	29665300	523434
	2019	258032	29416422	462888
	2020	215344	25435745	285812

数据来源：历年《中国劳动统计年鉴》。

值得注意的是，目前全国各省（市）在工会发展方面面临着一个共同的问题，即工会组织数、工会会员人数和建立职工代表大会制度的单位个数都自 2017 年呈下降趋势。考虑到工会在保障工会会员权益方面所起的积极作用，各省（市）需积极扭转这种趋势，让工会组织为实现共同富裕保驾护航。

另外,浙江率先全面推行了企业工资集体协商制度。浙江省从 1999 年开始探索开展以工资支付、工资增幅、加班工资、社会保险等为主要内容的工资集体协商制度,通过制度规范保障工资性收入持续增长。杭州市于 2000 年开始推行工资集体协商工作,并于 2005 年制定颁发了全国第一部关于工资集体协商的地方性规章——《杭州市企业工资集体协商试行办法》。浙江省企业工资集体协商制度从试点到逐步推开,覆盖面不断扩大。

二、完善收入再分配体系

社会保障是国家为社会成员基本风险提供基本保障的一系列制度安排,是保障和改善民生、维护社会公平、增进人民福祉的基本制度保障,是促进经济社会发展、实现共建共享改革发展成果的重要支撑,是共同富裕的重要基础。无论是共享发展还是促进共同富裕,社会保障都需要担当重要职责、发挥基础性支撑作用(刘欢和向运华,2022)。社会保障制度主要包括社会保险制度、社会福利制度、社会救济制度、社会优抚制度。

近年来,浙江不断加大财政转移性支付力度,大力推进基本公共服务均等化,加大财政对教育、医疗、社会保障等民生领域的投入,提高最低生活保障标准,特别是加大对低收入居民和欠发达地区农民增收的政策扶持力度。此外,浙江还于 2010 年率先建立了覆盖城乡居民的社会保障体系,实现了社会保障体系由“单一突破”向“整体推进”、由“政策调整”向“法律规范”、由“城镇劳动保障”向“城乡统筹”的三大转变。

(一)基本养老保险

目前,我国的基本养老保险主要由职工基本养老保险和城乡居民基本养老保险两部分组成。表 3-26 为全国和部分省(市)2015—2020 年基本养老保险发展情况。可知,2015 年以来浙江基本养老保险参保人数逐年上升,至 2020 年已增加至 4355.0 万人,增加了约 15%。这主要由职工基本养老保险参保人数逐年上升所驱动,参保人数增加了约 28.2%,2020 年占基本养老保险参保人总数的 73.7％。与表中其他省(市)相比,浙江基本养老保险增长率也处于中上水平,仅低于北京(22.8％)和江苏(16.4％)。

表 3-26　2015—2020 年全国和部分省(市)养老保险发展情况

地区	年份	基本养老保险/万人	职工基本养老保险/万人	城乡居民基本养老保险/万人	城乡居民基本养老保险(农村)/万人
全国	2015	85833.4	35361.2	50472.2	48140.6
	2016	88776.8	37929.7	50847.1	48533.8
	2017	91548.3	40293.3	51255.0	49087.9
	2018	94293.3	41901.6	52391.7	50155.3
	2019	96753.9	43487.9	53266.0	50908.6
	2020	99864.9	45621.1	54243.8	51709.3
浙江	2015	3790.2	2504.3	1285.9	1194.8
	2016	3740.0	2506.9	1233.1	1146.2
	2017	3913.1	2712.4	1200.7	1103.4
	2018	4081.2	2883.4	1197.8	1102.6
	2019	4231.1	3031.7	1199.4	1079.2
	2020	4355.0	3211.1	1143.9	984.9
北京	2015	1611.8	1424.2	187.6	174.0
	2016	1762.3	1546.6	215.7	42.9
	2017	1817.6	1604.5	213.1	191.1
	2018	1894.8	1685.8	209.0	187.6
	2019	1952.9	1748.2	204.7	183.1
	2020	1978.6	1777.8	200.8	180.5
上海	2015	1573.3	1493.8	79.5	70.1
	2016	1606.6	1527.1	79.5	69.5
	2017	1627.0	1548.2	78.8	68.7
	2018	1652.1	1573.4	78.7	67.6
	2019	1666.7	1589.6	77.1	65.6
	2020	1692.9	1616.7	76.2	64.1

地区	年份	基本养老保险/万人	职工基本养老保险/万人	城乡居民基本养老保险/万人	城乡居民基本养老保险(农村)/万人
江苏	2015	5118.9	2779.9	2339.0	2190.0
	2016	5196.8	2861.5	2335.3	2171.1
	2017	5372.7	3034.5	2338.2	2227.6
	2018	5551.0	3225.6	2325.4	2270.0
	2019	5754.3	3417.4	2336.9	2287.8
	2020	5958.3	3557.9	2400.4	2316
广东	2015	7586.2	5086.5	2499.7	2329.5
	2016	7935.6	5392.4	2543.2	2296.4
	2017	7873.9	5287.1	2586.8	2335.5
	2018	7580.8	4919.7	2661.1	2400.9
	2019	7279.6	4633.4	2646.2	2262.8
	2020	7528.4	4873.1	2655.3	2296.0

数据来源:《中国社会统计年鉴》。

(二)基本医疗保险

目前,我国的基本医疗保险主要包括职工基本医疗保险和城乡居民基本医疗保险。表 3-27 为全国和部分省(市)2015—2020 年基本医疗保险参保情况。其中第三列为基本医疗保险参保人数,即职工基本医疗保险参保人数与城乡居民基本医疗保险参保人数的总和,第四列为职工基本医疗保险参保人数,第五列为城乡居民基本医疗保险参保人数。由第三列可知,自 2017 年始,浙江基本医疗保险参保人数逐年上升,至 2020 年参保人数已增加至 5556.5 万人,增加了约 5.8%。这主要是由职工基本医疗保险参保人数逐年上升所驱动的,职工基本医疗保险参保人数增加了约 21.8%,而城乡居民基本医疗保险参保人数略有下降。2020 年,职工基本医疗保险参保人数占基本医疗保险参保人总数的约 46.4%。与表中其他省(市)相比,浙江基本医疗保险参保人数增长率也处于中上水平,低于北京(20.8%)和广东(6.0%)。

表 3-27　全国和部分省(市)基本医疗保险参保情况

地区	年份	基本医疗保险/万人	职工基本医疗保险/万人	城乡居民基本医疗保险/万人
全国	2017	117681.0	30322.7	87358.7
	2018	134459.0	31680.8	102778.0
	2019	135407.0	32924.7	102483.0
	2020	136131.0	34455.1	101676.0
浙江	2017	5251.6	2117.4	3134.2
	2018	5368.7	2277.0	3091.7
	2019	5461.5	2426.6	3034.9
	2020	5556.5	2579.5	2977.0
北京	2017	1771.4	1569.2	202.2
	2018	2018.1	1628.9	389.2
	2019	2082.7	1682.5	400.1
	2020	2139.9	1741.6	398.3
上海	2017	1839.7	1495.1	344.6
	2018	1866.1	1523.3	342.8
	2019	1889.1	1539.3	349.8
	2020	1943.2	1587.2	356.0
江苏	2017	7619.1	2601.1	5018.0
	2018	7721.7	2752.6	4969.1
	2019	7848.8	2954.0	4894.8
	2020	7967.7	3102.3	4865.5
广东	2017	10365.0	3962.6	6402.4
	2018	10615.8	4170.7	6445.1
	2019	10783.5	4375.7	6407.7
	2020	10991.4	4578.1	6413.3

数据来源：历年《中国社会统计年鉴》。

(三)最低生活保障

最低生活保障制度是通过向家庭人均收入水平低于当地保障标准的贫困家庭进行差额补助,实现收入再分配,避免社会贫富分化的救助制度(杨翠迎和冯广刚,2014)。分为城市最低生活保障制度和农村最低生活保障制度两部分。其中城市最低生活保障制度于 1997 年建立,农村最低生活保障制度于 2007 年正式建立。已有研究对最低生活保障的积极作用进行了大量探讨,如低保政策有助于贫困家庭改善家庭消费结构,增加家庭消费性支出和福利性支出(文雯,2021;梁晓敏和汪三贵,2015);通过影响家庭教育物质投入提高贫困儿童的认知能力(刘德弟和薛增鑫,2021)。农村低保政策有助于降低实保样本的贫困水平,缩小城乡居民收入差距(韩华为和徐月宾,2014;杨翠迎和冯广刚,2014);城市低保政策则有助于缓解城市贫困,降低基尼系数(李实和杨穗,2009;陈宗胜、文雯和任重,2016;杨穗、高琴和李实,2015)。因此,提高城乡最低生活保障标准对于实现共同富裕的目标有着正向意义。

表 3-28 为全国和部分省(市)2011—2020 年城市和农村最低生活保障平均标准发展情况。2011—2020 年,浙江省的城市和农村最低生活保障平均标准都在提高,且相较于城市最低生活保障平均标准增速(106%),农村最低生活保障平均标准增速更快(199%)。截至 2020 年,浙江的农村低保标准已基本与城市低保标准持平。根据韩华为和徐月宾(2014),农村低保标准更快提高有助于缩小城乡收入差距。与其他地区相比,浙江最低生活保障平均标准也处于较高水平。2020 年,浙江省城市和农村最低生活保障平均标准在全国均位列第四,仅次于北京、天津和上海。

表 3-28 全国和部分省(市)最低生活保障平均标准发展情况

地区	年份	城市最低生活保障平均标准/(元/人·年$^{-1}$)	农村最低生活保障平均标准/(元/人·年$^{-1}$)
全国	2011	3451.2	1718.4
	2012	3961.2	2067.8
	2013	4479.6	2433.9
	2014	4926.0	2776.6
	2015	5413.2	3177.6
	2016	5935.2	3744.0
	2017	6487.2	4300.7
	2018	6956.4	4833.4
	2019	7488.0	5335.5
	2020	8131.2	5962.3
浙江	2011	5150.4	3534.0
	2012	5552.4	3973.4
	2013	6186.0	4721.0
	2014	6879.6	5686.0
	2015	7686.0	6683.9
	2016	8084.4	7292.4
	2017	8474.4	8040.6
	2018	9151.2	9083.3
	2019	9738.0	9740.4
	2020	10587.6	10551.5
北京	2011	6000	4597.2
	2012	6240	5119.4
	2013	6960	6258.5
	2014	7800	7587.7
	2015	8520	8520.0
	2016	9600	9600.0
	2017	10800	10800.0
	2018	12000	12000.0
	2019	13200	13200.0
	2020	14040	14040.0

地区	年份	城市最低生活保障 平均标准/(元/人·年$^{-1}$)	农村最低生活保障 平均标准/(元/人·年$^{-1}$)
上海	2011	6060	4320.0
	2012	6840	5160.0
	2013	7680	6000.0
	2014	8520	7560.0
	2015	9480	9480.0
	2016	10560	10440.0
	2017	11640	11640.0
	2018	12840	12840.0
	2019	13920	13920.0
	2020	14880	14880.0
江苏	2011	4629.6	3598.8
	2012	5211.6	4240.7
	2013	5821.2	4752.3
	2014	6433.2	5345.5
	2015	6980.4	6029.8
	2016	7329.6	6480.9
	2017	7747.2	7147.1
	2018	8188.8	7777.1
	2019	8619.6	8457.5
	2020	9187.2	9030.5
广东	2011	3430.8	2352.0
	2012	3768.0	2645.6
	2013	4564.8	3233.3
	2014	5454.0	3837.9
	2015	6165.6	4489.9
	2016	6914.4	5342.7
	2017	8097.6	6340.8
	2018	8983.2	7114.5
	2019	9679.2	7625.2
	2020	10490.4	8337.3

数据来源:历年《中国社会统计年鉴》。

　　尽管浙江省的最低生活保障平均标准较高,但仍需注意低保瞄准度的问题。根据宋锦、李实和王德文(2020),按照多维审核机制,2013年城市低保的漏保率在38.5%—66.3%,错保率在54.6%—69.2%。因此,有效推进低保政策瞄准的准确化和规范化是提高低保政策有效性急需做出的努力。

三、第三次分配

"第三次分配"这一概念最初由厉以宁（1994）提出，是指借助道德的力量，自觉自愿地让财富在人群中流动和共享。苗青（2022）提出了第三次分配发展的框架，根据承载主体的不同将第三次分配分为面向富人的慈善信托、面向普通大众的福利彩票、面向商业行善的企业基金会和面向社群互善的社区基金会四大组成部分。其中，慈善信托起源于英美国家，一般由委托人通过合同或遗嘱设立，是以慈善为其目的的信托（倪受彬，2014）。慈善信托是促进第三次分配的重要金融工具，具有资产保值增值、业务过程透明、内容易于监管的特点，是富裕人群投身共同富裕事业的重要形式和途径。福利彩票具有参与门槛低、参与意愿强、筹资速度快的特点，被称为"微笑纳税"产业，是第三次分配的"神奇之杖"。企业基金会是企业长期践行社会责任、永续发展公益事业的社会组织形式，具有商业反哺社会、社企共赢、资源充足等特点。社区基金会是社区资源的汇聚平台，一头吸纳广泛的社会财务资源，另一头输出满足社区邻里需求的公益项目，发展社区基金会是根治现有基层社会治理过分依赖政府刚性管理的良策，能够有效弥补社区公共财政不足，以公益项目带动居民参与社区共同体建设。

浙江省已经在其中几个方面取得了一定的成绩。从慈善信托来看，截至2022年6月，浙江省慈善信托数量及规模均居全国首位，共有慈善信托备案数量达180件，备案信托财产金额累计达11.3亿元（苗青，2022）。从福利彩票来看，2021年浙江省福利彩票销售额达116.3亿元，提取公益金35.3亿元（见表3-29），在全国位列第二，仅次于广东省。但需要注意的是目前各个省（市）的福利彩票销售额都呈下降趋势。从基金会来看，表3-30显示，2020年浙江省基金会数量达到821家，仅次于广东（1321家）和北京（976家）。2014—2020年，浙江基金会数量平均增长率为10.2%，高于全国平均增长率（8.5%），且在全国各省（市）中位列第一。

表 3-29　2017—2021 年全国和部分省(市)福利彩票相关情况

地区	年份	福利彩票销售额/亿元	提取公益金/亿元	公益金支出/亿元
全国	2017	2169.8	631.1	275.2
	2018	2245.6	643.6	251.7
	2019	1912.4	557.3	259.9
	2020	1444.9	444.6	229.9
	2021	1422.5	443.6	196.8
浙江	2017	156.4	45.0	18.5
	2018	167.8	47.6	18.7
	2019	153.9	44.3	17.1
	2020	117.6	36.1	17.0
	2021	116.3	35.3	15.6
北京	2017	46.7	14.9	10.9
	2018	47.3	14.8	9.7
	2019	39.3	12.7	9.1
	2020	25.3	8.3	8.3
	2021	35.8	11.5	6.5
上海	2017	48.6	15.3	6.9
	2018	51.2	15.6	7.5
	2019	51.6	15.8	7.9
	2020	46.5	14.6	9.2
	2021	43.4	13.6	11.8
江苏	2017	153.8	43.5	13.2
	2018	159.8	44.4	13.5
	2019	126.2	35.6	14.5
	2020	89.2	27.0	13.6
	2021	81.3	24.9	10.0
广东	2017	228.8	65.8	21.1
	2018	242.7	68.1	19.5
	2019	194.8	57.1	20.0
	2020	162.1	48.9	16.5
	2021	161.8	49.0	13.2

数据来源:历年《中国统计年鉴》。

表 3-30　2017—2020 年全国和部分省（市）基金会数量变化

年份	全国	浙江	北京	上海	江苏	广东
2017	6384	583	786	438	659	963
2018	7015	666	748	458	693	1080
2019	7938	772	956	519	767	1211
2020	8549	821	976	542	791	1321

数据来源：《中国慈善发展报告》。

第四章 促进农业农村发展

城乡发展差距是实现共同富裕的主要障碍之一,实现城乡融合发展是共同富裕的重要内涵。党的二十大报告提出,"未来五年是全面建设社会主义现代化国家开局起步的关键时期",要求"坚持农业农村优先发展,坚持城乡融合发展,畅通城乡要素流动"。这说明要实现共同富裕,重点难点依旧在农村,要以乡村振兴为手段促进城乡融合发展。

本章提出"土地是主要根基、产业是基本路径、人居环境是重要载体",认为要促进乡村进一步发展,需以土地要素为基础,通过一、二、三产业融合发展实现农民增收,同时要进一步优化农村人居环境,实现共同富裕的重要载体升级。在理论分析基础上,本章深入探讨了浙江省的相关发展经验,以期为全国层面的农业农村发展和共同富裕实践提供科学的参考和依据。

第一节 全域土地综合整治

一、全域土地综合整治的缘起和新使命

2000 年前后,浙江省发达的市场经济推进了城市化、工业化进程,然而,浙江省地貌以山地丘陵为主,平坦地仅占 20.32%,属于"七山一水二分田"的资源小省,社会经济发展的用地保障和粮食安全的耕地保护的矛盾凸显,

乡村发展滞后于城市发展初现端倪。为应对复杂的农村衰退问题、推动实现城乡共同富裕，2003年6月，时任浙江省委书记习近平主导开启了浙江"千万工程"。"千万工程"深刻改变了浙江乡村的生产布局、生活方式和生态环境，2018年9月被联合国授予"地球卫士奖"中的"激励与行动奖"。以"千万工程"为基础范本设计的全域土地综合整治逐渐成为振兴乡村、助推城乡共同富裕的有力手段。

全域土地综合整治是以科学规划为前提，以乡镇为基本实施单元，整体开展农用地整理、田水路林村综合整治和乡村生态修复等，对中低产田、空心村、废弃矿山等闲置低效的土地以及环境退化的区域实施国土空间综合治理的活动。2018年6月，党中央、国务院发布《乡村振兴战略规划（2018—2022年）》，提出加快国土综合整治，实施农村土地综合整治重大行动，到2020年开展300个土地综合整治示范村镇建设。2019年12月，自然资源部印发《关于开展全域土地综合整治试点工作的通知》，明确要求贯彻落实习近平总书记对浙江"千村示范、万村整治"重要批示精神，要求从2020年开始，在全国范围内开展全域土地综合整治试点工作。2023年是"千万工程"践行20周年，浙江省作为"千万工程"发源地、全域土地综合整治先行者，面向新时代，提出了"千村向未来、万村奔共富"的新目标，全域土地综合整治在"千万工程"的光环下被赋予新的使命。

二、全域土地综合整治的关键要素

全域土地综合整治统筹农用地、低效建设用地和生态保护修复，通过万顷良田建设、城乡建设用地增减挂钩、国土空间生态修复等重大工程，促进耕地、建设用地、劳动力、市场需求与服务等资源集聚，推动资源失配格局、传统农耕作业方式、农村固有散居模式和既往城乡发展路径的转变，从而有助于实现城乡融合发展与共同富裕。具体而言，在农用地方面，全域土地综合整治的重点是通过调整农地权属实现规模经营，以及建设现代化高标准农田和道路、沟渠和灌溉设施等农业基础设施以改善农业生产条件，从而确保粮食安全、提高农业效益。在建设用地方面,全域土地综合整治的重点是复垦或重新开发那些闲置和低效的建设用地,实现更集约和有益的利用,如建设拥有现代化公共服务和基础设施的新型农村社区,发展更有潜力的新型农村产业等。

政治意愿、合法性支持、政策创新、公众参与以及资源投入是决定全域土地综合整治工程成功开展的几个关键要素(Jiang et al.,2022)。

（一）政治意愿

在全域土地综合整治工程中,获得政治意愿是必不可少的。其一,土地是自然功能和人类活动的物质基础和空间载体,全域土地综合整治涉及大规模的土地利用转型,将重塑区域功能景观、引导区域发展方向,因而需要由地方政府审慎评估其公益性与正当性,不应随意实施(Jiang et al.,2022)。其二,由于全域土地综合整治高度依赖由政府提供的区域性大型基础设施项目(如区域规划、空间管制、区域交通网络等),政府的介入与批准是必经的过程。

（二）合法性支持

全域土地综合整治重新分配一系列土地权利,其运作离不开基于法律法规的合法性支持,实施的关键问题,如原则、程序、各利益相关者的权利与义务、执行机构的职责等,必须由法律来规范(Thomas,2006),以提高效率,减少冲突,保护各方的利益。中国当前尚未形成关于全域土地综合整治的正式法律,在这样的过渡时期,有关部门或地方政府经全国人大的授权,通过开展全域土地综合整治试点项目、制定国家和地方行政法规(刘新卫和杨华珂,2017),为全域土地综合整治提供暂时性规范与合法性支持。

（三）政策创新

全域土地综合整治的实施建立在"城乡建设用地增减挂钩"政策进行联

动与创新之上(Cheng,2021)。这一政策在中国的国土空间规划和国土空间指标化配额管制制度下,将城市建设用地的增加与农村建设用地的复垦、耕地的增加联系起来,组织实施建设用地复垦,将分散、闲置或效率低下的农村建设用地重新开垦为特定等级的耕地后,在另一个规划允许范围内的选定空间,可以将对应指标量与等级的农用地开发为建设用地,用于建设新型农村社区或发展新型农村产业。在这一过程中,新建设空间的利用将以更加集约和科学的方式进行规划(Long et al.,2012),并实施一系列生态保护和修复项目。更加集约的再开发使得整治区域拥有富余的建设用地指标,该指标被授权后可出售给地方政府或城市开发商用于城市发展,可观的资金将流向整治区域以支付整治工程与开发建设所需费用。以上过程将带来多维度的综合效益,包括改善整治区域生活、生产、生态的条件,壮大乡村产业与农村集体经济、增加农村居民财产性收入(Wu et al.,2022),从而助力乡村振兴、助推城乡共同富裕。

(四)公众参与

公众参与为全域土地综合整治的可持续性提供了基础(Lisec et al.,2014)。毫无疑问,农村居民是全域土地综合整治的关键利益相关者,因为他们是农村土地的实际使用者并以此谋生(Bai et al.,2014),忽视其利益诉求的整治工程是难以推进且不现实的。充分参与能够使农村居民加深对全域土地综合整治工程的理解、广泛表达利益诉求,从而更好保护农村利益、提升农村居民的满意度与配合度(汪文雄等,2015),有助于降低工程风险并带来更高的土地利用效率和工程绩效。

(五)资源投入

全域土地综合整治涉及诸多环节,如建设用地复垦、农村基础设施升级、新社区建设、产业培育和运营等,需要丰富的资源投入(高向军等,2011)。整个过程的花费高昂,并且需要相当强的治理能力来统筹运作这些复杂的项目。因此,除了土地资源重新配置本身(Zhou et al.,2019),还需要足够的资金以及涵盖工程、商业和产业在开发管理运营等多个领域的专业人才、知识和技术来支持实施全域土地综合整治区域的可持续发展(严金明、夏方舟和马梅,2016)。市场力量,特别是那些专业化的社会企业,在提供上述资源方面比其他主体更有经验与效率,如果没有它们的参与,全域土地综合整治可能是艰难且不可持续的。

以上要素与全域土地综合整治过程中特定的利益相关者(地方政府、农村居民、社会企业等)密切相关,这些要素能否均衡实现往往取决于全域土地综合整治的各利益相关者是否能够开展有效的协作。

三、浙江省龙港市推进实施全域土地综合整治的创新做法与成效

(一)龙港市简介

龙港市位于浙江省东南部,隶属于浙江省温州市,是中国首个"镇改市"。回顾其发展历程,1983 年 10 月 12 日,浙江省人民政府《关于同意苍南县建立龙港镇的批复》(浙政发〔1983〕148 号)批准了苍南县龙江港区设镇。截至 1984 年 10 月完成其建镇历史使命之时,在政府的推动下,通过周边乡镇大批农民自带口粮进城、卖地自建住宅落户、自办企业发展的"脱农转城"等政策支持,当地已吸引周边 6000 多户"两户一体"(专业户、重点户和联合体)的农民,以及县属事业单位和国有企业的职工及其家属,共 7597 人到龙港落户。这批"移民"与原先居住在此的农民共 8788 人一起构成了龙港社会治理与经济发展的主力,在短短一年间建起了"中国第一座农民城",被海内外誉为"中国农民自费造城"的样板,这为龙港的城乡融合发展与共同富裕奠定坚实基础。经过数十年的发展,2019 年,龙港城镇化率达到 64.16%,同年 8 月,经国务院批准,撤销苍南县龙港镇,设立县级龙港市,龙港成为全国首个镇改市以及全国首个不设乡镇、街道的县级行政区域。2022 年度,龙港市地区生产总值达到 370.14 亿元,同比增长 6.2%,城乡居

民人均可支配收入分别达 64327 元和 35370 元,同比增长 6.0％和 7.9％,无论是经济发展水平还是城乡共同富裕水平,龙港在全国同级行政区中皆名列前茅,成为中国推进城乡融合发展、城乡共同富裕的重要试验田与样本地。独特的历史背景与城乡社会治理氛围、优越的物质经济条件为龙港顺利推进实施全域土地综合整治工作提供了坚实基础。2019 年,自然资源部印发《关于开展全域土地综合整治试点工作的通知》后,浙江省成功申请到 42 个试点项目,龙港的全域土地综合整治项目便是其中之一,以华中社区为代表的诸多社区踊跃探索并取得良好成效,形成了一系列先进的做法与经验。

（二）创新做法

创新开展基层社会组织主导。与诸多地区政府主导或者市场/企业主导的全域土地综合整治不同,龙港作为由农民群体自发的民间行为创生的城市,具有更为强大的民众意愿与社会治理力量,以华中社区为代表的部分先行社区已然形成了以集体经济组织为实施主体、政府组织保障监管统筹开展全域土地综合整治的模式,充分发挥基层自治更好地保障民众权益的突出优势。由龙港市委、市政府抽调骨干成立全域整治工作专班、制定《龙港市全域土地综合整治试点实施细则》（以下简称《细则》）,对合法房屋认定、奖励政策、开发建设模式、一村一策等内容形成基本规范性要求,并通过定期召开项目交流会等方式对参与全域土地综合整治项目实行全流程生命周期管理。集体经济组织充分参与《细则》的制定,在此基础上进行充分自治,结合社区实践,制定一村一策实施办法,对社区范围内涉及的拆旧区合法房屋认定及房屋、拆迁安置调换,历史遗留问题处理,建新区用地及建设模式,公益及产业发展项目运营以及农业规模经营等工作内容,进行明确界定,并根据不同工程类型,成立不同的项目领导监管小组,对全域整治涉及的各类工程做到全程把控、监督。

创新优化资源要素配置模式。龙港市在优先保障生态用地的基础上,开发利用可行空间资源,通过腾挪出发展空间、垦造出高标准农田、整治出美丽环境,同时将指标腾挪流转与政府转移支付相结合,为整治建设拓宽资金来源,充分调动集体积极性。具体而言,通过复垦零散低效的建设用地为耕地产出建设用地流量指标,在确保生态用地面积不减少、充分避让生态用地的基础上,用于建设集中规整宜居的农村居民点、建设农村配套设施、保障农村多产融合发展。通过与政府交易节余指标的形式获得财政转移支付,为整治项目提供启动资金。

指标产出:龙港通过建设用地复垦、存量盘活产出建设用地指标共303.84公顷,其中包括农村居民点复垦297.02公顷、经营性集体建设用地复垦1.78公顷、历史遗留工矿废弃地复垦面积1.00公顷等。耕地补充指标产出372.26公顷,其中建设用地复垦补充耕地300.14公顷,安排垦造地势平坦且位于耕地内部的零星园地、坑塘水面等土地65.73公顷,农用地整治项目新增耕地6.39公顷。

指标使用:保障安置区用地306.00公顷,其中利用存量建设用地112.64公顷,利用建设用地流量指标193.19公顷,其中涉及耕地指标173.97公顷,涉及永久基本农田119.96公顷。安置农户20509户,安置人口82450人;保障幼儿园、村委、养老中心等设施完善类项目以及健身广场、停车场、公园与绿地等环境整治类设施项目共14.64公顷,包括存量盘活7.47公顷,利用建设用地流量指标7.18公顷,其中涉及耕地指标6.96公顷,涉及永久基本农田5.01公顷;整合村域零星散乱工业企业,促进村域产业集中集聚;结合农业产业,发展休闲体验农业、观光农业等,延伸农业产业链,促进一、二、三产业融合发展。安排15.22公顷用于保障新产业新业态发展项目,其中利用存量建设用地3.69公顷,利用建设用地流量指标11.53公顷,涉及耕地指标11.22公顷,涉及永久基本农田5.76公顷。

指标节余:建设用地流量指标共使用212.07公顷,节余91.77公顷;耕地补充指标共使用192.32公顷,节余179.93公顷,有效实现耕地数量增加。与政府交易建设用地节余指标,并设计累进奖励机制,助力实现政府以合理成本获得新增建设空间、保障群众权益并充分调动集体组织整治积极性的双赢局面。

创新采取农用地整治激励手段。龙港市明确对整治新增耕地质量实行累进奖励，充分调动农用地整治积极性。以华中社区为例，当地为新增旱地每亩奖励 25 万元，水田每亩 40 万元，20 亩以上奖励递增，用于补贴拆迁安置。为保证激励手段顺利实行，开发商将垫付前期启动资金，以此提高农地集约化水平，进而统筹开展高标准农田建设、旱地改水田、耕地质量提升等项目。一是以农田水利基础设施、耕地质量提升为重点开展高标准农田建设，加大中低产田改造力度，提高耕地质量和产能。二是在地势平坦、水源有保障且周边地类均为水田的区域开发旱改水项目。利用水源优势，通过采取工程、生物等措施，修筑并完善田间防渗工程和灌排措施，改善区域内耕地的耕作层厚度、土壤肥力和灌溉条件等，将原来的旱地改造为水田。三是主要通过开展土地平整归并，降低基础设施占地率，增加农田耕作层厚度，改善农业基础设施条件，提高农用地质量。通过这种方式，当地取得了良好的实践成效：安排高标准农田建设项目 201.48 公顷。安排旱地改水田项目 33.96 公顷，预计新增耕地 0.89 公顷。安排耕地质量提升项目 36.80 公顷，预计新增耕地 5.19 公顷，通过提高土壤肥力、提高灌溉保证率实现耕地质量提升一个等级。

创新结合特色文旅与生态提质。龙港市全域土地综合整治中的生态修复和保护项目设计贯彻"绿水青山就是金山银山"理念，在整治过程中注重生态质量保护与生态价值提升相结合，并通过景观设计、多元业态融合等手段，充分挖掘生态资源的景观美学价值及其衍生的社会经济价值，统筹建设梦江南生态园、美村支江观光带建设项目、蓝色海湾综合整治项目等一系列特色文旅生态工程民生项目。

创新构建多元资金融通渠道。全域土地综合整治涉及巨量的资金投入，龙港市探索构建了多元资金融通渠道。一方面，龙港市创新资源要素优化配置实现方式，通过建设用地复垦、农用地整理，在实现农村居民点集中建设、产业用地集聚升级、农业空间规模化程度提升的同时，提高粮食产能、推动产业发展、开源集体收入，并创造节余指标，从而获取政府财政转移支付作为多项工程的启动资金。另一方面，积极探索政府与社会资本合作的方式，尝试以节余指标收益为盈利平衡点，引进浙江省振兴乡村建设投资发展有限公司（以下简称省乡投公司）统筹各类整治项目和建设的投融资活动，汇聚政府、社会资本、集体和农民等各方力量投入全域土地综合整治中。省乡投公司在地方政府的组织协调下，和地方全资国企成立项目公司，以"融资＋项目总承包＋产业营运"（F＋EPC＋O）的方式承接龙港市全域土地综合整治项目。

（三）主要成效

龙港市全域土地综合整治通过低效建设用地换取土地指标，用于发展新型农村产业和建设新型农村社区，助力农村居民就业质量与资产水平提档升级，实现劳动性收入与财产性收入双提升，从而有力缩小城乡收入差距。例如，龙港市华中社区依托全域土地综合整治复垦零散闲置宅基地、破败工业用地与未利用地等低效建设用地盘活土地资源，利用土地复垦后的节余指标建设占地约 23000 平方米、拥有近 5000 平方米沿街商铺的社区安置房小区，面积约 8700 平方米的社区商贸中心，面积约 15600 平方米的物业接待中心，占地约 8000 平方米、内设近 300 个店面摊位的农贸市场，建成运营后可以使华中社区集体资产增值亿元以上，年收入增加到 800 万元左右，带动千余人就业。同时，符合安置条件的村民将获得统一安置，每户套房安置面积为 210 平方米（含一套 100 平方米户型与一套 110 平方米户型）。新建安置房小区拥有更优区位，每套房屋市场价值达 50 万—60 万元。由于靠近城市核心区且租金远低于城市商品房，安置小区也对接城市低收入群体旺盛的租赁需求，村民将其中一套闲置房屋出租可获得可观的租金收益，这实现了村民财产性收入的显著提升，也为在农村集体经营性建设用地上建设保障性租赁住房提供了启示。

通过实施全域土地综合整治，龙港市在取得了缩小城乡收入差距的基础性成效之外，于以下几个方面也实现了明显的改善与提升。

农田布局与质量显著优化。通过对破碎化分布的耕地以及其他低效建设用地的复垦，配合旱改水、高标准农田建设等农田提质工程，实现了耕地数量增加，新增耕地面积 179.94 公顷，增幅 6.5%。永久基本农田面积增加 6.94 公顷，增幅 5%。农业空间格局显著优化，规模连片的农田数量明显增加，为农业规模化经营、农业平台构建提供坚实基础，推动粮食生产效能提升，农田质量改善，耕地、水田数量和质量稳中有升。

产业融合与发展有力推进。通过建设用地复垦，统筹规划选址建设，清退、整合村域零星散乱的工业企业，促进了村域产业集中集聚，并为新产业新业态的引入留足空间。新增产业发展项目用地主要用于小微企业园以及一、二、三产业融合发展需求，实现小微企业园、企业数、新业态新产业项目等数量增加，产业发展产出效益明显提升，一、二、三产业结构显著优化。

居民生活水平明显提升。通过复垦闲置、破败、零散宅基地等农村居民点空间，使用流量指标并盘活存量建设用地，统筹规划、集中重建现代化的集中居住社区，为农民群体提供了高质量新居。通过公共基础设施项目建设与村域环境整治实现公共配套设施占村庄用地比重由 3.60% 上升至 5.29%，人均公园绿地、健身场所用地面积由 0.64 平方米提升至 3.42 平方米，危房改造搬迁 210 幢，拆违治违面积 3000 平方米，新建四好农村路 56.31 公里，切实提升了居民的生产生活质量。

区域生态面貌焕然一新。综合整治以来，龙港废弃矿山复耕 0.99 公顷，河道清淤 65 立方米，河道护岸 68 千米，建设美丽清洁田园 367.30 公顷，实施生态型土地整治面积 668.26 公顷。河网水质显著提升，实现水清岸绿的治理目标。一系列特色项目打造形成生态农业美景、美丽乡村绿廊风景带等特色乡村生态旅游景观。构建了以主干水系和管线绿化为主体的网格状生态空间格局，形成"田成方、路成框、水成网、绿绕庄"的水乡田园景观风貌格局，区域生态面貌焕然一新。

四、经验与启示

(一)深化农民权益保障

龙港坚持以人为本的核心取向,完善民主治理渠道与机制,切实尊重和保障农民的知情权、参与权、监督权和收益权,在激发农民认可度和参与积极性的基础上,充分利用入户讲解、动员大会、举办展览、办宣传板报、实行项目进程公告等方式加大全域土地综合整治系列项目的宣传力度。同时,完善民主治理渠道与机制,使农民充分参与项目规划过程,特别是与其自身密切相关的集中安置社区的范围、构成、公寓设计、安置补偿标准以及他们的特性需求,切实尊重和保障农民的各项权益,强化公示制度。此外,杜绝一次性补偿的"甩手掌柜"行为,为生产生活方式显著改变的群众,尤其是将耕地作为生产和保障手段的农民提供长期持续性补助与支持,如职业技能培训,以及为重新安置的家庭分配工作机会。通过项目推进实施各个时期与农村居民密切深入的沟通协调,充分保障和满足农民权益与诉求,降低社会冲突风险(吴宇哲和许智钇,2021),让农民共享推进城乡共同富裕的获得感。

(二)壮大集体经济组织

龙港在推进城乡融合发展项目过程中切实加强集体经济组织保障措施、农民权益保障措施、资金保障措施、生态环境保障措施和项目监管措施。通过集体资产股权量化产权制度改革,使集体效益最大化,保障了社区集体经济组织成员的合法权益,完善了村慈善帮扶系统。努力解决村集体历史遗留账务,建立健全了土地管理村规民约。建立健全"市管村居、分片服务"的扁平化基层治理模式,推进了治理重心下移、资源下沉、职能下放,形成了协同联动、集约高效的治理机制。在直接涉及农民合法权益的事项方面,强化了上下联动,建立了标准化和规范化的项目管理制度,健全了项目实施动态监测体系。

(三)优化升级治理体系

全域土地综合整治具有覆盖全要素、协调多部门、联动全周期等特征,是一项统筹自然资源与社会经济的系统的大型治理工程,涉及治理环节繁多、内容复杂。需要坚持农民主体地位,从有助于减少交易成本、提高治理效能的角度出发(Pan et al.,2023),建立健全政府引导、集体主导、部门协同、多方参与的多元协作工作机制,形成工作合力。同时强化全过程监管,积极运用遥感监测、国土空间基础信息平台"一张图"以及农村土地整治监测监管系统等信息化手段,确保试点工作不离谱、不走偏。坚决防止借整治之机违规调整永久基本农田、侵犯农民权益影响社会稳定、盲目投资增加政府隐性债务等错误倾向。立足全域规划、整体设计、综合治理,制定全域土地综合整治负面清单,严格控制未利用地开垦,严格保护具有历史文化价值的建筑,尤其要严格禁止违背农民意愿搞大拆大建、破坏生态环境砍树挖山填湖、占用耕地搞人造景观、破坏乡村风貌和历史文脉等可能出现的行为。此外,构建多元化用人机制和多渠道人才队伍引进机制,积极引进全域土地综合整治相关的现代化社会治理人才、国土空间信息化人才、工程建设项目管理人才等,以缓解干部队伍结构性矛盾,助力实现治理能力全面提升,为各项工作开展提供有力支撑。

(四)小结

实践证明,科学的全域土地综合整治通过统筹农用地、低效建设用地和生态保护修复对土地等资源进行有力整合,促进耕地保护和土地集约节约利用,满足一、二、三产业融合发展用地需求,改善农村生态环境,有效实现了城乡资源配置的优化与资源利用效率的提升,助推城乡融合发展与共同富裕。然而,这也从客观上决定了全域土地综合整治是一项要素覆盖面广、资金需求量大、管理周期长、利益主体庞杂的大型复杂工程,对治理主体提出全新的高难挑战。部分地区在工作推进过程中出现了忽视地方实际大拆大建、生态环境未见修复反遭进一步破坏、农民权益未得到充分保障、融资结构不合理导致超负荷运转等现象,实则是对全域土地综合整治的目标理解不深刻、方式掌握不正确、治理能力不匹配的结果。龙港市在全域土地综合整治思路设计的过程中因地制宜,实现了组织开展形式、资源优化配置实现形式、整治提升激励方式、"绿水青山就是金山银山"理念转化方式、多元融资渠道等五大创新,对以往全域土地综合整治中的诸多症结予以回应与解决,尤其是通过创新挂钩城乡建设用地增减与流量指标生产使用方式,使得低效建设用地复垦、耕地保护提质、农村新居与新产业建设以及财政转移支付等形成联结,并且充分结合龙港自身特点发挥了集体组织在其中的主导作用,通过一村一策等更好地保障民众权益,实现了农民劳动性收入与财产性收入的全面提升,有力推动与促进了龙港市城乡共同富裕。

第二节　乡村产业发展

一、现实背景

党的二十大报告指出,全面建设社会主义现代化国家,最艰巨最繁重的任务仍然在农村。坚持农业农村优先发展,全面推进乡村振兴是新时期我国解决"三农"问题的重要方向。乡村振兴的关键则在于产业兴旺:一方面,乡村产业的发展有助于吸引城市要素投入,推动城乡要素双向流动,促进城乡融合发展;另一方面,乡村产业的发展是农民提高收入的重要途径,也是实现共同富裕的有力抓手。浙江省建设共同富裕示范区的过程切实体现了乡村产业发展在缩小收入差距中的作用。通过实施强村惠民行动,积极培育新型农业经营体系,深化农业"两区"建设,打造一、二、三产业融合发展的农业全产业链,2022年浙江农村居民人均可支配收入达到3.76万元,连续38年位居全国各省(区)第一;城乡收入倍差由上年的1.94下降到1.90(见

图 4-1)。乡村产业发展的作用不言而喻,而如何发展乡村产业更是受到了众多关注。目前关于如何在实践层面发展乡村产业的相关探讨主要集中在两个方面:一是对于乡村第一产业的发展,加强农户与市场对接,推进农村适度规模经营,培育农村新型经营主体,提高农业现代化经营水平是当前的主流观点(Gramzow et al., 2018;吴振方,2019;金观平,2022);二是对于非农产业的发展,促进产业链的双向延伸,推动乡村一、二、三产业加速融合,优化乡村产业空间布局是讨论的焦点(孙学涛,2022)。

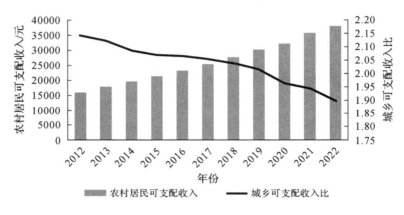

图 4-1 浙江省城乡收入差距

数据来源:历年《中国统计年鉴》。

二、浙江乡村产业演化历程与发展成效

(一)乡村产业演化历程

纵观浙江省乡村产业发展历程,大致可以划分为四个发展阶段——农业产业主导期、工业化快速推进期、产业发育与结构优化期、产业融合与高质量发展期,不同阶段乡村产业发展的特点和模式不尽相同。

1. 农业产业主导期(1949—1978 年)

新中国成立初期至改革开放前夕,单一的农业产业为浙江省乡村的主导产业。在此期间,传统人力、畜力为主要的耕种生产方式,生产组织形式上实行人民公社"三级所有,队为基础"的集体经济体制,农业产销高度集中,由政府统一安排。在这种模式下,乡村产业发展被局限在粮食生产上,加上政府对农业投资不足以及工农"剪刀差",多种因素叠加极大地抑制了农民的生产积极性。

2. 工业化快速推进期(1979—2002 年)

随着改革开放拉开序幕,农业发展以及乡村产业发展迎来了新契机,浙江省乡村产业发展进入工业化快速推进期。农业产业上,1982 年,家庭联产承包责任制在浙江全面推行,重塑了农业经营模式,调动了农民的积极性与创造性。农机、化肥、农药等现代化农业生产手段得到广泛应用,农业生产效率迅速提升,粮食产量从 1978 年的 1395 万吨增加到 1984 年的 1817 万吨。[①]

随着市场化改革的进一步深入,市场经济体制不断完善,为浙江省乡村产业的发展打开了全新窗口。改革开放后,一些最初为农业服务的队社企业逐步演变成乡镇企业,乡村工业化的步伐不断加快。从 1979 年起,凭借轻纺工业的超前增长,浙江省农村工业化蓬勃发展,乡镇企业异军突起,成为浙江工业化进程的主要动力。改革开放之初,浙江省乡镇企业数为 7.4 万家,而这一数字在 2001 年增至 107.98 万家;全省乡镇企业在 2001 年实现产值 13964.5 亿元。[②] 尽管在此阶段,浙江省乡村产业有了一定的发展,但对乡村的重视程度仍然不足,城市与城市工业依然占据优先位置。

---

① 数据来源:历年《中国统计年鉴》。
② 数据来源:历年《浙江统计年鉴》。

3. 产业发育与结构优化期(2003—2012 年)

随着我国迈入全面建设小康社会的新时期,各地乡村发展问题越来越得到重视,浙江省乡村产业发展进入产业发育与结构优化期。在此期间,国家提出"工业反哺农业""城市支持农村"的口号,2004 年至今,中央一号文件已连续 20 年聚焦"三农"问题。在此阶段,浙江聚焦城乡统筹一体化发展,不断培育现代农业发展主体,大力推进农业结构战略性调整。

促进农业产业现代化是该阶段农业生产的重点。组织形式上,各种专业化合作社、家庭农场的出现丰富了农业生产组织形态,提升了农业组织专业化水平。产业形式上,随着农村土地流转的加快,农业产业发展不断呈现出规模化、专业化、科技化的趋势。2012 年,浙江省建成 11 个省级现代农业综合区、41 个省级主导产业示范区、122 个省级特色农业精品园;全省农业机械总动力达 2588 万千瓦。[①]

除了第一产业的发展,此阶段乡村二、三产业发展也取得了长足的进步,乡村产业结构进一步优化。2009 年,全省各类农业产业化经营组织达 2.1 万个,其中带动型的龙头企业 6221 个,产业化组织带动农户 860.7 万户就业。以乡村旅游为代表的乡村第三产业也蓬勃发展起来,2009 年,全省累计建成各类休闲观光农业区点 1678 个,从业人员 8.3 万人,总产值 77.9 亿元。虽然浙江省乡村产业在这一阶段取得了耀眼的成绩,但以小农经济为主体的乡村产业与全国大市场之间衔接不畅的问题仍然存在。

4. 产业融合与高质量发展期(2013 年至今)

党的十八大提出供给侧结构性改革的重要举措,提出中国经济发展进入新常态的论断,再次强调了农业农村现代化的重要性。党的十八大以来,浙江率先发力乡村振兴,推动乡村产业发展进入一、二、三产业融合发展阶段。在这一阶段,围绕农业农村现代化这一目标,浙江省采取了一系列重要措施,积极推动乡村特色产业提档升级(见图 4-2)。尤其是在党的十九大提

---

① 数据来源:《2012 年浙江省国民经济和社会发展统计公报》。

出"乡村振兴战略"之后,乡村产业融合发展的脚步进一步加快,围绕产品结构、质量结构、种类结构以及产业组织化,浙江省对乡村产业发展进行了一系列调整,深化了乡村一、二、三产业之间的联系。为推动乡村产业融合发展,浙江省开展了农业全产业链"百链千亿"行动,累计建成单条产值超 10 亿元全产业链 82 条,年总产值 2575 亿元。同时,深入实施"互联网＋"农产品出村进城工程,培育网络零售额超千万元的电商专业村 2444 个。

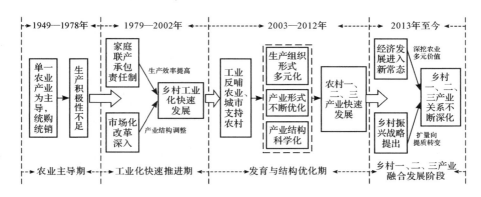

图 4-2　浙江省乡村产业发展阶段

在党的十八大与党的十九大重要战略的引领下,浙江省结合自身特点为乡村产业融合发展打下坚实的基础。党的二十大再一次强调了乡村产业发展的重要性,提出"发展乡村特色产业,拓宽农民增收致富渠道",进一步深化了乡村产业发展的内涵,同时也为浙江省乡村产业的未来发展指明了方向。

(二)浙江乡村产业发展成效

党的十八大以来,浙江省乡村一、二、三产业发展取得不俗成就,形成第一产业提质增效、第二产业促农增收、第三产业助力转型,三次产业融合协同发展的局面,推动了城乡收入差距进一步缩小。

1. 第一产业提质增效

第一产业方面,浙江省切实践行"18 亿亩耕地红线"原则,2021 年,全省粮食播种面积达 1510.1 万亩,粮食总产量 124.18 亿斤(62.09 千克)、亩产 411.2 公斤(411.2 千克)。农、林、牧、渔业总产值由 2012 年的 2658.66 亿元上升到 2022 年的 3752.31 亿元,实现了总量的快速跃迁。[①]

在高质量农业发展理念的引领下,浙江省农业现代化水平也取得了巨大进步。近年来,浙江省农业发展现代化水平位列全国前三位,稳居全国农业现代化发展"第一梯队"[②];同时,浙江省大力推进农机装备补短板行动,持续扩大农机购置补贴范围,农业生产机械化、智能化步伐不断加快。不仅如此,各类前沿生物技术在农作物育种中得到广泛应用,数字农业、智慧农业正成为浙江省农业生产向现代化转型升级的重要驱动力。

2.第二产业促农增收

新时期工业下乡和产业转移成为乡村发展的新趋势,浙江省乡村第二产业发展迅速,不少企业在履行社会责任和寻求新投资机会的双重动机下入驻乡村,成为乡村第二产业发展的新力量。在此背景下,以农产品加工业为代表的乡村第二产业持续发展。2021 年,浙江省规模以上农产品加工业总营业收入超过 8400 亿元,共有规模以上农产品加工企业 5787 家,吸纳 67 万多户农户就业[③],有效提高了农户收入。

3.第三产业助力转型

以乡村旅游为代表的农村第三产业也蓬勃发展起来,为浙江省乡村产业转型发展注入活力。2021 年,浙江省乡村旅游收入就已超过 500 亿元,市场潜力巨大。浙江省乡村旅游形式多样,可以为游客提供风景观光、医疗康养、乡村研学等众多乡村旅游产品,有效带动了特色种养、民俗文化、旅游设备、乡村民宿、电商直播等多种业态发展,推动了乡村产业转型。

---

① 数据来源:国家统计局。
② 数据来源:国家统计局。
③ 数据来源:浙江省统计局。

4. 三次产业融合协同发展

随着农村一、二、三产业的快速发展,浙江省乡村三次产业融合发展也迈入"快车道"。自 2015 年中央一号文件正式提出"三产融合"概念以来,浙江省已经设立了 30 家省级农产品加工基地,2020 年乡村休闲旅游业吸纳就业人数 44.6 万人。同时,浙江省累计培育大学毕业后投身农业农村创业创新的乡村人才——农创客超 4.7 万名,为乡村产业融合发展提供了人才支持,并不断探索多种乡村产业融合发展方式。

从农户和工商资本的关系来看,乡村产业融合发展可以划分为两种模式——以工商企业为主体以及以农户为主体。以工商企业为主体的融合主要表现形式为"公司＋农户"或"公司＋合作社＋农户",即从某一农产品的加工销售等上游端口向下游生产端延伸,大力发展农产品种植及养殖业并进行产业链的要素整合,该模式也是当前乡村产业融合的主流。农户主导模式则是从某一农产品种植业、养殖业等上游端口开始,向加工等下游端口延伸,大力发展农产品储藏、加工、流通等环节,实现要素的优化配置。该模式的主要表现形式为"合作社＋农户""新农人＋合作社＋农户""合作社＋农户＋公司",在该类模式中,农户和合作社等农业生产主体是利益的主导方。

从主导产业来看,乡村产业融合发展可以分为三种模式。模式一是从第一产业出发,连接二、三产业,通过农业产业旅游化、生态化、文化化,为产业升级带来新机遇。该模式以家庭农场、农民合作社、农村集体经济组织、农业公司等为主体,通过租赁园地、众筹消费、物联网种植、农耕文化体验等形式推动乡村产业融合发展。模式二是以农产品加工业为主导的第二产业带动模式,通过第二产业的发展带动第一产业增长、促进第三产业壮大,培育以农民合作社为主体的农产品加工业。模式三是以第三产业为切入点,带动一、二产业发展,以"互联网＋"、生态旅游等业态为主,吸引各方投资主体进入(见图 4-3)。

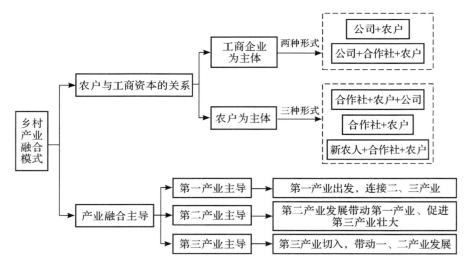

图 4-3　浙江省乡村产业融合模式

三、乡村产业发展困境

(一)部分农户与产业升级脱节

乡村产业升级是乡村振兴的必由之路,但乡村产业转型升级的不断深入对农户的产业参与能力提出了更高的要求,导致部分农户丧失了参与乡村新产业并从中获益的机会。这是因为,一方面,乡村地区留守劳动力多数年龄偏大、文化素质偏低,难以掌握产业升级所必需的知识技能;另一方面,乡村产业升级后参与门槛提高,而农户普遍缺乏产业转型升级所需资金,且存在融资困难的问题。

(二)乡村产业发展同质化

经济发展理论与布尔迪厄资本理论均强调自身比较优势在产业发展中的重要性,乡村产业发展的根本就在于充分挖掘当地优势特色,将各色资源优势转化为经济优势。但由于对自身优势认识不深入,乡村产业发展同质化现象明显。例如,如今"乡村旅游"已然成为乡村产业发展的代名词,而现实中许多村落不具备发展乡村旅游的条件,却依然大力发展民宿、发展旅游,最终导致基础设施投资浪费,乡村产业发展受挫。

(三)品牌效应不强且附加值较低

布尔迪厄资本理论中的符号资本是影响发展的重要因素,乡村品牌作为符号资本在乡村层面的映射,是乡村产业发展的关键所在。目前,我国乡村产业经营仍然以小规模农业生产为主,生产规模不大,生产建设缺乏相应的标准,生产加工技术落后,难以形成规模经济。同时生产者分散的生产模式导致质量检验监督难度和成本较高,致使乡村产业产品质量参差,难以形成品牌效益。

(四)乡村产业发展链条较短,产业衔接能力不足

尽管我国乡村产业发展已经取得了傲人的成绩,但当前产业衔接不紧密,具体表现为:首先,第一产业向下游产业延伸不够,产业发展仍以原料供应为主要形式,产品附加值不高。其次,乡村第二产业的连接功能未能充分发挥,与第一产业的连接不紧密,农产品精细加工能力不足。再次,乡村第三产业主体培育不足,乡村生活与生产的综合服务能力有待提升。最后,乡村产业融合水平较低,乡村内在价值挖掘不深,功能开发不全,企业与农户利益共同体构建层次较低。

(五)乡村产业发展基础设施建设水平有待提高

基础设施建设是区位的重要组成因素,影响着产业发展潜力。当前我国一些农村基础设施建设水平不足,难以支撑乡村产业发展。部分乡村供水、供电、供气条件差,路网覆盖不够,网络通信、仓储物流等设施建设程度较低,产业发展物流成本较高,先进生产要素向乡村扩散力度不强。原料产地批发市场建设不完善,产销对接滞后,限制了产业提质升级。不仅如此,部分乡村产业发展环保条件较弱,产业难以可持续发展。

四、浙江乡村产业发展典型模式

面对资金、人才、市场等要素劣势，乡村产业发展要突出重围离不开合适的发展模式选择。归纳来讲，乡村产业的繁荣要充分发挥当地资源、组织、社会投资、乡贤、政府等要素的作用，浙江省在不同的乡村环境下衍生出五种由不同要素主导的乡村产业发展模式。

（一）资源驱动的优化模式

资源禀赋是乡村产业发展的重要基石。所谓资源禀赋即布尔迪厄资本理论在乡村层面中映射的经济资本，包括乡村产业发展过程中的各类自然资源。基于资源禀赋优势，着力打造独具特色的乡村产业，带动当地农民就业创业，将资源优势转化为经济优势以形成经济发展的良性循环是资源驱动路径的主要表征。

上田村隶属于浙江省杭州市临安区板桥镇。上田村得天独厚的自然环境为茶产业的发展提供了有利的先天条件。在此优势下，上田村首先通过产业革新，摒弃传统的小农耕作，成立茶叶专业合作社，配备标准化茶厂。为进一步提高茶产业质量与销量，上田村积极联系专家学者来村为茶产业发展出谋划策，组织前往杭州龙井村学习制茶与经营经验，并成立电子商务服务站，通过互联网技术助力茶产业发展，将上田村的特色农业推向更大的市场。借助茶产业的蓬勃发展，上田村积极开发旅游业，形成了农耕十亩、仙溪钓鱼等"上田十景"。立足于茶叶产业，上田村人均收入从2005年的5000多元增加到了2020年的近4万元，有效地带动了村民致富。

（二）组织引领的合作模式

村集体经济组织是乡村产业兴旺、农村经济发展的重要孵化器。嵌入理论强调了组织在社会经济活动中的重要作用，村集体经济能够汇总村民意愿，其组织形式是乡村产业发展的重要推力。经过多年发展，村集体经济组织出现了村办集体企业、村办股份合作企业、农民专业合作社、社区股份合作社等多种组织形式,近年来更是发展出了"龙头企业＋合作社＋农户""家庭农场"等新兴集体经济组织模式。通过村集体经济组织模式的创新,乡村可以不断提高生产与管理效率,提高农民的议价与风险抵御能力,促进乡村产业发展的规模化、现代化。

浙江省衢州市衢江区莲花镇是衢江区主要的粮食产地。为了扩大土地经营收益,提高土地使用效率,莲花镇开展了村级集体经济模式试点。试点村集体成立土地股份合作社,以农户或村民小组为单位按照每亩一股的方式入股合作社,保底价为每股每年 500 斤(250 千克)稻谷。对于合作社所获得的收益,预留 40％作为合作社日常运营基金,剩余部分进行年底分红。对于流转后的集中土地,由村集体统一规划进行规模化种植。在这种模式下,莲花镇农业产业增收效果明显。以莲花镇莲东村为例,该村将 300 余亩土地外包给商户种植白枇杷,帮助村集体年增收 8 万余元,80 余名村民实现在家门口拿"薪金"。

(三)社会投资的市场模式

随着社会主义市场经济的深入,社会投资越来越成为乡村产业发展的重要推手。经济发展理论表明,社会投资拥有更高的灵活性、更敏锐的市场嗅觉,有助于将技术、人才等现代生产要素引入乡村产业,推动农业产业融合升级。

2008 年以前,浙江省湖州市安吉县剑山村村集体经营性收入不足 70 万元。2008 年以来,剑山村持续践行"绿水青山就是金山银山"的发展理念,依托当地得天独厚的环境优势,深耕乡村旅游,吸引了以蔓塘里"大地之光·艺术公社"为代表的社会投资项目入驻,激活了当地的乡村旅游资源,帮助剑山村实现从乡村建设到产业经营管理的迭代升级。2020 年,该村村集体经营性收入达 715 万元,相较于产业发展前有了大幅提高。在产业兴旺、居民增收的良好势头下,剑山村更是摸索总结出了"村＋工商资本＋农户"的发展模式，实现了整村经营，带动了村集体经济发展，促进了村民创业致富。

（四）乡贤领衔的内生模式

作为乡村产业发展的内生动力，乡贤拥有更强的凝聚力、更典型的示范性，决定了乡贤在乡村发展过程中的领头雁地位，充分发挥乡贤的示范作用是嵌入理论的重要体现。要发挥乡贤示范作用，就必须充分听取乡贤意见、积极整合乡贤资源，让乡贤的"乡情"有处安放。

鲁家村位于浙江省湖州市安吉县，一度是全县最穷的行政村之一。为改变落后状况，鲁家村村支书请来专业公司对村庄产业、环境提升做统一规划。为解决发展资金问题，村支书将 50 万元存款无息借给村委，又以个人名义为建筑费担保。在村支书的模范带头作用下，20 余位乡贤主动筹资300 万元用于建设家乡。在乡贤的带动下，这个小山村取得了翻天覆地的变化。经济上，鲁家村集体资产从 2011 年的不足 30 万元增加到 2019 年的2.9 亿元，村集体收入从 2011 年的 1.8 万元增加到 2019 年的 560 万元，人均收入从 2011 年的 14719 元增加到 2019 年的 42710 元。产业发展上，鲁家村大力发展家庭农场，成立旅游公司着力开展乡村旅游建设，增加了村级集体收入，促进了村民创收。

（五）政府牵头的造血模式

政府是乡村产业发展过程中的重要支柱，乡村产业的发展离不开政府的谋划布局与支持。2019 年，《国务院关于促进乡村产业振兴的指导意见》指出"市场导向，政府支持"的乡村产业发展原则，明确了政府在乡村产业发展中所扮演的角色。

浙江省丽水市蔡源乡大柯村位于遂昌西部山区，多年以来由于交通相对闭塞，该村经济发展较为落后。为帮助大柯村发展致富，2009 年，在蔡源乡党委、政府的牵头下，大柯村规划了 10 个美丽乡村建设项目，总投资达170 万元。项目利用大柯村地方特色民居以及山坡上的梯田开展特色农家乐建设,并通过摄影活动宣传大柯村内的古村文化及田园风光,以民俗文化以及自然风光为产业建设抓手,逐步打造了"观江南第一梯田,览江南山村美景"旅游品牌。不仅如此,2018年,在浙江省委的统筹下,中国能源建设集团浙江省电力设计院与大柯村结成帮扶对子,将光伏发电项目引入该村,预计每年能为大柯村集体增收8万—10万元。

五、浙江经验与启示

(一)赋能农户,确保发展路上不掉队

浙江省面对乡村产业升级给部分农户带来的阵痛,实施"一户一策"集成帮扶计划,对与产业升级脱节的农户进行培训赋能,同时设立农村农业"扩中""提低"动态监测分析点,构建帮扶人群"精确画像"数据库,实时调整帮扶工作。在此模式下,仅2021年就有2.85万户低收益农户受益。

透过浙江视角可以发现,要解决农户与产业升级脱节问题,各地需结合自身实际,通过建立帮扶数据库,针对特定人群开展针对性培训。同时要一改完成任务式培训方式,根据当地产业发展有针对性地铺开培训任务,完善培训后效果动态监测。

(二)立足优势,发挥长板效应谋特色

为破除乡村产业发展同质化问题,浙江省坚持特色化发展,充分发挥各地的长板效应,形成了以现代种养业、乡村休闲旅游业、乡土特色产业为代表的十大乡村产业,有效推动了乡村产业高质量发展。

以浙江经验为蓝本,各地在发展乡村产业时,要深挖地区优势,充分采纳民众意见,问计于民、问效于民,用特色产业的"差异化"代替"同质化",推动乡村产业发展得更远、更稳。

(三)狠抓品牌,树立行业标杆促发展

为提高乡村产业发展效益,浙江省开展农业品牌提升行动,把农业品牌

建设放在突出位置,以区域公共品牌为切入点,着力打造了"丽水山耕""西湖龙井""仙居杨梅"等一批知名区域品牌,塑造了浙江农业新形象。在品牌建设的同时,品质建设也需要同步跟进。以浙江丽水青田县为例,青田县在加强对"丽水山耕"等区域公共品牌的推广的同时,立足产品品质提升,不断开发新品类的乡村旅游商品,提升产业品牌形象,为乡村产业的优化发展增加了筹码。

品牌建设是浙江省乡村产业发展的一剂良方。乡村产业品牌建设首先需要正确选择产业,坚持因地制宜,彰显地域特色,形成独特的竞争力。其次要重视质量管控,坚持质量底线。最后要找准品牌市场定位,锁定目标消费群体,有针对性地推广与宣传。

(四)强链补链,共筑乡村产业新增长

在延伸乡村产业链方面,浙江省以建立强村公司为抓手,以飞地抱团为渠道,着力解决农户资金不足、产能不够、协同不畅等问题,衔接产业链上下游,实现乡村产业村村有目标、村村有特色。2022 年,浙江省 1791 家强村公司获得利润共计 7.6 亿元,1104 个飞地抱团项目实现收入回报共 5.5 亿元,带动全省 478 万农民就业创业。

浙江乡村产业链的发展经验表明,面对乡村产业发展要素缺乏的问题,要发挥组织优势,通过建立新型产业主体鼓励农户参与形成群体优势。同时要积极拓展乡村多元价值,全方位立体式开发乡村资源,加强乡村产业链、供应链的协作协同水平,重视乡村产业物流体系建设,提升乡村产业链现代化水平。

(五)着眼生态,推动产业环境共提升

美丽乡村建设是浙江发展历程中的亮丽名片,浙江省在乡村基础设施不断完善、人居环境不断优化的同时,乡村产业发展也随之跟进。以浙江安吉县为例,多年来,安吉以美丽乡村建设为载体,开展区域环境综合治理,实现了多项环境整治措施全覆盖。在环境优化的同时,安吉县充分挖掘各村发展优势,大力发展特色经济,仅 29 个安吉县级美丽乡村精品示范村就吸引了 115 亿元工商资本,为安吉乡村产业发展注入了强劲动力。

浙江省美丽乡村建设不仅优化了乡村的人居环境,更为乡村产业发展奠定了良好基础。为此,各地要深入推进乡村基础设施建设,坚持生态文明红线,推动乡村产业与生态文明协同发展。

第三节　农村人居环境治理

一、现实背景

农村人居环境治理是指政府、村民、企业以及社会组织等利益相关主体为了改善农村人居环境,综合运用各项资源,相互配合、相互协调,最终实现农村人居环境优美整洁和可持续发展的管理过程(吕建华和林琪,2019)。党的十八大以来,我国农村人居环境不断改善(王永生、刘彦随和龙花楼,2019)。但是,这种改善是低水平的提升,当前大部分农村地区的环境卫生、居住条件、基础设施等与城镇地区仍然存在显著差距(李冬青等,2021)。新时代我国农村人居环境整治提升工作还面临众多挑战:其一,社会力量参与不足,在基层政府"自上而下"的推进方式下,农民的主体作用并没有得到充分发挥,存在治理网络结构"碎片化"等问题。其二,技术适应性差,人居治理模式没有充分考虑不同地区的发展水平和生态承载能力,某些村庄只是简单地套用模式,缺乏创新性。其三,资金支撑不足,当前农村人居环境整治主要依靠各级政府的财政拨款,社会资本参与机制不完善(于法稳、侯效敏和郝信波,2018),并且在城乡二元体制的束缚下,我国人居环境治理存在重城镇轻农村的现象,基层政府在城乡环境权益分配上存在较大偏差(于法稳和郝信波,2018)。其四,社会监督不完善,我国在农村人居环境整治上还缺少合理的监督与协调机制,从而弱化了整治的成效。

当前，我国已经踏上了全面推进乡村振兴和加快农业农村现代化的新征程，随着农村居民收入的不断提高，干净宜居的人居环境逐渐成为农民日益增长的美好生活需要的重要构成部分。因此，改善农村人居环境成为破解新时代我国社会主要矛盾、推动全体人民走向共同富裕的有效途径之一（于法稳，2019）。浙江在人居环境治理方面的经验具有重要参考价值。

二、浙江农村人居环境治理的主要做法

在农村人居环境治理方面，浙江省走在了全国前列。21 世纪初，浙江乡镇企业迅猛发展，农村工业化进程加快，经济建设取得了突出成就。但是，伴随着经济高速增长而来的是环境污染、生态恶化等一系列问题。同时，由于村庄规划编制滞后以及村民环保意识薄弱，农村乱搭乱建、住宅布局散乱、垃圾乱倒等现象普遍存在，基础设施和基本公共服务建设也远远落后于城镇。人居环境"脏乱差"等问题不仅妨碍了经济社会的可持续发展，也给农村居民的身心健康带来了潜在的威胁。2002 年，时任浙江省委书记习近平启动了以改善农村生产、生活和生态环境为重点的"千村示范、万村整治"工程，掀起了一场环境保护与美丽乡村建设并行的乡村大变革。此后，"千万工程"成为浙江农村人居环境改善和美丽乡村建设的基础工程，为深入推动乡村振兴战略、促进共同富裕提供了重要的实践与理论基础。

（一）浙江省"千万工程"的演化历程

20 年来，浙江以农村污水、垃圾和厕所治理"三大革命"为切入点，扎实推进农村人居环境综合整治和美丽乡村建设。自"千万工程"实施以来，其内涵不断深化、外延不断拓展，夏自钊（2019）将其划分为四个发展阶段，不同阶段的工作重点各有侧重，充分体现了循序渐进、久久为功的系统治理思维。

（1）示范带动阶段（2003—2007 年）：打造人居环境整治示范村。2003年，浙江启动"千万工程"，计划用 5 年的时间，从全省 4 万个行政村中选择

约 1 万个村进行全面整治,并将其中 1000 个中心村建设为全面小康示范村。在此阶段,工作重点主要为试点村基础环境卫生的改善。

(2)全面推进阶段(2008—2010 年):全面推进人居环境改善。2008 年,浙江在建设人居环境整治示范村的基础上,部署启动了第二轮"千万工程",在全省范围内统一开展农村人居环境综合整治,不再创建示范村。2010 年,浙江发布了《浙江省美丽乡村建设行动计划(2011—2015 年)》,自此以后,美丽乡村建设成为"千万工程"的主要内容。2008—2010 年,全省共计对 1.7 万个村庄实施了环境综合整治,基本完成了首轮的村庄整治工作。

(3)深化提升阶段(2011—2016 年):全力推进美丽乡村建设。实施美丽乡村建设行动计划是此阶段的根本任务。2012 年,浙江围绕"两美浙江"建设新目标,把绿色发展理念贯穿于新农村建设各个方面,5 年创建 58 个美丽乡村先进县。2014 年,浙江出台了《浙江省深化美丽乡村建设行动计划(2016—2020 年)》,助推美丽乡村建设向"全域美"拓展延伸。

(4)转型升级阶段(2017 年至今):全面建设美丽乡村升级版。2017 年,浙江省提出了"万村景区化"决策,2020 年,接续提出了"共建共享全域美丽大花园"的总目标,要求实施新时代美丽乡村的"六大行动"[①]。2021 年,浙江正式发布《浙江省深化"千万工程"建设新时代美丽乡村行动计划(2021—2025 年)》,提出要以深化"千万工程"、建设共同富裕示范区为总牵引,加快构建新时代美丽乡村新格局。

经历了四个发展阶段的演变,"千万工程"走出了一条独具浙江特色的农村人居环境综合整治和美丽乡村建设的新路径(黄祖辉和傅琳琳,2021),浙江农村面貌焕然一新。"千万工程"的工作重点已从单一的农村环境整

---

① "六大行动":推动城市要素资源向乡村流动,健全城乡融合发展体制机制和政策体系,实施乡村全域土地综合治理与生态修复,打造活力乡村;让农业插上科技创新的"金翅膀",把"饭碗"端在自己手里,推进一、二、三产业融合发展,推进美丽经济发展,打造兴旺乡村;以"绣花"功夫抓细农村环境长效管理,以"标兵"姿态抓实农村生活垃圾分类,以"园丁"精神抓好美丽庭院建设,打造秀美乡村;打造数字乡村先行地,推动乡村整体智治,高标准防控各类风险,打造智治乡村;清朗乡风民风、传承优秀文化、培育现代农民,打造淳美乡村;千方百计促进农民持续增收,加快补齐农村民生短板,推进乡村善治,打造甜美乡村。

治，逐渐延伸到农村基础设施建设、产业发展、公共服务配套以及乡风文明建设等诸多领域，为促进城乡融合发展打下了坚实的基础。

（二）浙江省农村人居环境治理的主要做法

依托"千万工程"，浙江注重多措并举，因地制宜，将扎实开展人居环境整治与美丽乡村建设有机结合，逐渐发展成为映射未来中国宜居宜业和美乡村样貌的鲜活样板。在实践探索中，浙江农村人居环境治理的主要做法体现为以下几方面。

1. 重点推进"三大革命"，改善村容村貌

"千万工程"以农村污水、垃圾和厕所治理"三大革命"为切入点，着力改善村容村貌，推动人居环境从"脏乱差"向"洁净美"转变。

第一，有序开展农村垃圾治理。浙江农村以垃圾分类与集中处理为突破口，通过农户源头分类、村庄收集、二次分拣、乡镇转运以及区县处理的模式（李欢，2020），对农村生活垃圾进行资源化回收和无害化处理。2013年起，浙江相继建立城乡一体的垃圾集中处理网络体系，率先在一批村庄开展农村垃圾分类减量化试点。2014年开始在全省推行生活垃圾分类处理，垃圾分类制度从此由点及面铺开。为了鼓励村民广泛参与，浙江农村通过一对一入户进行村民教育等形式普及垃圾分类常识，并率先提出了"垃圾分类积分制"，引导农户自觉进行垃圾分类。在引导农户生活垃圾分类的基础上，加强农村垃圾站点处置设施的提升，建设了一批设施齐全、功能完备、管理规范的农村垃圾中转站。此外，为有效解决垃圾分类投放监管难的问题，近年来浙江吸引社会资本参与构建资源循环利用产业链，并积极推进数字化赋能，基于大数据、"互联网＋"等模式，加强智慧管理应用建设，逐步构建新的垃圾处理长效模式。

第二，有序开展农村污水治理。自"千万工程"启动后，浙江便开始了农村污水治理，早期的工作内容主要是建设农村生活污水简易处理设施（徐志荣等，2015）。2014年，浙江出台《关于深化"千村示范、万村整治"工程扎实

推进农村生活污水治理的意见》,提出了农村生活污水治理三年攻坚行动计划,由此进入了农村生活污水处理设施规模化建设阶段(叶林奕、叶红玉和刘锐,2022)。2019年,浙江颁布首部针对农村生活污水处理设施管理的省级地方性法规——《浙江省农村生活污水处理设施管理条例》,实现了生活污水处理设施提质改造有法可依。总体来看,浙江污水治理的主要做法体现为三个方面。一是完善组织领导体系。为了明确污水治理的责任主体,压实责任,浙江构建了由"党委统一领导、政府负责落实"的组织保障体系,健全生态治水责任落实机制。二是构建多元共治机制。依托工会、共青团、妇联以及各类社会组织,组建志愿服务队伍广泛开展公益活动,形成了政府、群众、企业、社会组织等多元主体协同参与的治水新格局。三是创新资金投入机制。浙江探索建立了多元化投资体系,在强化"五水共治"的财政投入力度和生态财政政策供给的基础上,鼓励社会资本参与,实现从单一的"政府投资"向"多元化融资"的转变。

第三,有序开展农村厕所革命。浙江把农村改厕作为完善农村基础设施,强化乡风文明建设的重要内容。在推进农村厕所革命中,浙江从做足增量和改善品质着手,按照数量充足、干净实用和管理有效的标准建设农村公厕,全面清除影响村容村貌的简易棚厕、旱厕,提高卫生户厕的普及率。浙江开展农村厕改行动的做法体现为以下三个方面。一是坚持规划引领。2021年,浙江省"千万工程"工作协调小组办公室印发了《浙江省农村厕所革命"十四五"实施方案》,不断优化顶层设计,严格把控农村厕所的建设标准,确保农村厕改工作有章可循。二是坚持系统思维。将农村厕所改造和农村风貌提升、农房改造、农村生活污水治理等工作统筹谋划,加强政府引导和示范引领,突出生态导向,有序开展农村露天粪池、旱厕全面拆除改造,扎实推动农村无害化卫生厕所全覆盖。三是坚持数字赋能。浙江注重发挥新技术优势,强化数字创新赋能,按照"一厕一档"的原则建立健全农村改厕动态数据库,探索全省农村公厕网上"一张图",推进农村厕所场景数字化、服务智能化和管理智慧化。

2.实施农房改造建设工程,确保住有所居

全面提升农村人居环境,安全住房是关键。自"千万工程"启动以来,浙江从防灾减灾和改善农村人居环境的实际需求出发,率先启动了农村危房改造工作,先后实施了强塘固房①和避险搬迁等多项改善农村住房条件的惠民工程。2009年,浙江开始新一轮的农村住房改造工程,协同推进农房改造和村庄规划、美丽宜居示范村创建等工作。农村住房建设难,难在用地指标难落实和资金难筹措。为了解决用地指标问题,浙江开辟了两条途径:一是通过规划供地。浙江省充分利用土地利用总体规划的机会,在规划中合理安排农村建设用地,加强和村镇规划的衔接,为集中建设农房预留充足的建设用地,优化用地空间布局。二是通过整合"生"地。浙江加快推进村庄整治、整村搬迁工作,加强对宅基地、空闲地的整理,建立并完善农村宅基地置换、流转、退出机制,通过对存量土地结构进行集约化调整创造出农房建设的新空间。为了解决资金问题,浙江各地创新思路,通过"贷、融、补"三条融资途径解决资金问题(叶慧,2009)。"贷"即金融机构的信贷,鼓励金融机构通过扩大担保物范围、小额贷款等方式为农民购房、建房提供信贷支持;"融"即创新投融资主体,通过建立农村住房建设投资公司等方式进行多渠道融资;"补"指政府加大补助的力度,除省和市两级财政提供补助外,各县(市、区)都有单列资金专门用于农房改建。

3.完善农村基础设施与基本公共服务,促进城乡融合

农村基础设施与基本公共服务建设是城乡融合的重要组成部分(谭明方和陈薇,2020),也是缩小城乡差距的重要抓手。在农村全域环境整治常抓不懈的同时,浙江重视从"硬件"和"软件"两个方面共同发力,大力推进农村基础设施和公共服务的建设。在"硬件"建设方面,一是布局项目时坚持规划先行和系统谋划,制定与农村居民生活、产业发展需求相匹配的基建方

---

① 强塘固房工程的目的在于加强综合减灾能力建设,增强防范和应对台风等自然灾害能力。其中,"强塘"的重点是加强对海塘、江塘、山塘以及病险水库的除险加固,"固房"的重点是提高全省特别是沿海地区农房抗灾水平。

案;二是注重基础设施改造的整体性,将"路、水、电、气、讯、网"等作为一个整体系统进行全面升级,推动农村公共基础设施向村覆盖、往户延伸。在"软件"建设方面,以农村人居环境整治提升为配套,推进城乡基本公共服务资源要素向农村延伸,不断完善农村基础教育、医疗卫生、社会保障等关键领域的公共服务,逐步建成了农村"20分钟医疗服务圈"和"30分钟公共服务圈"。

4.加强村庄规划和历史文化保护,提升乡风文明

长期以来,由于空间规划不合理,农村生产、生活、生态空间发展不平衡。在"千万工程"推进过程中,浙江坚持规划先行,合理布局农村生产、生活和生态空间,根据"缩减自然村、拆除空心村、改造城中村、搬迁高山村、保护文化村、培育中心村"的原则,形成了以"中心城市—县城—中心镇—中心村"为框架的城乡空间布局体系,促进全省建制村从2003年的近4万个精简至2017年的2.7万多个。在优化村庄布局的同时,浙江正确处理好历史文化保护和村庄建设的关系,高度重视传统乡土文化的传承。2012年,为了传承好历史文化遗产,浙江在村庄规划的基础上,率先开展历史文化村落保护工作,统筹推进古村落与古建筑的综合保护、优秀传统文化的发掘传承,促进历史古迹、自然环境和村庄融为一体,打造个性鲜明的村庄风貌。此外,大力弘扬乡土文化和乡村精神,加强文化礼堂、文化广场等场所的建设,挖掘整理村庄的历史文化和民俗风情,传承和发扬地域文化传统、非物质文化遗产等。

(三)桐乡案例

作为"三治融合"发源地,桐乡市以"一约两会三团"为基层治理创新载体,逐渐形成了立规、决策、带头、推进、调解和评比六步工作法,全面推进农村人居环境的综合治理。其主要做法具体包括以下几点。

第一,村规民约定规矩,人居环境治理有章可循。"一约"即村规民约。桐乡市以村规民约为切入点,经村民代表大会让村民参与村规民约的制定,

通过村规民约约束行为规范、提倡环保意识,在潜移默化中引导村民实现自我约束和自我管理,助力农村人居环境综合提升。

第二,"两会"参与做决策,人居环境治理集思广益。"两会"指百姓议事会、乡贤参事会。百姓议事会通过开展垃圾分类工作会、入户宣传垃圾分类方法等方式,共同商定村里的各项事务,有效促进了垃圾减量化,在农村人居环境治理中扮演着至关重要的角色。此外,乡贤参事会也是基层民主协商的重要平台,在参与基层治理中发挥着示范、引领和协调的作用。

第三,"三团"共促齐参与,人居环境治理体系完善。"三团"指百事服务团、法律服务团和道德评判团。百事服务团在村级党组织的统一领导下,为村民提供环境治理服务、专业技术服务等;法律服务团由专业法律工作者构成,专门为村民提供法律咨询和法治教育等;道德评判团通过民间舆论强化道德约束,督促村民养成良好的卫生习惯。

三、浙江省农村人居环境治理的成效

"千万工程"和美丽乡村建设,作为浙江改善农村人居环境、造福广大村民的重要战略,促进浙江农村面貌焕然一新,造就了万千生态宜居和生活富裕的美丽乡村。2018 年,"千万工程"获得联合国环保最高荣誉"地球卫士奖"。如今的浙江农村,庭院错落有致,环境干净舒适,一派安居乐业、欣欣向荣的景象。

(一)村居环境焕然一新

在"千万工程"多年的攻坚下,浙江农村人居环境舒适整洁,基础设施完善,有效提升了农民的幸福感。截至 2021 年末,浙江基本实现农村无害化卫生厕所全覆盖,生活垃圾分类处理的行政村覆盖率达 96%,完成农村生活污水处理设施标准化运维 1.9 万个。基础生活设施不断完善,人口在 200人以上的自然村公路通达率达 100%,农村公路的优良中等路比例超过85%,所有行政村均覆盖了 4G 网络和光纤宽带,并且重点乡镇实现了 5G 网络全覆盖。农村饮用水达标人口覆盖率超过 95％,基本实现了城乡同质饮水的目标。与此同时,新时代美丽乡村建设正在全面推进,累计创建美丽乡村示范县(市、区)56 个,美丽乡村示范乡镇 610 个,特色精品村 1835 个,新时代美丽乡村达标村 15841 个。[①]

(二)住房条件持续改善

浙江农村居民不仅实现了"住有所居",而且正向着"住有宜居"转变。据统计,近年来,浙江农村住房空间不断扩大,农村的人均住房建筑面积已从 2003 年的 50.7 平方米增加至 2021 年的 71.5 平方米,农村的户均住房面积大于城镇。农村住房结构和类型持续优化,钢筋混凝土和砖混材料结构占比从 2016 年的 76.5％上升至 2021 年的 87.2％,安全性和品质显著提升。住宅内生活设施配套完善,基础功能逐渐向城市靠拢,2021 年,使用经过净化处理的自来水的农村居民占比达到 91.2％,水冲式卫生厕所覆盖率高达98.5％,天然气、煤气、液化石油气等生活能源的覆盖率达到 88％。

(三)乡风文明展现新貌

浙江将完善农村文化设施有机融入人居环境治理中,扎实推进农村乡风文明建设。近年来,浙江农村文化载体日益丰富,文化礼堂、乡村图书馆等文体设施不断完善。截至 2021 年底,全省共计建成文化礼堂 19911 个,人口 500 人以上的行政村覆盖率超过 97％。历史文化村和古村落得到了充分保护和利用,并成为浙江农村优秀传统文化活态传承的有效载体。村民主体意识不断强化,乡村治理更加有效。截至 2021 年底,全省累计建成善治示范村 6036 个。农村人居环境整治不仅换来了优美环境,还使得人人参与美丽乡村建设的观念逐渐深入人心。

---

① 　数据引自《2021 年浙江省国民经济和社会发展统计公报》。

四、经验与启示

浙江坚持精准发力、久久为功,扎实推进"千万工程",与时俱进开展美丽乡村建设,仅用 10 多年的时间就实现了农村人居环境从"脏乱差"到"高颜值"的飞跃,成为映射未来中国宜居宜业和美乡村样貌的鲜活样板。浙江农村人居环境综合整治起步早、成效佳,在实践中探索出了众多具有创新性的工作方法,不仅对全国广大农村地区有示范带动作用,也得到了国际社会的广泛认可。因此,进一步总结农村人居环境治理的可推广可复制的"浙江经验",可为国内其他地区开展农村人居环境整治和美丽乡村建设提供有益的参考,加快城乡融合发展。

(一)理念先行,凝聚绿色发展共识

浙江在较短的时间内实现了农村人居环境的总体改善,其中最重要的成功秘诀就在于始终坚持将"绿水青山就是金山银山"理念作为指引,高度重视生态环境保护,做到生态优先、绿色发展。可以说,"千万工程"就是"绿水青山就是金山银山"理念在基层农村人居环境治理中的成功实践。农村人居环境协作治理中首先需要解决的问题是在利益相关者之间达成共识理念,而凝聚共识的关键就在于找准村民的利益诉求点,着力解决村民最关切的问题,从而促进政府和村民之间建立紧密的协作意愿。在实施"千万工程"和美丽乡村建设中,浙江以提高人民群众的生活质量为根本出发点,自觉将绿色发展理念贯穿于农村人居环境改善的全过程,坚持以"八八战略"为总牵引,接续"绿色浙江""生态浙江""美丽浙江"的建设目标,扎实推进农村人居环境综合整治,并在此基础上,不断将生态优势、环境优势转变为经济社会发展优势,为建设美丽乡村、壮大美丽经济注入源源不断的动力。

(二)整合主体,健全协作治理机制

在推进农村人居环境综合整治的实践中,浙江坚持网络化治理和整体

性治理思维,探索出了由政府引导、市场运作、社会组织、村民等多元主体广泛参与的农村人居环境协作治理机制。一是发挥政府的主导作用。一方面,浙江省政府坚持层层落实的工作推进机制,相关部门不断加强农村人居环境综合治理的顶层设计,做好规划编制、政策配套、试点示范等工作,切实解决与农民群众生活环境息息相关的问题。另一方面,政府坚持走群众路线,通过完善农民参与的引导机制和激励机制,吸引村民参与到环境治理中来。二是激发市场主体的活力。浙江通过招商引资、政府购买服务等方式,吸引大量的市场资本、专业运营机构进行农村人居环境治理,依靠市场化运作提高人居环境治理的效率。三是发挥村民的主力军作用。尊重广大村民对生活环境的诉求是发挥其主力军作用的前提。在治理实践中,浙江灵活运用村民自治机制,广泛听取村民意见,并利用积分奖励等形式引导村民自觉参与到环境建设中来。

(三)因地制宜,强化规划引领作用

不同乡村的自然资源、环境状况、经济条件、文化习俗等有所不同,因此,在农村人居环境整治中,必须充分考虑不同村庄的实际情况,精准施策。在改善农村人居环境的同时,浙江打造了众多各具特色的美丽乡村,其中重要的一条经验就是不搞"一刀切",坚持因地制宜和规划引领的重要原则。一方面,坚持规划引领和科学建设。在"千万工程"推进过程中,浙江坚持实事求是和规划先行的原则,树立"全域一盘棋"和城乡一体的规划理念,在编制村庄规划时通盘考虑土地利用、产业布局、住宅建设、生态保护以及文化传承等众多因素,并广泛听取专业人员和村民的意见,充分发挥规划指导建设、优化布局和引领发展的作用。另一方面,坚持因地制宜与精准施策。浙江始终坚持问题导向、目标导向和结果导向,不搞"千村一面"和"大拆大建",注意处理好整治力度、推进速度与经济承受度、村民接受度的关系,针对不同村庄的资源禀赋和特色,分区域、分类型、分阶段、有重点地推进,高度重视村庄历史文化和特色风貌的保护。

（四）整体推进,贯彻系统治理思维

浙江农村人居环境整治充分体现了系统治理的理念。在整治路径上,浙江坚持"以点连线,以线拓面"的原则,保证农村人居环境整治横向到边、纵向到底的广泛覆盖,为实现城乡一体化奠定坚实基础。一是突出示范引领,抓好点位。在农村人居环境综合治理的早期阶段,浙江率先选择了约1万个行政村作为整治先行示范点,高起点编制村庄规划,积极探索有效做法和经验,为全域整治打下坚实的基础,形成良好的示范效应。二是突出建章立制,串点成线。激发村民的主人翁意识是提高农村人居环境治理效率的核心要义,在村级层面,浙江以制定村规民约、完善长效管理机制为轴"线"串联起农村人居环境整治和美丽乡村建设的群众力量,在增强示范点的辐射作用的同时提升内生发展动能,形成共创共享美丽乡村的新局面。三是突出全域整治,全面开花。在转型升级阶段以线拓面,推动美丽乡村建设从"一片美"向"全域美"升级,全力构建"全域美丽"的新时代美丽乡村大格局。

第五章　促进区域协调发展

　　区域协调发展是实现共同富裕目标的题中之义，是针对性缩小区域差距的重要政策措施。共同富裕的基础是发展，这与区域协调发展的落脚点是一致的，区域差距的缩小最终还是要通过欠发达地区自身经济、社会、文化等各领域的全面提升来实现，区域协调发展就是要帮助这些地区寻找并走上适合自身的发展道路。然而，区域间不平衡不协调发展的现实造成了区域间发展机会的不公平，欠发达地区基础设施建设不足、公共服务质量较低、产业结构布局相对落后，居民难以获得充分的资源实现人的全面发展，在积累人力资本以提高自身收入水平的过程中具有一定困难。因此，必须坚持实施区域协调发展战略，对欠发达地区给予政策、资金上的帮助，为其发展提供内生动力、奠定扎实基础，在瞄准区域比较优势的基础上，发挥发达地区对欠发达地区的带动、引领、支持作用，助力其实现跨越式发展。

　　浙江省积极推进区域协调发展战略，努力形成统筹有力、竞争有序、绿色协调、共享共赢的区域协调发展推进机制。进入 21 世纪以来，浙江省瞄准地理环境、历史原因等造成的浙东北沿海发达地区与浙西南山区欠发达地区的区域差距，以激发落后地区内生发展动力为底层逻辑，举全省之力补齐落后地区基础设施等方面的短板，开发探索山区海岛地区在生态资源、海洋资源方面的比较优势，安排落实发达地区的对口帮扶责任，在缩小区域发展差距方面做出了有益探索，形成了将省内发展不平衡的问题转换为区域协调发展动能的浙江经验。在持续的努力过程中,浙江省实施"山海协作"重大工程,在产业、就业、民生保障等各个方面发挥沿海发达地区对山区海岛地区的带动作用,并结合发挥双方比较优势和发展特点,助推全域范围内的产业升级和结构变迁,助力欠发达地区实现跨越式发展,唱响山海协同发展的动人乐章。

第一节　推进区域协调发展的整体行动

一、自然特征与区域发展差距

(一)浙江省的自然特征

浙江省在发展过程中具备自身独特的自然条件,省内地理环境、自然要素等的分布既有共性,又存在东北与西南间的分割。浙江省陆域面积约10.18万平方公里,其中山区面积占到 70.4%,平原和河流湖泊则分别占陆域面积的 23.2% 和 6.4%,故而素有"七山一水两分田"之说。由于浙江整体地势由西南向东北倾斜,故而西南地区的山地分布更加广泛,如丽水市辖区内有 90% 以上的面积都属于山地,地貌以丘陵、中山为主,且峡谷众多,因此其地貌特征也被形容为"九山半水半分田"。与之相邻的衢州市也有类似的地貌特征,其境内各县均为典型的山区县。董雪兵(2022)认为,杭州临安清凉峰镇和温州苍南大渔镇连线构成的"清大线"划分了浙江整体区域不平衡的发展状况,该线西南侧地区土地稀缺、人口稀疏、经济密度低,该线东北侧则是重要的粮食产地杭嘉湖平原,人口稠密,经济发展速度较快。山区地区囿于地理阻隔和复杂的地形环境,交通条件不佳,在人口流动、技术交流、商品流通等各方面处于弱势,长期以来缺乏经济积累基础。与此同时,洪涝、山体滑坡、森林火灾等自然灾害也长期困扰着这些地区,进一步加大了其寻求社会经济发展突破之道的难度。

浙江省是全国面积较小的省份之一,因此资源总量和资源种类都相对受限,曾被称为"资源小省"。但浙江也有其资源条件上的比较优势。"七山一水两分田"的地理环境造就了其广泛的森林资源。2001 年,浙江全省林地面积达到 554 万公顷,森林覆盖率为 59.4%,林木蓄积量为 13847 万立方米。这一特点在山区地区表现得更为明显,如衢州的森林覆盖率就超过70%,这些地区生态环境优越、空气质量良好,发挥着重要的生态屏障功能。与此同时,浙江省还拥有全国领先的海洋资源储备。全省海岸线总长度6715 公里,居全国首位,海域面积 26 万平方公里,有面积大于 500 平方米的海岛 2878 个、大于 10 平方公里的海岛 26 个,是全国岛屿最多的省份。在全国 14 个海岛县(市、区)中,浙江省就占 6 个,包括温州市洞头区、台州市玉环市和舟山市下属的全部四个县(区)级行政区:定海区、普陀区、岱山县、嵊泗县。全省渔场面积 22.3 万平方公里,其中舟山渔场是全球四大渔场之一;海上油气资源、潮汐能、波浪能等开发条件优越。

(二)浙江省的区域发展差距

改革开放后,浙江省区域发展的空间战略遵循了从区域独立发展到区域联合发展的过程。在独立发展阶段,浙江省的产业结构由农业向工业转型,由于初级产业技术水平较低、规模较小、附加值较低,以劳动密集型产业为主,因此县域范围内的要素就可以满足生产需求。浙江省率先开启强县战略,较早实现了农村工业化和城镇工业化。相比于更低的区域层级,县级资源相对聚集,可以实现一定规模的产业经济,并发挥综合性的职能;相比于更高的区域层级,县域相对灵活性更强,且数量众多,可以通过相互竞争激发发展活力和政策创新。浙江省实施省管县体制,并且在全国众多地区实行市管县改革后仍然坚持,保持了县域的发展活力和一定的自主性,由此形成了众多的经济强县。在这段时间,县域招商引资或乡镇企业自主创新成为地方经济发展的一大动力。然而在上文介绍的自然环境限制下,山区海岛地区交通闭塞、基础设施建设落后,生产要素和商品流通面临较大阻力,招商引资工作面临更多困难,在强县战略下处于发展的弱势地位。

在区域联合发展阶段,发展较快的强县面临产业结构转型升级的需求,规模、人才、资本、技术各方面的要素聚集水平都需要进一步提高,某个县"单打独斗"已经落后于发展的潮流,强县联合、优势互补、资源共享成为下一发展阶段的必然选择。浙江省由此实践了一条都市圈战略的道路,杭州、宁波等下辖县区发展迅速的城市开展撤县设区,实现资源整合优化,做大城市规模效应。然而,山区海岛地区在上一阶段并未积累足够的产业基础,也尚未达到转型升级的需求,县域间不具备联合发展都市圈的能力,面对着其他地区迈上能级跃迁快车道的现状,两者间的差距被进一步拉大了——而且,如果保持这一发展模式,山区海岛地区等虽然能够享受到省内其他地区高速发展的外溢红利,但区域不平衡的现象将愈发显著。

到 21 世纪初,浙江省区域发展不平衡的问题日益显著,成为制约浙江省整体未来长远发展的一个关键因素。从市域对比来看,2002 年,人口数量为全省 14％和 12％的杭州、宁波两市的地区生产总值分别占到全省的 21％和 17％,加上温州后,三个城市贡献了全省超过一半的产值。与之相对的,衢州、丽水、舟山三市虽然拥有全省 13％的人口,但产值仅占 6％左右。杭州当年的人均地区生产总值为 28150 元,衢州和丽水则分别为 8214 元和7434 元,不及其三分之一。从县域(县或县级市)对比来看,地区间生产水平和公共服务水平都存在一定差距。表 5-1、表 5-2 分别展示了 2001 年人均地区生产总值和每千人医师数量最高与最低的 10 个县或县级市,可见区域间差距明显,且落后县多处于山区地区。因此,浙江省亟须打破这一局面,探寻山区等落后地区的发展之路,实现区域协调式发展。

表 5-1　2001 年浙江省县域人均地区生产总值差距情况

县名	人均地区生产总值/元	县名	人均地区生产总值/元
文成县	3655	绍兴县	28219
泰顺县	3841	鄞县	23385
青田县	4168	玉环县	22377
庆元县	4741	海宁市	21134
衢县	5049	嘉善县	20337
景宁畲族自治县	5097	义乌市	20292
缙云县	5487	余姚市	19768
开化县	5660	桐乡市	19507
松阳县	5802	上虞市	19040
磐安县	6045	嵊泗县	18615

数据来源:《浙江统计年鉴(2002)》。

表 5-2　2001 年浙江省县域每千人医师数差距情况

县名	每千人医师数/名	县名	每千人医师数/名
洞头县	0.56	嵊泗县	2.03
永嘉县	0.57	建德市	1.78
青田县	0.58	岱山县	1.75
平阳县	0.66	临安市	1.71
泰顺县	0.68	富阳市	1.68
乐清市	0.77	德清县	1.68
三门县	0.77	鄞县	1.57
衢县	0.83	绍兴县	1.55
临海市	0.84	义乌市	1.53
苍南县	0.89	奉化市	1.49

数据来源:《浙江统计年鉴(2002)》。

二、区域协调发展推进过程

面对区域发展不平衡的现实,浙江省把区域空间战略布局由区域联合发展转变为区域协调发展。区域协调发展行动的推进,一方面是推动欠发达地区经济增长、人民生活水平提高的必然要求,另一方面也是发达地区实现结构变化、产业升级的客观要求。这一转变意味着区域发展要突破传统的地理限制,在全域范围内进行优势资源的高效流转。欠发达地区固有基础水平较差,难以依靠自身力量突破不平衡局面,发达地区不仅要持续寻找适合自身的发展路径,还要帮助欠发达地区,缩小区域间差距。这就需要统筹倾斜和区域帮扶相结合。前者需要上级政府在进行财政安排、产业规划、社会民生事业安排时更多体现对欠发达地区的支持,这种方式整体性和统一性更强,适合解决基本的基础设施、民生保障问题。由于在省级财政结构中发达地区贡献更多,因此这种方式本质上体现的还是发达地区对欠发达地区的帮扶。后者则是区域政府间的合作,通过签订合作协议,在就业、产业、资源等多方面推行对落后地区的优惠性举措,也包括给予直接的资金支持、在分红结构中倾向于受帮扶地区等,这种帮扶并非建立于层级间管理责任的基础上的。浙江省正是按照这两种路径推进区域协调发展行动的,本章的第二节和第三节分别沿此展开,介绍了其中具有突出效用或创新价值的主要措施。如何最高效地实现欠发达地区的进步,同时保证发达地区自身的增长水平,并在此基础上互相取长补短、优势互补,谋求新的增长点,是"协调"命题下需要回答的关键时代问题。

(一)发展历程

1.第一阶段:发展起步期(2001—2005 年)

2001 年 8 月 21 日,浙江省委、省政府发布《关于加快欠发达地区经济社会发展的若干意见》,以着力改善欠发达地区发展环境,增强其自我发展能力为目标,提出推进工业化进程、发展效益农业、实施城市化战略、加快基础设施建设、建立生态保护机制、发展科教卫生事业、完善对口帮扶体制等七大方面的举措。8 月 23 日至 24 日,全省扶贫开发暨欠发达地区工作会议顺利召开,再次明确要实施好"百乡扶贫攻坚计划",增强贫困地区造血功能,走开发式扶贫的道路。2002 年 3 月 13 日,浙江省政府转发省协作办《关于实施"山海协作工程",帮助省内欠发达地区加快发展的意见》,决定实施"山海协作工程",其中"山"主要指以山区为主的欠发达地区,"海"则是沿海发达地区。文件要求以项目合作为中心,以产业梯度转移和要素合理配置为主线,坚持政府推动、部门协调,企业为主、市场运作,逐步形成多渠道、多形式、多层次、全方位的区域经济合作格局,促进沿海发达地区与浙西南山区欠发达地区的协调发展,共同繁荣。该文件压实了地方帮扶责任,明确了对 25 个县的对口协作安排,由杭州和绍兴帮扶衢州,宁波、嘉兴与湖州帮扶丽水,金华、温州、台州三地则实行市内对口帮扶。

2003 年 7 月 10 日,浙江省委十一届四次全体(扩大)会议召开,首次系统提出并阐述了"八八战略",将"进一步发挥浙江的山海资源优势,大力发展海洋经济,推动欠发达地区跨越式发展,努力使海洋经济和欠发达地区的发展成为我省经济新的增长点"列入其中。当年 8 月 21 日,浙江省人民政府办公厅《关于全面实施"山海协作工程"的若干意见》发布,确定了"政府推动,部门协调,企业为主,市场运作,突出重点,梯次推进,形式多样,注重实效"的原则,并计划在 2003 年到 2007 年间安排 75 亿元用于项目发展,实现欠发达地区输出劳动力新增 5 万人次。

这一阶段,浙江省除了开始推行并铺开山海协作重要工程,同时也在直接大力支持落后地区的发展。2003 年的《关于实施"欠发达乡镇奔小康工程"的通知》在原有"百乡扶贫攻坚计划"的基础上,新划定了 115 个农民人均收入较低、自我发展能力不强的欠发达乡镇,积极支持其做大做强特色优势农业产业,并对其实施了农业税减免政策,以专项资金引导农民下山脱贫、扩大地方劳务输出。同时加强当地基础设施、生态环境、社会事业建设,并且安排了省直机关、省部属企业、经济强县、经济强镇与欠发达乡镇形成结对帮扶机制。2005 年,浙江省为进一步发挥海洋经济优势,推动海岛地区人民生活水平提高,在中国加入 WTO 的背景下发布了《浙江省海洋经济强省建设规划纲要》,布局宁波舟山、温台沿海、杭州湾两岸三大海洋经济区,重点发展港口海运业、临港工业、海洋渔业、滨海旅游业、海洋新兴产业等五大产业,力争到 2010 年实现海洋经济总产出 5400 亿元。

2. 第二阶段:创新探索期(2006—2014 年)

山海协作工程取得显著成效。根据《浙江省山海协作工程"十一五"规划》,截至 2005 年底,全省累计签订山海协作项目 2354 个,协议总投资额达到 860.9 亿元,已到位资金 256.65 亿元,欠发达地区有组织输出劳务 18.1 万人次,通过山海协作工程平台直接提供的社会帮扶资金约 9000 万元。在此期间,受帮扶的欠发达地区在最初的 25 县基础上增添了温州市平阳县,形成了山区 26 县的格局。这一规划谋划了下一阶段山海协作工程的四大专项——特色产业合作、农村项目合作、劳务就业合作和社会事业合作,同时将每年第四季度举行的山海协作工程系列活动、每年 10 月的中国义乌国际小商品博览会"山海协作专区"和每年 6 月举行的浙商大会暨浙商论坛,作为推进山海协作工程深入实施的全省性重大活动。

2009 年,新一轮山海协作开始实施,在总结原有经验的基础上,要求对口帮扶合作地区继续深化联系,同时建立了山海协作产业合作指导目录,以符合全省产业布局的要求,进一步彰显了山海协作推进过程中有为政府的宏观调控作用。并且采取补助、贴息、奖励等方法加大财政扶持力度,鼓励商业银行加大金融支持力度,全面保障重大项目的资金支持和踏实落地。这一阶段的一个重要创新性探索举措是建立利益一致、合作紧密的山海协作产业园。2012 年,浙江省出台《关于推进山海协作产业园建设的意见》,推动建立发达地区和欠发达地区共建共管的产业园,由发达地区出台激励政策、提供财政支持引导优质企业转移入驻,欠发达地区则提供土地指标,两者按一定比例获得园区产出的税收收入。这一举措使得原有的产业合作有了更加聚集的实体性抓手,对欠发达地区发挥了积极的充盈财政、升级产业、带动就业的效应。此后,省山海协作办等多家单位接连出台了多份文件,细化产业园管理联席会议制度、发展建设工作考核评价制度、园区管理办法等方面的具体规定和操作,保证这一工作扎实推进。

海洋经济持续做大做强,山区经济迎来发展新动能。2011年,《浙江海洋经济发展示范区规划》经国务院批复通过,浙江省颁布《浙江海洋经济试点发展工作方案》,在26万平方公里和3.5万平方公里的海域上,分前后两期共四年探索海洋经济发展新思路。示范区不仅要扩大海洋生产总值总量和比重,还要进一步优化结构,提高海洋第三次产业占比,推动海洋金融信息、海洋科技、海洋生物医药等新兴产业发展,推进深海资源勘探开发新能源。同时,浙江省着力发掘山区地区的比较优势和结构特点,提出《浙江省山区经济发展规划(2012—2017年)》,重点强调了山区经济发展的生态优先原则,为山区发展生态经济指明了方向,并且因势利导,分类施策地将全省山区划分为浙东沿海陆海联动发展、浙中北丘陵盆地集聚集约发展和浙西南内陆绿色生态发展等三大各具特色的发展区。

3. 第三阶段:全面深化期(2015年至今)

这一发展阶段的特征是政策方案日益精准化、个性化。2015年,浙江省率先实现脱贫攻坚目标,26个欠发达县经济发展水平已经超过全国县域经济的平均水平,因此浙江省决定摘掉26县"欠发达"帽子,从此将其简称为"山区26县""26县""加快发展县",这意味着全省区域协调发展取得了阶段性胜利,山海协作工程的有效性得到了实践检验。2015年底,浙江省发布《关于进一步深化山海协作工程的实施意见》,进一步深化这一行动。这一份文件更新并细化了定点帮扶区县安排,对特色发展提出了新的要求,包括支持26县特色小镇建设,重点建设柯城等9座省级山海协作产业园,推进开化—桐乡山海协作生态旅游文化产业示范区建设,鼓励缙云等建设生态旅游文化产业示范区。2018年,浙江省委、省政府在《关于深入实施山海协作工程促进区域协调发展的若干意见》中明确指出,要打造山海协作工程升级版,这一文件着重强调了26县发展的生态优先和绿色发展原则,并且对绿色能源、生态保护、美丽经济等方面都提出了要求。到2020年,升级版山海协作工程启动3年间共实施产业合作项目885个,建成9个工业类产业园、推动建设18个文化和旅游产业园,推进30个"消薄飞地"建设,带动

2500 多个集体经济薄弱村"消薄"（王世琪和甘凌峰，2020）。

2021 年，党中央、国务院支持浙江高质量发展建设共同富裕示范区，对浙江省探索解决发展不平衡不充分问题的成绩给予了肯定，以城乡区域协调发展引领区为浙江省战略定位。浙江省拟定并通过了《浙江高质量发展建设共同富裕示范区实施方案（2021—2025 年）》，提出完善省域统筹机制，推动资源优化配置，并将打造山海协作工程升级版列入其中，特别指出要坚持分类施策。为此，浙江省颁布《浙江省山区 26 县跨越式高质量发展实施方案（2021—2025 年）》，综合考虑资源禀赋、产业基础、生态功能等因素，将山区 26 县分为跨越发展类和生态发展类两大类型。同时谋划实施"一县一策"针对性发展政策，如加快永嘉县泵阀产业转型提升、加快天台县轨道交通及汽车零部件产业提升发展等（王世琪，2021）。各省级部门也相继出台针对性措施，如浙江省经济和信息化厅发布《浙江省产业链山海协作行动计划》，旨在帮助 26 县招商引资、育企培才，发展主导产业，实施一企一县、一县一业；同时结合生态保护的需要，联合其他六部门共同支持 26 县发展生物科技产业。总体来看，浙江省区域协调发展走上了一条个性化与一体化并存、多元性与共享性同生的道路。

（二）实践特点

第一，坚持输入资源与激发动力相结合。欠发达地区基础条件差，必须首先依靠输血式帮扶为其引入资源，帮助其尽早补齐短板。通过基础设施方面的资源引入或进行直接的资金帮扶，改善其发展投资环境，降低企业经营的交易成本，便利百姓生活，为基本公共服务一体化奠定基础。然而，靠资源输入的帮扶必然是有限且不可持续的，而且难以起到缩小发展差距的作用，因此浙江省在此基础上积极对欠发达地区实施造血式帮扶，并以此为主体，激发这些地区的内生动力。通过政策倾斜优惠，在其原有的资源劣势条件下添加政策比较优势，吸引更多资本流入，让地方发展看到希望。同时，推进产业方面的协作，让 26 县等落后地区拥有自己的看家本领和发展倚仗,在生产市场的产业链上逐渐占据独特地位,并在此过程中挖掘自身新的比较优势,实现跨越式发展。

第二,坚持政府引导与市场主导相结合。区域间差距是市场机制运行的结果,必须依靠政府的力量进行调节。浙江省政府在山区协调发展过程中确定对口帮扶责任归属,使得帮扶行动切实可行;并且为山区海岛发展谋定方向,立足生态建设,坚决拒绝发达地区向其转移高污染产业。除了在帮扶责任和发展方向上的引导,向各企业释放信号和政策支持也是政府引导功能的体现。浙江省始终坚持不通过行政命令等方式强迫企业进行转移,以市场为主导,尊重企业独立意愿,鼓励各地打造自身名片,真正做到"招"企"引"才。这种做法给予企业发展信心,营造了友好的营商环境;同时,只有企业自身愿意去、希望去,才能证明当地发展对于企业来说是有利可图的,地方天然禀赋与企业发展经营方向是一致的,才能为当地发展带来贡献,否则大量不匹配产业的涌入既是对企业的伤害,也会对落后地区造成长期不良影响,挤占合适产业的生存空间。市场主导还意味着在区域协调中,政府既要积极发挥作用,又不能管得过多过细,抑制市场活力,走计划经济的老路。市场的活力优势可以为地方发展寻找新的增长点,利用其在竞争环境中自发的创新能力帮助地区发现禀赋优势,及时捕捉到产品市场的需求变化和消费热点,助力山区海岛等落后地区快速发展。

第三,坚持帮扶支援与优势互补相结合。浙江省谋划全省发展一盘棋的区域战略,发挥协调过程中的双向优势,既强调落后地区接受帮扶支援的需求,又肯定其劳动力、土地等要素方面具备的潜力,着力激发后发地区的主观能动性,使其对进行支援的经济强县形成反哺,长远推进全省整体产业进步和经济增长,让经济发达地区切实体会区域协调发展的好处,真心实意、真抓实干地参与到山海协作的重大工程中。如在山海协作工程推进的初始阶段,杭州、宁波等城市需要发展单位附加值更高的产业,从劳动密集型产业向资本密集型、技术密集型产业过渡,然而此时山区等落后地区还面临着就业困难、收入来源短缺等问题,因此向其转移劳动密集型产业,既帮助转出地腾挪出了新的发展空间，又为转入地提供了新的税收来源和居民就业渠道，同时也降低了企业的土地租金、劳动薪酬等经营成本，实现了三方共赢、优势互补的目标。不同的协调措施下形成了多样化的优势互补方式，如在产业协作园建设过程中结合转出地招商、管理方面的经验优势和转入地的当地资源，在飞地建设过程中结合飞入地高效生产要素积聚的优势和省专项扶持财政、土地指标等。

第四，坚持组织保障与资金支持相结合。一项重大工程的持续运行离不开有效的组织保障和扎实的资金支持，浙江省政府从区域协调发展工作开展之初就努力做好这两项工作，并不断迭代创新，体现了省委、省政府对区域协调发展的重视。在组织保障方面，浙江省委、省政府于 2003 年便成立了山海协作工程领导小组，对山海协作重要事宜进行统筹规划管理。对有结对任务的市县建立跟踪协调制度和行政首长定期联席会议制度，确保各级政府主要领导负总责、亲自抓，分管领导具体负责，并在各级政府建立相应管理组织，确保山海协作令有所出、事有所商。为推进海洋经济发展，浙江省于 2010 年成立了海洋经济发展试点工作协调推进小组，由常务副省长任组长，省政府副秘书长与省发展和改革委员会主任任副主任，相关厅局领导和相关城市领导任小组成员。在资金支持方面，浙江省大力保障财政资金安排，如 2013—2017 年，省财政每年在省山区经济发展专项资金中切块安排 2 亿元省山海协作产业园建设专项资金，按 7∶3 比例分别用于基础补助和考核奖励。同时，浙江省坚持以规范化推动高效化，相继出台《山海协作工程财政贴息资金管理暂行办法》《海洋经济发展专项资金管理办法》《山海协作产业园建设专项资金管理办法》《山海协作产业园建设资金管理办法》等多项文件，指导财政资金规范使用、高效落实。

（三）发展成效

经过 20 余年的努力实践，浙江省推进区域协调发展的工作取得了令人欣喜的成就，原先欠发达的山区海岛地区成功摆脱贫困，走上高质量跨越式发展道路,经济增长和人民生活水平都有了显著提升。表 5-3 显示了 2001—2021 年衢州、丽水、舟山和全省的地区生产总值、人均地区生产总值、总财政收入、地方财政收入、城镇居民人均可支配收入和农村居民人均可支配收入(或人均纯收入)增速。

表 5-3　2001—2021 年浙江省及下辖山区海岛市发展情况(各指标年均增速)

单位:%

地区	地区生产总值	人均地区生产总值	总财政收入	地方财政收入	城镇居民人均可支配收入	农村居民人均可支配收入
2001—2011 年						
浙江省	116.48	114.48	120.50	122.38	111.46	111.05
衢州市	117.96	117.54	120.98	120.55	111.08	111.48
丽水市	117.51	116.97	118.75	117.20	110.07	111.04
舟山市	119.82	119.99	126.21	125.36	111.62	114.15
2011—2021 年						
浙江省	108.72	106.67	109.38	110.12	108.26	110.43
衢州市	107.39	108.45	111.09	111.03	108.16	111.75
丽水市	107.92	108.31	110.47	111.07	108.58	112.95
舟山市	108.23	106.28	110.64	108.98	108.52	109.97
2001—2021 年						
浙江省	112.54	110.51	114.80	116.09	109.85	110.74
衢州市	112.55	112.91	115.93	115.69	109.61	111.62
丽水市	112.61	112.56	114.53	114.10	109.32	111.99
舟山市	113.88	112.92	118.17	116.88	110.06	112.04

从经济总量上看,2001—2011 年,三市增长水平均快于全省,尤其是舟山凭借海洋经济的快速发展和对外贸易的发展机遇实现了年均 119.82% 的增长,衢州和丽水的地区生产总值也分别由 176.28 亿元和 158.97 亿元增长到了 919.62 亿元和 798.22 亿元。虽然 2011—2021 年在发展方式和国际形势变化下增长速度有所放缓,但从 20 年的整体来看,三市增长速度均高于

全省平均水平。人均地区生产总值方面,三市发展速度优势更加明显,衢州和丽水的人均地区生产总值从2001年的7252元和6393元增长到2021年的82174元和68101元,增长了10余倍。从财政收入和地方财政盈余程度来看,欠发达地区也在积极实现追赶,尤其是2011—2021年近10年间实现了增长速度对全省平均水平的超越。在人民生活水平方面,衢州和丽水城镇居民人均可支配收入增长速度虽然整体仍低于全省水平,但2011—2021年与全省的差距已经小于2001—2011年,而农村居民人均收入整体增长速度则高于全省。

山区26县人民生活水平有了明显改善。表5-4展示了2011年和2021年山区26县城镇居民人均可支配收入和农村居民人均可支配收入的极大值与极小值,并和全省情况进行对比。2011年,山区26县城乡人均可支配收入极小值仅占全省平均的56.56%和54.65%,而到2021年,已经分别增长到63.87%和64.01%,极大值也有相应增长,证明了整体发展的进步。2011—2021年10年间,山区26县人均可支配收入年增长率均高于全省平均水平,且农村地区增长更快。

表 5-4　2011—2021年浙江省及下辖山区26县人民生活水平发展情况

收入类别	地区	2011年		2021年		2011—2021年
		绝对值/元	比率/%	绝对值/元	比率/%	年增长率/%
城镇居民人均可支配收入	浙江省	30971	100.00	68487	100.00	108.26
	山区26县极小值	17518	56.56	43746	63.87	109.58
	山区26县极大值	26084	84.22	58442	85.33	108.40
农村居民人均可支配收入	浙江省	13071	100.00	35247	100.00	110.43
	山区26县极小值	7143	54.65	22563	64.01	112.19
	山区26县极大值	10615	81.21	33766	95.80	112.27

第二节 扎实推进山区海岛发展

浙江省从省级层面直接支持山区海岛发展,首先是念好"稳"字诀,踏实弥补落后地区发展基础上的短板,保障其发展能力;其次是念好"进"字诀,积极探索其独特比较优势,使其在增长过程中拥有自身特色,实现跨越式发展。

一、陆海联通完善基础设施

(一)交通互联

"稳"字第一步在于建设基础设施,实现陆海联通。其中最直接的是交通方面的连接。"要想富,先修路。"山区海岛地区交通闭塞、通行不畅,造成了其劳动力、商品、生产原料难以流进,外部的产业也难以流入的困境。这些地区内产业生产和销售过程中的单位成本都因为交通阻隔而大大提升,甚至直接影响了关键生产要素的可及性。海岛地区依赖长期发展的海洋经济,产值水平并不低,但交通不便大大影响了其与省内其他地区的交流效率,增加了居民的生活成本。

浙江省特别重视山区海岛的交通互联工作。在 21 世纪初就实施建设了舟山大陆连岛工程、温州洞头半岛工程、杭州湾跨海大桥工程"三大连通工程",大大方便了海岛居民的出行。交通运输部门部署包括"高速网络""乡村康庄"在内的六大工程,着力织密道路交通网,联通乡村毛细血管。山区地区拥有了更加宽阔的"走出去"和"引进来"的道路,杭金衢高速公路等的建成联通了欠发达地区和发达地区,使其客运吞吐能力、货物运输能力等大幅度上升。到 2017 年,衢州甚至成为华东地区第一个实现"县县通高铁、高速公路"的"双高"地级市,更深刻地融入长三角一体化和全国统一市场建设的进程中。

道路建设持续向欠发达地区倾斜，并创新利用交通建设助力其发展。根据《浙江省普通省道公路网布局规划》，到 2035 年，全省普通国省道乡镇覆盖率从 60％提高至 80％，其中山区 26 县覆盖率从 49％提高至 75％。截至 2021 年，山区 26 县中，12 个已建成"四好农村路"示范县，省交通运输厅将倾斜资金支持，通过补齐"最后一公里"短板等手段助力其进一步发展，并发布《农村公路路网提升专项行动方案》，要求到 2025 年实现乡镇通三级以上公路比例达到 90％（山区 26 县达到 85％），建制村通双车道公路比例达到 70％（山区 26 县达到 65％）。浙江省提出"四沿"美丽富裕干线路，力图构建结合山水特色、历史人文，强化山海互济的通达道路网，让山区与更多特色小镇、旅游景区、富裕地区相连接，为其创造发展生态旅游的良好条件。

（二）通信互联

浙江省是数字经济大省，移动通信和互联网的发展为浙江经济带来了巨大的市场，帮助浙江省塑造了其生产链地位，浙江省各地区都是这一时代潮流的见证者、参与者和建设者，山区海岛等也通过电商、互联网平台等形成智造优势。

移动通信的发展具有跨山越海的优越性，可以突破地理阻隔传递生产信息，尤其是数字经济兴起发展后，通过网络直接进行生产交易成为现实，为山村海岛地区带来新的机遇。但这些优势必须建立在配备相应基础设施的前提下，否则地区间差距可能因此进一步拉大。因此，做好通信互联工作是稳步建设欠发达地区基础设施的重要方面。浙江省政府与中国移动浙江公司等展开深入合作，签订多项战略框架协议，推动全省尤其是山区地区通信基础设施建设，提高通信网络覆盖率。通过实施电信普遍服务，浙江省4G 网络建设实现省内全覆盖，4G 基站数达 36 万个，全国排名第三位；5G基站建设速度领跑全国，全省已建成 5G 基站 6.26 万个，实现全省县城以上地区和重点乡镇全覆盖，百兆以上光纤通达率达 100％；并且重点推进偏远地区行政村、集镇、下山集中脱贫安置点等区域的网络覆盖，助力浙江山区

26县高质量发展。2001年,衢州、丽水和舟山用户数分别为2.79万户、5.09万户和4.61万户,2021年时则增长到了100.29万户、110.25万户和62.91万户,年增速分别达到119.61%、116.62%和113.96%,反映出了地区通信基础设施建设成绩显著。

地方政府积极抓住落后地区数字信息发展机遇,推进本地新型基础设施建设。丽水市政府颁布《新型基础设施建设三年行动计划(2020—2022年)》,强调加快莲都、青田、缙云城区及重要场所的精品网覆盖,有序推进县城以上及重点乡镇5G网络的连续覆盖,确保重点应用场景和区域实现连片优质覆盖。同时将基础设施与乡村旅游产业相结合,重点部署农家乐和乡村民宿的5G覆盖与联网监控,加快5G基站建设,保障特色小镇、4A级以上景区、红色旅游基地5G网络全覆盖,引入5G摄像头、全息成像、AR导览、虚拟拍照系统等多媒体互动设备。

(三)以"村村通"促"居民富"的龙泉实践

交通基础设施建设本身不是目的,而是为了切实发挥作用,促进居民富裕的手段。部分农村地区虽然通了公路,但由于路网不健全、通行条件差,居民出行难问题仍然存在。为了进一步密切城乡联系,促进当地社会经济发展,推进基本公共服务均等化目标实现,属于浙江山区26县之一的丽水市下辖的龙泉市于2016年出台了《"村村通客车"工作方案及三年行动实施计划》。计划出台时,龙泉市共有444个行政村,其中387个开通了客车,通车率达87.16%,公路硬化2282公里,道路通畅率达到95%。根据计划要求,龙泉市预计到2018年底实现"村村通客车",道路通畅率达到100%。龙泉市按照居民需求,根据实际能力灵活配备客车:对于客流量稳定线路实行班车经营;对于客流量大、出行需求旺盛、道路条件设施完备的班线倡导公交化经营;对于客流量小,但存在区域性和个性化出行需求的农村地区,实行普遍化服务和个性化服务相结合,鼓励区域经营或班车加包车混合经营。各乡镇街道为此建立专门领导小组负责。2017年10月13日,全市42个建制村全部开通客车,龙泉市成为丽水市率先完成村村通工作的县(市)。

在通信设施方面,龙泉市也走出了一条"村村通"促"居民富"的道路。2005 年,龙泉市就计划投资 600 多万元实施"村村通电话"工程,同时实施"村村通移动"扶贫工程,使全市乡镇沿线的行政村、300 人以上的行政村以及主要景区及沿线道路移动覆盖率达 100%。此外,龙泉市清晰地认识到数字通信基础设施与电子商务发展的关系,于 2012 年成立农村电子商务建设工作领导小组,将中国电信、中国移动和中国联通三家通信公司龙泉分公司的负责领导纳入小组,负责加强对全市通信基础设施的建设。2017 年,龙泉建立"政府主导、铁塔主责"基站网络建设工作机制,优化 4G 网络深度广度,规划开展 5G 网络建设。

二、脱贫攻坚奠定发展前提

念好落后地区发展"稳"字诀的又一关键做法是通过脱贫攻坚切实改善百姓生活条件。脱离贫困是共同富裕的前提,对于个人而言,是满足基本生活需求后追求自身全面发展的必然准备;对于地区而言,是改善自身发展条件实现经济增长的必然过程。浙江省长期重视欠发达地区发展,在扶贫脱贫工作中取得了示范性的成绩,2015 年就全面消除了家庭人均年收入 4600元以下的绝对贫困现象,26 个欠发达县全部"摘帽"。在此过程中,浙江省形成了一批代表性、创新性的做法,本书主要介绍其中的异地搬迁行动和科技特派员制度。

(一)异地搬迁行动

联通交通道路等基础设施是帮助落后地区发展的有效做法,但部分地区地形崎岖复杂,道路建设及其他基础设施配备成本极高,且生存环境危险,有些地方更是洪涝、山体滑坡、泥石流等自然灾害频发,事实上并不适宜居住,更遑论长远发展。因此将这些地区的居民迁出,将其集中安置在集镇地区,既是改善其生活条件、丰富其收入来源的有效手段,也是促进地方产业发展、集中优势力量的重要途径。

2000 年,浙江省就以消除贫困乡镇绝对贫困为目标,将 1999 年农村人均纯收入低于 1500 元的 101 个乡镇作为"百乡扶贫攻坚计划"的实施对象,并提出加快下山脱贫的战略方向。2003 年,浙江省进一步实施"欠发达乡镇奔小康"计划,将欠发达乡镇数量扩充至 211 个,提出依托县城、中心镇、中心村和各类产业园区建立下山脱贫小区,积极引导农民自愿下山,省里每年安排专项用地和资金指标用于支持下山脱贫小区建设,并且对于下山农民建房所需的耕地开垦费、水利建设基金和其他涉及的行政事业性收费予以减免。作为一项民生福祉工程,浙江省特别强调实现下山农民在子女教育、医疗保健等方面同等享受当地居民待遇。据统计,2002 年至 2006 年,5 年内省财政拨付扶贫资金近 10 亿元,帮助 40 多万人转移就业,8.2 万多农户下山脱贫。在省重点扶持的 211 个欠发达乡镇,农民人均纯收入从 2002 年的 1921 元增加到 2006 年的 3201 元,年均增幅高于全省平均水平;年收入1500 元以下的贫困人口由 64.53 万人减少到 22.97 万人(杨军雄,2007)。

2008 年浙江省扶贫办发布了《浙江省下山搬迁项目管理办法》,为下山搬迁工作提供操作指南。2013 年,《浙江省农民异地搬迁项目和资金管理办法》发布,为确保农民"搬得出、稳得住、富得起"的资金保障提供政策依据。该办法明确鼓励农民采取自然村整体搬迁方式,并分类制定了安置方式,包括统规统建和统规自建的集中安置、自行购房和零星自建的分散安置。该办法规定了对每名搬迁农户予以 8400 元的资金支持,其中 5600 元直接补助农户,2800 元则由县(市、区)统筹用于安置点建设,县级政府可在此基础上提高补助标准,并可根据搬迁方式、安置方式、人员性质、搬迁地性质等不同情况实行差别补助。根据 2021 年修订的《浙江省异地搬迁项目管理办法》,省级补贴标准已经分别针对低收入和非低收入农户增长到了 30000 元和 15000 元,并为搬迁农户安排了自主经营指导、专业技能培训和公益性岗位帮扶。

(二)科技特派员制度

扶贫需扶智,授人以鱼不如授人以渔。为了帮助欠发达地区提升落后的农业技术水平，以科技力量促进经济增长，2003 年起，浙江省开始向欠发达乡镇派遣科技特派员。这项举措旨在通过积极利用科技特派员在市场需求信息、农业实用技术、生产管理水平方面的优势，提高农业产业化水平，促进农民增收。科技特派员需要根据当地实际安排农业发展路线，帮助建立农村合作组织，开展技术培训活动。当年，来自浙江大学、浙江省农科院、中国水稻所、浙江省茶科院等高校或科研院所的 100 名首批科技特派员被派往乡镇。

2003—2007 年，全省共派出科技特派员 4000 人次，2005 年实现全省各乡科技特派员派驻比率 100％。虽然特派员最低派驻年限为 1 年，但许多科技人员都选择了连派连用，这增强了乡镇农业技术发展的连贯性，全省在推进这一制度长效机制形成的过程中也规定对口帮扶单位结对关系 5 年不变。为了增强制度的可持续性，浙江省鼓励科技特派员以资金入股、技术参股、技术承包、有偿服务等形式，与专业大户、龙头企业等结成风险共担、利益共享的经济利益共同体，调动科技特派员的积极性和创造性。2017 年开始，在进一步深入推行科技特派员制度的过程中，浙江省加强了对科技创新转化成果的监督管理，加大选派队伍中的青年比例，将省级经费补助由每人每年 5 万元增加至 10 万元，并将科技服务内容适当向电子商务、旅游管理等相关领域扩展。

科技特派员为各乡镇提供了农业发展的好路子、优办法，种植时令、农用比例、田地规划等受到农户关心的问题从此有了答案。该制度实施 10 年间，省级财政投入专项资金 1.4 亿元，省、市、县（市、区）三级共派遣科技特派员 10443 人次，科技特派员牵头实施科技项目 9515 项，创建科技示范基地 120 多万亩，建立科技示范户 34073 户，支持发展农业企业 432 家，解决农村劳动力就业 204.1 万人。许多地区得以借此发展，如丽水市缙云县 20 年来共受到 232 人次帮扶，在科技特派员的建议下扩大油茶种植面积，引入"长林53 号"等优质品种，亩产茶油量增长了 6—7 倍，县内龙坑村在科技特派员帮助下于 2011 年开始引进黄茶新品种，已经借此实现茶农人均增收 1.1 万元。

（三）泰顺县做好异地搬迁的"搬、稳、富"文章

温州泰顺县是一个典型的山区县,地质灾害易发区占县域面积的96%以上。实施异地搬迁20年来,泰顺县采取大搬快聚方式,使得超过四分之一的群众实现下山安居。2019年10月,农业农村部将泰顺异地搬迁模式建设试验方案列入"人口集聚与农民增收致富改革"试点。其关键经验在于做好异地搬迁的"搬、稳、富"文章。

搬:一是加大搬迁补助力度,将人均补助标准提高到1.74万元,并为安置到县城和中心镇的农户每户补助2万元或1万元;持续提供贷款贴息政策,贴息期限最长达15年。二是整合搬迁清单,考虑农户收入能力、可支配能力、消费能力等因素,划分重点搬迁范围、鼓励搬迁和重点工程拆迁范围,对困难家庭危房实施清单化管理。三是实行最多搬一次改革,破解下山移民"点多分散、重复搬迁"问题。

稳:一是以就业保障促稳,配套建设发展小微创业园、竹木产业加工园、来料加工企业,深入开展生态高效农业、来料加工、家政服务、养老护理等生产实用技能培训,实现搬迁群众"家门口"就业。二是以公共服务促稳,与安置小区同步建设"公共教育、医疗卫生、社会保障、社区服务"四大配套工程。三是以权益保障促稳,凡选择购买县内新开发普通商品房、避灾移民小区或自行购房安置的,原来拥有的土地、山林承包经营权不变。

富:一是实行产业致富,搭建生态工业平台,实现农民异地搬迁安置小区和扶贫重点村来料加工点全覆盖,积极鼓励引导搬迁群众利用闲置农房发展乡村旅游、民宿、农家乐。二是实行帮扶支付,在全县19个乡镇搭建求职用工供需平台,筛选适合低收入农户对象就业的工作岗位。三是实行资源致富,将搬迁腾挪出的大量农村存量建设用地进行统一复垦,并将经常性收入超收部分和土地出让金净收益100%返还给乡镇。

三、生态经济焕发山区活力

(一)生态立省之路

浙江省是"绿水青山就是金山银山"理念发源地,山区地区虽然受到地理条件等限制发展的因素的影响,但是森林资源丰富、生态环境优美、污染程度较低,发展生态经济成为山区经济发展"进"字诀的关键一步。

生态经济的关键是在保护生态环境的前提下,积极探索开发生态环境的潜在价值,将生态优势转换为经济优势。2003 年,浙江省成为全国第五个生态省建设试点省份,以乡村人居环境改造为重点启动"千万工程"。2010 年,浙江省委作出《关于推进生态文明建设的决定》,将"走生态立省之路""打造生态浙江"列为发展目标,通过完善生态环保财力转移支付、跨界断面河流水量水质目标考核、森林和饮用水源生态效益补偿、生态环境质量综合考评奖惩等生态补偿制度设计,为生态资源丰富的山区地区切实带来绿色收益。2017 年,《浙江(丽水)绿色发展综合改革创新区总体方案》颁布,丽水大花园成为打造山区集聚发展引领、绿色产业深度融合先导的示范地区。该方案要求进一步健全自然资源产权制度,为山区地区明确自然资产归属和价值,并通过林业碳汇、小水电企业股权交易等切实为山区地区以资源得利益提供制度保障。通过建设庆元百山祖、龙泉凤阳山、松阳卯山、遂昌白马山等国家级森林公园,打造青田石雕小镇、龙泉青瓷小镇、景宁畲乡小镇等 30 个旅游文化小镇,布局莲都碧湖、松阳松古、缙云壶镇盆地美丽田园,形成全域一体的生态格局。

浙江山区地区生态发展坚持走全产业融合,努力扩大产业规模的道路。一是发展生态农业,打通循环经济,将农作物秸秆、畜禽粪便、农业残膜和农药包装物等废弃物转化为可再次利用的资源,变废为宝,实现物质和能量的循环利用。如云和县在全国首创清江生态龟鳖"温室＋池塘＋稻田"的养殖模式,推进"生态循环"农业发展。二是发展生态工业,突出低碳生产,支持生物医药、节能环保、新型材料、绿色能源等环境友好型产业发展。丽水绿谷信息产业园坚持"创新之区、花园之城、生态之园"的核心理念,重点发展软件和信息技术服务业、物联网和智能装备软件研发及应用服务等领域。三是发展生态服务业,以生态旅居产业为重点,着力打造美丽乡村文化旅游产业,依托乡村民宿融合特色农产品销售,打造田园体验、露营度假、文化探访新形态。作为全国较早开始发展民宿产业的地区,德清民宿依托莫干山的生态风景,以旧房改造为基础,结合现代服务特色和主题产品不断丰富供给业态,形成了全国性的民宿品牌。目前,德清共有高、中、低端各类民宿近900家,床位超1万张,从业人员6000余人,年营业额突破30亿元。四是发展生态知识创造业,如遂昌县通过招引阿里云、网易、海康威视、千寻位置等互联网头部企业,成功地将遂昌县的"好山好水好空气、好吃好喝好生活"与数智经济中的研发创新、内容生产相结合。[①]

浙江省坚持在发展山区生态经济的过程中实现机制创新,推进生态经济发展科学化、市场化。通过建立健全生态产品价值实现机制,浙江省探索完善具有区域特点的生态系统生产总值(GEP)核算应用体系,为区域生态资产价值提供科学评估依据,以标准化推进规范化,从而为生态产品交易市场形成提供基础。浙江山区县探索建立"两山银行",推进自然资源整合利用,形成了以安吉为代表的生态资源交易平台模式及以云和为代表的生态信用借贷平台模式。"两山银行"的模式不仅使得生态资源交易属性更加明显,而且意味着生态产品价值并非一成不变的,可以通过保护开发提升产品价值,从而鼓励市场主体参与生态开发利用创新。

（二）安吉绿色共同富裕探索

作为"绿水青山就是金山银山"理论的发源地,安吉一直在探索"绿水青山"转化为"金山银山"的实现路径,在保护生态环境的同时,注重引入社会

---

① 刘亭. 发展以"四生业态"为表征的生态经济[EB/OL]. (2021-11-14)[2023-03-02]. https://www.thepaper.cn/newsDetail_forward_15381467.

资本，发展契合本地特点的产业，使生态优势有效转化为经济优势。通过推进"两入股三收益"工作，仅 2022 年，安吉县累计吸引各类投资 13.7 亿元，村集体收益达 2077 余万元，吸纳周边劳动力 2100 余人，带动就业增收 7500 余万元。

"两入股三收益"是村集体与社会资本合作，以优质项目经营为核心，以环境可持续发展为前提，通过村集体资本入股的形式，拓展村集体经济和村民增收渠道，带动当地发展和农户增收的一项工作，其中蕴含着一种农民利益联结机制。其中，"两入股"指的是以村庄资产和资源对项目进行入股；"三收益"则是指租金、股金、薪金三种增收渠道——具体来讲，社会资本在建设并经营项目的过程中，向村集体缴纳租金和股金；村集体按照章程，将股金根据入股资产、资源的产权归属向村民实行按股分红；社会资本按照协议要求向当地村民开放工作岗位，带动村民就业，并提供相应薪金。通过绿色发展的形式促进居民实现共同富裕，其流程包括确定生态资源价值、扩大地方经济总量、增加收入分配份额、促进居民参与得利四大步骤，具体如图5-1 所示。

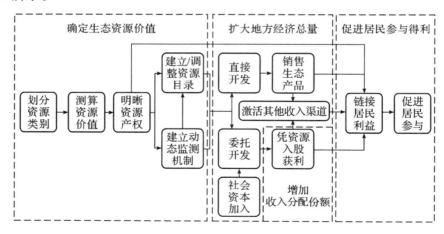

图 5-1　安吉县实现绿色共同富裕路径分析

四、海洋经济发挥区位优势

(一)"蓝色国土"开发

浙江省海岛地区海洋资源丰富,具有发展海洋经济得天独厚的优势。自20世纪经历"开发'蓝色国土'"和"建设海洋经济大省"阶段,2003年以来,浙江省持续在"八八战略"指导下,紧抓海洋优势,以海洋经济为海岛"进"字诀,着力发挥地方区位优势。

2003年时,浙江省海洋经济产出达到了2200亿元,占全省产值的7.7%,三次产业结构为18∶36∶46,海洋药物、海洋化工、海洋油气等新兴产业已初见规模。宁波港货物和集装箱吞吐量达到1.85亿吨和277万标箱,分别居全国第二位和第五位。2005年,《浙江海洋经济强省规划纲要》发布,为海岛城市舟山的发展提供了长远谋划:加强舟山港口建设,舟山渔场可持续开发利用,在工业上主要发展海洋生物化学工业,在服务业上着力发展舟山滨海旅游业,形成以舟山本岛为依托,以普陀山、朱家尖、沈家门"金三角"为核心,以"海山佛国、海岛风光、海港渔都"为特色的舟山海洋旅游基地。2011年,浙江成为海洋经济发展示范区,重点布局建设舟山海洋综合开发试验区,以四大重点举措推进舟山海洋经济发展:一是加强大宗商品国际物流,承接煤炭、粮油、化工品等关键商品的流通运输,以此为机会促进港口服务业发展;二是支持现代海洋产业项目落户舟山,包括生物医药、海洋新能源、水产品精深加工等新型海洋产业;三是发展海洋科技,促进其与省内涉海院校、科研院所的交流,引导科研成果落地转化;四是建设群岛型花园城市,规划海洋生态保护区,整合金融、信息、商务等现代服务业,便利岛上居民日常生活。

到2020年,浙江海洋经济生产总值9200.9亿元,占浙江省地区生产总值的14%以上,相比于2003年的占比提升了一倍,占全国海洋经济比重的近一成,宁波舟山港货物吞吐量连续多年位居世界首位。根据《浙江省海洋经济发展"十四五"规划》，全省将着力培育千亿级的港航物流服务业集群、现代海洋渔业集群、滨海文旅休闲业集群，百亿级的海洋数字经济产业集群、海洋新材料产业集群、海洋生物医药产业集群、海洋清洁能源产业集群。

从 2010 年到 2020 年，舟山市海洋经济产值由 389.43 亿元增长到 1019.58 亿元，年增长率达到 110.10%，占全市产值由 63.9% 上升到 67.5%。渔业总产值由 100.62 亿元上升到 265.09 亿元，远洋渔业产量从 12.18 万吨上升为 63.05 万吨（见图 5-2）。城乡居民人均可支配收入分别由 26242 元和 14265 元上升至 63702 元和 39096 元，年增长率达到 109.27% 和 110.61%，农村居民人均增长水平高于城市居民人均增长水平，体现了舟山市海洋经济发展对落后地区人民生活切实的改善作用。

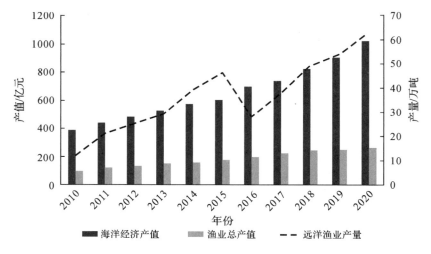

图 5-2　2010—2020 年舟山市海洋经济及相关产业发展情况

（二）嵊泗县贻贝产业创新发展

嵊泗县贻贝品牌历史悠久、声名远播，尤其是其下辖枸杞乡，是我国贻贝的主要产地。2010 年，嵊泗县被中国渔业协会授予"中国贻贝之乡"的称号；2012 年，嵊泗贻贝被国家质检总局批准实施地理标志产品保护。2020 年，嵊泗贻贝被批准国家农产品地理标志登记保护，并入选中欧地理标志首批100个保护清单。近年来,嵊泗贻贝产业除了通过传统工业精深加工方式,推出罐装贻贝、贻贝丸等产品,还与多种新型产业创新融合,提高贻贝产业附加值。

一是与乡镇文旅产业结合,开展"贻贝进民宿"工程,与当地旅游民宿达成合作,专门制作便于携带、具有标识性的贻贝产品伴手礼定点投送,组织民宿从业人员学习贻贝菜品制作手艺,扩大嵊泗贻贝知名度。建设"贻贝工厂",应用新型可视化技术和场景模拟、水下监控系统,为游客带来身临其境的养殖体验,举办贻贝网上认养活动。开展嵊泗枸杞贻贝文化节活动,组织举办贻贝宴、贻贝论坛等。二是与新兴技术产业结合,以数字信息等技术手段打通一、二、三产业链条。打造智慧化养殖系统,统筹养殖信息,为生产指导提供数据依据;利用无人机等监测手段实时监控气象、水质、养殖密度等重要生产要素。嵊泗县还与冷链物流企业合作,提升贻贝养殖冷链储存技术,增强贻贝保存加工技术。同时,嵊泗县建设了枸杞岛直播中心,利用电商平台和网络直播平台进行线上销售,拓宽贻贝销售渠道。截至2021年,嵊泗县枸杞乡共有贻贝养殖、加工、销售等相关产业从业人员2000余人,解决了全乡三分之一人口的就业问题,实现相关产值1.86亿元。

第三节 实施立体式山海协作工程

山海协作工程是浙江省在"八八战略"指导下,利用省内特色区域发展特点,以实现区域协调发展为目标,久久为功、持续奋斗20年的重大战略工程。通过实施山海协作工程,浙江省巧妙地将区域发展不平衡的发展问题转化为促进区域协调发展的增长动能,利用省内沿海地区的发展优势对山区落后地区形成带动帮扶作用,通过对口帮扶压实地方责任,确保帮扶关系长期不变,从而形成稳定可持续的长远帮扶战略,使得重大项目、重大工程得以有效推进。山海协作涉及经济增长、人民生活的各个领域,在就业、产业、民生方面都形成了创新性做法,打造了区域协作的立体政策体系。

一、就业带动

就业是最大的民生,带动居民就业水平提高是促进居民收入水平可持续提高的重要手段。共同富裕的核心是人的全面发展,就业是个人实现自身价值、获取发展资料的核心方式,促进落后地区就业增长是缩小区域发展差距、实现共同富裕的有效途径。山海协作工程通过吸纳落后地区就业、创造本地就业机会发挥了积极的就业带动作用。

(一)吸纳就业人口

山川峡谷之隔阻碍了山区劳动力向外流动,部分自然条件恶劣、不宜耕种的地区有大量劳动力闲置。事实上,在资源普遍缺乏的落后地区,劳动力是最有前景的生产要素。然而,山不能走向海的方向,海也看不见山的资源。对于沿海地区的企业来说,在山区地区进行招聘所需成本极高,是一笔划不来的买卖,纵使山区地区有人力资本和生产禀赋更适合企业生产的劳动力,也被崇山峻岭和距离阻挡,省内生产潜力未得到充分释放。如何让山区人民走出去,并且还能留下去,成为区域协调发展工作的重点。

山海协作工程起到了为山区人民和沿海企业牵线搭桥的纽带作用,通过搭建山海协作人才招聘专门平台,促进了对口帮扶地区吸纳欠发达地区劳动就业人口。杭州、宁波、温州、绍兴等城市的劳动就业部门与衢州、丽水等地政府、用工单位以及当地的职业中专、职业高中签订劳务输出和就业培训的协议:一是按照政府组织、企业下单的劳动培训模式,定向为专门企业输出劳动力;二是按照学校培养、政府牵线的劳动培训模式,由帮扶城市和受帮扶城市政府双向考察调研学校技能培养情况和企业用工需求、劳动环境等,筛选合适的企业参与山海协作招聘会,提高招聘效率,为山区输出劳务人员的长远发展尽心谋划。通过这种形式,企业承担了劳动力市场供需双方在搜寻匹配过程中面临的信息成本,在基础设施不完善、网络信息平台不发达的时代,这使得几乎难以发生的跨地区就业匹配成为可能。经过长期的磨合，山区地区更加了解帮扶城市企业的需求，从而可以定向定点开展技能培训。

（二）创造就业机会

拓宽居民增收就业渠道，一方面是依靠让山区人民"走出去"，另一方面是通过让就业岗位"流进来"。无论是考虑帮扶城市的人口承载能力，还是考虑山区人民因为难离故土、缺乏流动资本、技能水平不匹配等各种原因不会发生流动，在通过帮扶城市吸纳人口就业之外，增加本地就业岗位，为当地居民提供在乡就业机会都是带动就业的必要手段。在山海协作过程中，一批劳动密集型产业向山区地区发生转移，新农村建设等重要项目落地山区，产业基地和园区拔地而起，创造了众多在地就业机会。

来料加工是山海协作工程创造就业机会的典型方式。发达地区劳动密集型产业为了降低自身劳动经营成本，将生产加工过程打散进入山区的乡村当中，利用当地家庭手工业作坊从事技能水平要求较低的加工工作，成为农民在家门口获得收入的有效形式。头花、草编、车木、相框、竹衣夹都是来料加工中的常见产品。这些产品制作工艺相对简单，当地农户过去就已掌握或可以快速习得，但是长期以来苦于没有需求而未能发展出产业，与当地龙头企业的对接则为其提供了大量订单，形成了有效需求。

在这一过程中，来料加工经纪人发挥了重要作用，他们既需要跑企业联系订单，也需要寻找合适的山区乡镇安排订单，并且起到在生产时监督产品质量的作用，其较高的专业技能水平和对企业乡镇的了解程度是提高来料加工业效率的关键之一。浙江省及地方政府为此多次组织来料加工经纪人培训活动，并成立来料加工经纪人协会，同时规定来料加工专项资金可用于来料加工经纪人补助资金的发放。在发展过程中，各地来料加工形成了"一乡一品""一镇一业"的聚集化、专业化格局，进一步降低了产品供需对接难度，如永嘉县桥下镇、碧莲镇、黄田街道分别形成了纽扣加工、发夹加工、五金加工方面的加工特色。

　　义乌市为浙江省来料加工产业发展提供了巨大助力。作为世界闻名的"小商品之都"，义乌市每年来自国内外的小商品订单量极大，形成了对来料加工产品的丰富需求。与义乌市仅一个小时车程的磐安县是山区 26 县之一，当地通过山海协作获得了对接义乌市来料加工的机会。2007 年，当地 20 个乡镇已经全部加入来料加工生产，从业人员达到 3 万余人，有来料加工经纪人 583 名，全县发放来料加工费 1.03 亿元左右（陈新森，2007）。丽水市也和义乌市进行了来料加工产业的深度合作。2004 年，丽水义务来料加工联络处成立，截至 2021 年，当地来料加工费从最初的 0.6 亿元增长到 27.91 亿元，从业人数由 8.34 万人扩展到 23 万人[①]，成功解决了当地的就业问题。

　　来料加工产业对于解决山区妇女就业问题发挥了不可忽视的作用，有力提高了女性收入水平，实现了包容性发展。因为相较于男性，女性外出就业的比例更低，承担的照料老人、抚养子女的任务客观上更加繁重，更需要时间可以灵活安排、工作地点可以方便到达的就业岗位，来料加工正好对接了这一需求。因此，在推进山海协作来料加工的过程中，地方妇联也起到了积极作用。省妇联积极参与来料加工业发展，推动出台一系列产业扶持政策，成立省女红巧手联盟，先后建立省妇女来料加工推广中心、浙江妇女创客园、全国巾帼助农创业浙江基地等，连续 11 年在义乌国际小商品（标准）博览会上举办全省妇女来料加工精品展洽活动，承接意向订单超 1.7 万项、意向金额超 10 亿元。2021 年，山区 26 县落实政策补助资金超 1.76 亿元，发放加工费总额 52.26 亿元。[②]

二、产业协作

　　产业发展是地方经济增长的根基，缩小区域发展差距要求帮助欠发达地区形成自身独立自主产业体系。山海协作工程实施后，对口发达城市向

---

　　① 义乌妇联. 从"来料加工"到"来料智造"！义乌—丽水齐奔巾帼共富路[EB/OL].（2022-08-04）[2023-02-01]. https://www.thepaper.cn/newsDetail_forward_19320702.
　　② 龚书弘. 浙江如何推进来料加工产业高质量发展？这场在义乌召开的"全员大会"给出了方向[EB/OL].（2022-06-14）[2023-02-01]. https://news.zgyww.cn/system/2022/06/14/010229754.shtml.

山区落后地区输出众多产业,不仅带动当地就业,还有效提升了地区产能水平,利用技术外溢效应,带动地方整体技术水平提高。山区地区本身就有许多闲置工业用地未得到妥善开发,再加上山海协作工程专项土地指标的支持,当地具有一定的对外来产业的承载能力,相对低廉的租金成本和劳动力成本也对企业形成了拉力效应。在对口发达城市财政支持政策的推力下,三方形成劲往一处使的合力,山区落后地区成为不少企业安家落户的优良选择。随着当地产能水平的提高,山区地区对创新能力更强、生产效率更高、技术水准更优的产业的需求日益增长,产业协作的目标逐渐升级为高效能优质产业的协作。为了使山区地区能够从全省产业结构转型升级中获得发展红利,浙江省探索了"产业走进来"的山海协作产业园模式和"产业飞出去"的飞地建设模式。

（一）打造山海协作产业园

2012 年,浙江省出台《关于推进山海协作产业园建设的意见》,推动建立发达地区和欠发达地区共建共管的产业园,双方互派干部,按照一定比例获得园区产出的税收收入。发达地区承担 1 亿元以上的出资责任,在结对的山区地区设立产业园,同时贡献招商管理方面的经验,欠发达地区则提供土地指标。山区地区参与管理,既是保证山区地区在把握自身发展前景时的主导地位,也是为引进与地方资源禀赋、产业结构、发展方向更加匹配的企业奠定组织基础,同时在共同规划、共同管理的过程中,山区地区能够增长政商合作经验,逐步形成产业发展自立自强的能力。

2012 年 8 月,全省首批 9 个省级山海协作产业园建设正式拉开帷幕,9 个产业园合计规划面积达到 50 平方公里左右,到 2018 年,9 个山海协作产业园共引进项目 303 个,累计到位资金 311 亿元。9 个园区依托帮扶城市和山区地区各自的产业优势发展出了产业侧重不同的独特样态(见表 5-5)。2017 年,浙江省发布《关于深化山海协作 推进生态旅游文化产业园建设的实施意见》,在合作基础好的对口帮扶地区又设立 14 个生态旅游文化产业园,以生态旅游文化产业为主攻方向,按 4A 级以上景区建设标准,鼓励引入旅游龙头企业和综合旅游服务平台,发展农业观光、农事体验、民宿经济等新业态。

表 5-5　浙江省首批省级山海协作产业园规划发展情况

产业园区	规划面积/平方公里	主导产业
柯城—余杭	6.4	功能性新材料、智能制造、环保科技、生态健康
衢江—鄞州	5.3	新材料、先进装备制造、绿色食品
江山—柯桥	6.0	先进装备制造、门业家具、纺织服装、健康产业
龙游—镇海	6.5	特种纸深加工、绿色食品饮料、先进装备制造
常山—慈溪	6.1	高端农机装备制造、轴承、新材料
莲都—义乌	5.1	高端装备制造 绿色健康制造
龙泉—萧山	5.1	装备制造、现代物流、文化创意、农林产品精深加工、生物医药
松阳—余姚	5.1	现代装备制造、新材料、新能源、绿色食品加工
遂昌—诸暨	5.2	金属制品、精细化工、装备制造、新材料

资料来源：根据浙江省发展和改革委员会发布的资料整理。

以江山—柯桥山海协作产业园为例,两地自 2013 年共同建设产业园以来,建立了协作共商的联席会议机制,开展了一系列商贸往来、人才交流合作项目。按照"一核两点"开发模式,以产业园为核心,以"春风江山"文旅颐养小镇、"网营物联"智能供应链运营中心为"两点"进行建设,其中智能供应链运营中心由柯桥区直接导入总投资 21.5 亿元,体现了山海协作的优势。2022 年,该园区工业产值达到 105.6 亿元,成为全省首个山海协作百亿产业园。截至 2023 年,园区共引入企业 155 家,投产企业 128 家,其中规上企业 65 家,形成了以门业家具产业、健康产业等为主的产业体系。

（二）高质量飞地建设

与山海协作产业园不同,在浙江省山海协作飞地建设模式中,山区地区产业"飞出"本地,"飞入"对口发达城市,进一步利用发达城市内产业聚集的知识和技术外部效应,提升本地产业生产水平,增强当地内生发展能力。在这种模式下,飞出地负责提供开发建设用地、耕地占补平衡等指标,飞入地提供园区空间,双方仍然秉持协商合作、共同管理的模式。通过这种模式的合作,飞出地可以提高相关指标的资源要素回报率,提高当地财政收入。

2019 年,浙江省出台了《关于促进山海协作"飞地"健康发展的实施意见》,提出建设"消薄飞地""科创飞地""产业飞地"三种类型的飞地,分别以村集体增收、科技企业孵化和工业产业增加值提高为主要目标。"产业飞地"重点结合当地产业规划布局,突出横向配套和产业链上下游延伸,着力引进产业链高端的龙头大项目。"科创飞地"要重点引进"飞出地"产业发展所需的人才、技术和孵化项目,实现"创新在飞入地,转化在飞出地"。"消薄飞地"原则上由"飞入地"统一负责招商,促进投资快速见效。多部门出台针对性细化政策,包括定向为收入地核减 750 亩永久基本农田保护任务,每个产业飞地可享受 4000 万元的省级财政支持等。2021 年,《关于进一步支持山海协作"飞地"高质量建设与发展的实施意见》发布。截至 2022 年底,全省共建 79 个飞地项目,产业飞地 26 个,引进项目 54 个;科创飞地 15 个,孵化项目 342 个,回流山区 26 县项目 97 个;消薄飞地 38 个,实现山区 26 县全覆盖,带动 3100 多个集体经济薄弱村增收,累计返利 4 亿多元。

在实际运营过程中,飞入地和飞出地政府大多通过共同组建合作公司或委托第三方公司的方式运营管理,产业飞地基本通过合作双方的出资比例进行利润分成,也有部分地区如永康—武义采取"收益保底＋税收分成"的机制;科创飞地的收益分成比例由合作双方协议商定;消薄飞地则主要采用"收益保底＋税收分成"模式,各地多由飞入地按飞出地投资额的 10% 进行返利。

需要注意的是,目前飞地建设模式还处在发展磨合阶段,仍存在一定问题制约其功能发挥,需要进一步理顺逻辑、打通制度堵点、明确政策规范。比如在生态保护的目标下,发达地区自身能耗指标需求较大、存量不足,而山区地区则因为更高的生态保护要求也难以提供充足的能耗指标。再如，产业飞地虽然通过收入分成形式充盈了地方政府财力，但是失去了原有的产业带动造血功能，亦无法形成对地方就业的积极影响，而且在发达城市的虹吸作用下，飞出产业外流多而回流少。如何形成更加合理的利益协调机制，产生对两地政府的激励作用是高质量飞地建设下一步亟待解决的问题。

三、民生帮扶

共同富裕的实现以人民美好生活为最终落点，以人民生活获得感、幸福感、安全感为底色。在追求共同富裕的过程中，不仅要提高居民收入，而且要缓解居民支出压力、提高居民生活质量，在这当中起关键作用的是各类基本公共服务和民生事业。医疗、教育、养老等都是与人民群众切身利益息息相关、在日常生活中为人民群众所心心念念的民生事业。然而，山区海岛地区公共服务能力普遍较弱，公共服务单位距离成本高，且许多优秀人才选择走出去，导致民生事业水平难以获得提高。海岛地区虽然经济发展速度较快，但在民生事业领域人才匮乏的问题仍旧凸显。在区域经济水平差距仍然较大的情况下，难以通过市场的自发调节弥补山区地区在民生事业方面的短板。因此，山海协作布局民生领域，以提高山区海岛人民获得公共服务质量为目标，鼓励发达地区对山区海岛地区展开帮扶。

（一）医疗帮扶

浙江省在医疗资源下沉方面具有多年实践经验，2013年和2015年，浙江省先后出台《关于推进城市优质医疗资源下沉的实施意见》和《关于推进"双下沉、两提升"长效机制建设的实施意见》，开展"双下沉，两提升"工作，将省、市三甲医院优质医疗资源向基层下沉，通过在各县建立分院等提高基层医疗卫生服务能力，提高整体医疗资源配置效率，充分发挥卫生高层次人才的传、帮、带作用。2017年，浙江省开始了全省"医疗共同体"建设试点工作，并逐步推向全省，通过建设"医共体"，整合县乡医疗卫生资源，解决老百姓家门口看病需求难以满足的问题。这些措施一方面为高层次医院积累了对口帮扶支援的经验,另一方面提高了基层诊疗水平,客观上提升了山区海岛地区的诊疗能力。

2021 年,浙江省专门针对山区 26 县和海岛 6 县开展医疗卫生"山海"提升工程,安排浙江医院、浙江省人民医院、浙江大学附属第一医院等 13 所省、市三甲医院作为支援医院支持受援地区县医院服务能力提升。该工程提出"3342X"重点方向,即县域胸痛、卒中、创伤三大救治中心能力建设,县域影像、病理、检验三大共享中心强化,重点帮扶受援医院临床专科不少于四个,提升医院管理和公共卫生服务两项能力,同时结合实际探索自主合作内容。不仅通过外派专家进行输血式帮扶,而且为实现造血式帮扶,还要求制定受援医院托管重点专科人才培养方案,强化进修培训、一对一导师制等制度,切实提升山区海岛受援地区医疗卫生专业人才队伍技术水平,满足当地人民群众的看病需求。

(二)教育帮扶

义务教育和高中教育是青少年人力资本积累的关键时期,同时也深刻影响其之后的学习机会和职业前景,县城教育资源不足的问题已经造成了社会对教育公平问题的担忧,许多家长选择将孩子送进大城市的学校。但一方面仍然有很多人不具备前往大城市读书的能力;另一方面城市学校空间有限,吸纳能力不足以支撑百姓对教育资源的需求,因此提高县城教育能力、丰富县城教育资源就成了必然的选择。2020 年,浙江省于全国率先兴办"教育共同体",通过实施中小学教师"县管校聘"管理模式,并允许将调剂出的各类事业编制资源统筹用于补充中小学教职工编制,增强地方对教师有序调动的能力,促进教师双向流动。

在此基础上,浙江省于 2022 年开始实施山区 26 县和海岛县"县中崛起"行动计划,将改革重点对准山区海岛地区高中教育。一方面是为县中留住人才,禁止发达地区、城区学校到县中非正常调动校长和教师。另一方面是加强对口支援,增强山区海岛地区县中的师资力量和增加学生接受优质教育的机会。要求省内师范院校加大实施山区 26 县和海岛县优秀师范生定向培养计划和农村学校教育硕士师资培养计划的力度,并面向县中教师安排教育硕士专项计划,支持县中教师提升学历。实施县中对口帮扶,保证每所薄弱县中至少有 1 所优质普通高中结对帮扶,普及先进教育理念,采取高效教育方式。同时,为县中提供参加省内高校科学营和中学生英才计划的学生名额。

宁波市镇海区和衢州市龙游县是对口帮扶支援结对单位,从 2013 年一起兴建山海协作产业园开始,两地就展开了日益密切的交流合作。镇海中学作为排名全国前列的重点高中,对龙游地区教育事业发展起到了有力的帮扶作用,2015 年就建立了"山海协作镇海中学·龙游中学创新人才联合培养基地",选派名师团队到龙游讲学,并接受 90 余名龙游学子在镇海学习。在"县中崛起"行动中,两校合作更加密切,开展了"教师挂职互派""新师跟岗锻炼"等工作。

（三）养老服务帮扶

舟山市人口老龄化程度位居浙江省首位,随着当地"大岛建、小岛迁"工程的开展,当地人口进一步呈现集中居住趋势,年轻人更多地迁往舟山本岛或者县城所在地。受经济条件限制,加之故土难离情结,老年人更多地选择住在岛上。这就使得悬水小岛居住的几乎全是老人,因而养老成为岛上最重要的基本公共服务,但养老服务人员的缺乏困扰着当地养老事业的发展。柴山岛隶属普陀区白沙乡,其全部居民只有 113 位老人,平均年龄达到 74 岁,而岛上唯一负责养老服务工作的吴荣娣老人已年近八旬,却同时承担了养老院院长、照料中心主任、护理员和厨师等多个职务。

浙江省为此开展"海岛支老,一起安好"行动,由杭州市、嘉兴市支援嵊泗县,宁波市支援普陀区,湖州市支援定海区,绍兴市支援岱山县,暂定从 2021 年 5 月到 2024 年 5 月展开为期 3 年的支老行动。截至 2022 年,已有

28名支老人员登上14个小岛,依托敬老院和托老所,既提供机构养老服务,又开拓居家上门服务。在政府部门的支持号召下,各地养老机构和养老服务人员踊跃报名,民政部门好中选优,如杭州市民政局派出2019年全国养老护理竞赛一等奖获得者、首席技师曹媛到嵊泗县枸杞岛服务。为了鼓励支老人员积极参与,政府要求派出单位承担支老人员在支老期间发生的人员工资和往返路费。住宿、就餐虽然由支老人员自理,但受援的海岛县(区)将提供方便。浙江省慈善联合总会设立"海岛支老专项基金",向支老人员每人每月发放海岛工作补贴3000元。在此基础上,还为支老人员创造更多的发展机会。例如,报考上一级养老护理技能等级认定的间隔时间缩短一年;对优秀的支老人员给予一定的荣誉激励;在同等条件下对支老人员优先给予提拔使用;派出人员的养老机构,如果申请等级评定,可以适当加分。

海岛支老促进地方民政部门、养老机构、从业人员全方位交流合作,让更多的力量、更多的资源跟进到海岛,创造出更多的海岛支老案例,使照护技能、管理理念、品牌机构能留岛扎根,真正让老人得实惠、队伍得锻炼、产业得发展。

第六章 保障和改善民生

改革开放以来,浙江省始终把改善人民生活、增进民生福祉放在首位,通过有效的制度安排和政策创新,实现了经济持续增长和人民生活水平不断提高,使经济社会发展的成果由人民群众共享,为高质量发展建设共同富裕示范区奠定了坚实的基础。

第一节 民生保障制度全面转型

20世纪70年代末开始,以市场化为导向的经济体制改革逐步展开,社会形态和社会结构也随之变化。在这样的背景下,原先与计划经济体制相适应的民生保障制度表现出种种不适应,迫切需要改革。按照中央的有关精神,浙江省从实际出发,积极主动地在民生保障领域进行了一系列改革探索,建立了适合本省省情、与社会主义市场经济体制相适应的民生保障体系。

一、社会救助由集体主责转变为政府主责

社会救助是历史最悠久的民生保障项目。中华人民共和国成立之后,浙江省建立了由政府、用人单位和农村集体经济相结合的社会救助体系。随着经济体制改革的深入,传统的社会救助制度暴露出种种弊端。在农村,

家庭联产承包责任制全面推行,虽然促进了经济增长,改善了绝大多数农民的生活状况,但集体经济弱化,因而其帮助孤寡老人、困难家庭等弱势群体的能力下降。在城镇,随着国有集体企业改革的进行,其部分社会管理职能逐步剥离,加上部分企业生产经营困难,出现了一批城镇贫困人员。这就要求进一步强化社会救助领域的政府职责。

20 世纪 80 年代,根据中央提出的社会救助基本方针,浙江省在社会救助中重新确立国家、集体和个人三者之间的关系,强调先个人、后集体、再国家。当时采取的救助方式主要有:一是定期定量救助,二是临时救助。前者一般为半年以上,救助数额、对象都比较固定,按月领取。后者一般为灾害、病丧、老弱病残等。与此同时,扶贫工作开始受到重视,并改变了思路:坚持输血与造血相结合,重在增强造血功能。进入 90 年代,浙江省进一步明确了政府在社会救助领域的职责,探索建立了由财政出资的一系列社会救助项目。

（一）建立稳定持续的基本生活保障制度

20 世纪 90 年代中期,浙江省对经常性社会救济工作进行了改革。1996年,在学习借鉴上海经验的基础上,建立了以保障城镇居民基本生活为目的,科学合理确定最低生活保障标准,然后对人均收入低于最低生活保障标准的家庭由政府财政给予差额补助的最低生活保障制度。这项制度的实施,有效地缓解了城镇贫困现象,有力地促进了城镇经济体制改革,使得"下岗"、失业人员的基本生活得到有效的保障。2001 年 10 月 1 日,《浙江省最低生活保障办法》全面实施,标志着浙江省的最低生活保障制度走上规范化轨道。在此基础上,浙江省注重健全制度、规范操作、信息公开,有效地保障了困难群众的基本生存权,并努力做到"应保尽保、应补尽补、应退尽退",发挥了"最后一道防线"的作用。

（二）实行农村"五保"对象集中供养

农村"五保"对象原先由农村集体经济组织承担其供养责任,由于集体经济发展参差不齐，散居在社会上的孤寡老人的生活水平普遍较低，有的生活十分困难。为此，20 世纪 80 年代开始，部分乡镇建立了敬老院等养老机构，收养部分特别困难的老人，但保障和服务水平不高，覆盖面狭窄。2003 年开始，浙江省实施"五保"对象集中供养制度，并将其列为"省长工程"，明确规定，凡符合条件、本人愿意者，均可进入政府开办的养老机构。为此，各地加大财政投入力度，普遍改善了敬老院、福利院等社会福利设施条件。同时，鼓励和引导社会力量参与，采取定点挂钩、定向捐赠、挂牌命名、结对认养等方式，建立起多元化投入、多形式供养的机制。这项制度的实施，有效地保障了这一特殊群体的基本生活，使他们衣食无虞，显著地提高了"五保"供养对象的生活质量。

（三）全面规范灾害救助制度

浙江是一个自然灾害多发的省份。20 世纪 80 年代以来，浙江省致力于构建与社会主义市场经济体制相适应的灾害救助体系，通过体制改革和机制创新，整合灾害救助工作的各个环节和相关项目，形成了政府主导、社会参与、各方有责的工作局面，使得灾害损失的规模逐步缩小，尤其是灾害所致的人身伤害持续减少。与此同时，浙江省先后出台了《自然灾害救助暂行办法》《自然灾害救助预案》《社会救济工作暂行办法》《灾民恢复建房优惠政策》等规范性文件，制定了《四种重点对象查、核灾情和款物救济到户的实施细则》《灾害等级划分标准及救灾职责确定办法》等工作细则，完善了灾害救助工作的规范，使得救灾的科学性和效益、效率不断提高，灾民基本生活得到了较好保障，为促进全省社会稳定和经济发展做出了积极的贡献。此外，浙江省全面实施"避灾工程"，改建或者新建了"避灾中心"，确保汛期、台风灾害时使用。

（四）收容遣送转变为人性化帮扶

2003 年，浙江省积极贯彻执行国务院《城市生活无着的流浪乞讨人员救助管理办法》。原先的《城市流浪乞讨人员收容遣送办法》被废止,代之以关爱性质的救助管理制度,昔日的收容遣送站,被改造成为临时庇护所式的救助管理站,流浪乞讨人员的基本人权得到了保障。与此同时,浙江省研究开发了城市生活无着流浪乞讨人员救助管理信息系统,把省内各救助站连接起来,做到信息共享,实时调度。

二、劳动保险转向社会保险

中华人民共和国成立之后,国家十分重视工薪劳动者的基本风险保障,并于 1951 年建立了劳动保险制度,面向企业及其职工。但是,这项制度与计划经济体制紧密相连,因而在经济体制改革过程中出现了种种不适应的状况,并在一定程度上制约了经济体制改革的推进。按照城市经济体制改革的要求,企业要成为自主经营、独立核算、自负盈亏的经济实体,这项改革使得原先的劳动保险制度实际上退化为企业保障制度,如果企业经营绩效不好,则职工的基本保障权益无法得到落实,因而迫切需要对劳动保险制度进行改革。经过艰辛的探索,国家明确劳动保险制度改革的方向,即建立独立于企业事业单位之外、资金来源多元化、保障制度规范化、管理服务社会化的社会保险体系。据此,浙江从本省实际出发,根据中央精神,进行了积极的探索,实现了基本养老金制度、医疗保障制度、工伤保险制度和生育保险制度的全面转型,为职工提供了有效的基本风险保障,适应了经济体制改革的需要,有力地促进了浙江经济的持续快速发展。

(一)企业职工基本养老金制度转型

基本养老金是惠及面广泛、社会关注度很高的民生保障项目。根据 1951 年国家颁布的《中华人民共和国劳动保险条例》,企业职工达到法定退休年龄,可以享受退休待遇并领取退休金直至身故。按照当时的规定,职工个人不需要缴纳任何费用,其资金全部来自职工所在企业,同时国家委托工会组织建立一定的统筹调剂基金。"文化大革命"期间,由于工会无法正常运行，统筹调剂基金被收归财政部门，且规定退休职工的退休金全部由所在企业支付，至于各企业可能出现的支付困难，由财政部门统一处理。也就是说，退休职工的退休金主要由各企业承担，但财政承担兜底责任。但是，进入 20 世纪 80 年代，企业经过改革后逐步成为真正意义上的经济实体，各企业之间的退休金负担就很不均衡，这不仅受到企业经营情况的影响，而且与企业职工的年龄结构直接相关。于是，改革的目标是建立与企业经营状况无关的社会化养老金保障制度。

根据中央有关精神，浙江省于 1984 年开始，先是推行离退休费用统筹和建立劳动合同制工人社会化养老保险制度，再是实行个人缴费制度，然后是改变养老金计发办法，采用全新的社会养老保险制度。1984 年，在温岭、海宁开展离退休费用统筹试点，后在全省逐步推广。先对国有企业实行离退休费用统筹，随后扩大到城镇集体所有制企业及其他企业。到 1992 年底，全省所有市县的国有企业、县以上集体企业全部实行以市县为单位的离退休费用统筹。当时，社会养老保险采用企业、个人、国家三方共同筹资的原则，企业按照劳动合同制工人工资总额的 15%，劳动合同制工人按本人工资的 3% 缴纳养老保险费，由此建立了劳动合同制工人的社会养老保险制度。1992 年，根据中央有关精神，浙江省开始实行企业固定职工缴纳基本养老保险费的制度。1993 年，浙江省政府发出《关于基本养老金计发办法改革试点的通知》，明确基本养老金主要由基础养老金和缴费性养老金两部分组成，这是对于社会养老保险制度的一项本质性改动。

1997 年，国务院发出《关于建立统一的企业职工基本养老保险制度的决定》（国发〔1997〕26 号），这是我国养老金制度改革乃至整个社会保险制度改革史上具有里程碑意义的重要文件。据此，浙江省结合省情，全面建立并实行了职工基本养老保险制度。浙江省人大常委会则于 1999 年 8 月 2 日颁布了《浙江省职工基本养老保险条例》，就这项制度的适用范围、筹资规则、个人账户设置及其使用规则、基本养老金计发办法、养老保险基金管理规则，以及基本养老金的社会化发放等问题作出了清晰的规定，使得浙江省的职工基本养老保险制度步入了规范化的轨道。

（二）职工医疗保障制度转型

医疗保障是十分重要的民生保障项目。根据《中华人民共和国劳动保险条例》，国家建立了劳保医疗制度；同时，国家为公职人员建立了公费医疗制度。这两项制度本质上都是免费医疗制度，即享受者个人不需要缴纳任何费用，其资金分别来自企业和国家财政。随着经济体制改革的深入，企业逐渐成为真正意义上独立的经济实体之后，企业之间的医疗费用负担变得很不均衡，尤其是经营困难的企业难以承担在职职工和退休职工的医药费用，导致劳动者的医疗保障权益无法落实。同时，财政部门普遍地对事业单位实行预算管理，各单位之间的医药费用负担也出现了不平衡的现象。此外，由于经济社会环境的变化，职工、公职人员和医务人员的个人行为也发生变化，导致劳保医疗和公费医疗这两项制度在实际运行中出现了较为严重的浪费现象。针对这些情况，浙江省根据中央的精神，对公费医疗制度和劳保医疗制度进行了改革，使之逐步转变为职工基本医疗保险制度。

1984年，根据卫生部和财政部有关精神，浙江省部分县市和不少企业试行了公费医疗、劳保医疗费用与个人经济利益挂钩的办法。一般做法是：门诊医疗费采取包干使用或门诊、住院时个人自付一定比率的医药费；个人负担的比率大多控制在10%—20%。1989年后，这一办法逐步在全省推广并不断完善。到1993年末，全省公费医疗单位普遍实行了医疗费用与职工个人挂钩的办法，大多数企业的劳保医疗也实行了这一办法。

在此基础上，浙江省根据中央的精神，开始了医疗保障制度的重大改革。1992年，总结推广安吉县企业大病医疗费用社会统筹试点的经验，全省各地普遍推行企业大病医疗费用社会统筹，由此，以企业保障为主体的医疗保障逐步向社会化的医疗保障制度转轨。1995年，国家在镇江市、九江市进行试点，探索建立社会统筹与个人账户相结合的基本医疗保险制度。1996年，宁波市、金华市被列入国家试点范围。1998年12月，国务院发布《关于建立城镇职工基本医疗保险制度的决定》,明确职工社会医疗保险制度改革的方向和新制度的模式。2000 年 6 月,省政府发布《浙江省推进城镇职工基本医疗保险制度改革的意见》,建立了职工基本医疗保险(以下简称职工医保)制度,明确职工医保的实施范围包括企业、机关、事业单位、社会团体等所有城镇用人单位和职工,这就意味着劳保医疗制度和公费医疗制度废止并转变为职工医保制度。这是一项缴费型的社会医疗保险制度,资金主要来自参保职工及其用人单位,实行社会统筹与个人账户相结合的原则,其保障待遇略低于原先的劳保医疗制度和公费医疗制度。职工医保的制度框架全国统一,但具体的行政管理、基金收支和经办服务由各县、市政府负责。

（三）工伤保险制度转型

浙江省一直重视安全生产、职业病防治、劳动保护和工伤保障,根据《中华人民共和国劳动保险条例》,这类费用均由各用人单位承担。随着企业成为独立的经济实体,各企业之间的工伤待遇支付的负担不均衡的现象越来越严重,迫切需要建立社会化统筹的工伤保险基金。1994 年,《浙江省企业职工工伤保险暂行办法》出台,规范了工伤保险的认定条件、待遇标准和管理程序,决定建立工伤保险基金,形成工伤保险制度。1999 年,根据劳动部《企业职工工伤保险试行办法》,浙江省制定了实施细则。2003 年 12 月,根据国务院《工伤保险条例》,省政府提出了具体的贯彻意见。据此,各类企业和有雇工的个体工商户都要依法参加工伤保险,为本单位全部职工或者雇工缴纳工伤保险费。同时规定,没有参加工伤保险的用人单位,如果出现工伤事故和职业病,必须按照工伤保险制度规定由该单位承担工伤待遇的支付责任。

（四）生育保险制度转型

20 世纪 50 年代初,浙江省按照《中华人民共和国劳动保险条例》建立了城镇职工的生育保障制度,相关费用往往由生育的女职工所在工作单位承担。企业逐步成为真正意义上的独立法人之后，各用人单位由于职工性别结构不同，其生育保障费用负担就有显著的差异。为了均衡这种成本，就需要建立社会化的生育保障统筹基金。1994 年 12 月，劳动部颁布《企业职工生育保险试行办法》，将产假工资统一改为生育津贴。生育津贴支付期限的长短，一般与产假的期限相一致。1997 年，《浙江省企业职工生育保险试行办法》出台，对生育保险的实施范围、统筹层次、基金筹集和待遇支付等进行规范，建立了全新的生育保险制度。

三、特殊群体福利社会化

面向军人、老年人、儿童、残疾人等特殊群体的福利是民生保障体系的重要组成部分。改革开放之前，除政府对特殊群体提供一定的福利外，大多数福利由用人单位或农村集体经济组织提供。随着经济体制改革的深入，面向特殊群体的原有福利制度表现出诸多不适应之处。从 20 世纪 90 年代中后期开始，根据中央有关精神，浙江省积极推进特殊群体福利社会化：1998 年，发出《关于加快发展社会福利事业的通知》；1999 年，颁布《浙江省社会福利机构管理暂行办法》，实行政府主导、投资主体多元、资金筹措多渠道，形成了多种经济成分共同参与、大中小型并举、高中低档互补、社会效益与经济效益相统一的特殊群体福利事业发展新格局。

（一）探索退役军人以自谋职业为主体的多元化安置

1999 年，根据全国军转安置工作会议精神，结合市场经济发展状况，浙江省确立了自谋职业与安置就业相结合的原则，建立起教育培训、推荐就业、政策扶持相结合的服务办法和工作机制。把自谋职业作为退役士兵安置的主渠道，通过政府发给一次性安置补助金的办法，全面推行退伍安置改革。此项改革还推进了退役士兵安置的城乡一体化，有效缩小了城乡退役士兵享受安置优惠政策的差距。与此同时，复员退伍军人数据库逐步实现全省联网，为管理和服务的改进奠定了基础。

（二）发展社会化老年人福利事业

面对人口老龄化和家庭小型化的趋势，浙江省积极发展社会化老年人福利事业，动员社会力量参与老年福利事业。根据中央有关精神，浙江省于1987年建立了老龄工作委员会，致力于推动老龄事业发展，并建立了专门的学术机构和老年研究机构，1989年建立了浙江省老年学会，1992年建立了浙江省老龄科学研究中心。进入21世纪，浙江省开始通过福利彩票等途径筹集资金，建立城市社区老年人福利服务设施、活动场所和农村乡镇敬老院，并以"星光老年之家"冠名，其主要功能包括文化娱乐、图书阅览、体育健身、医疗康复和老年课堂等项目，有些地方还设置了院舍住养、日间照料、入户服务、紧急救援、信息咨询等内容。政府在加强对老龄事业投入的同时，鼓励民间资金进入养老服务领域，开办各类养老服务机构。20世纪末，浙江省开始出现民办养老机构，此后不断增多，其服务能力和服务的规范化程度稳步提高。这些养老服务机构为居住在专门机构中的老年人和居住在家中的老年人提供适宜的养老服务，有效增加了养老服务供给，提高了老年人的生活质量。

（三）发展社会化儿童福利事业

浙江省一直重视少年儿童福利事业，努力为他们的健康成长创造良好的环境。1995年开始，浙江省每五年制定专门的少年儿童发展规划，明确提出优生优育、卫生保健、学校教育、社会教育、环境卫生、生活用品、权益保护和社会福利等方面的具体目标，并提出相应的措施。全省各地在持续增加财政投入的同时，动员和组织社会力量开展一系列助学、助残活动，有效改善了少年儿童的成长环境，促进了他们的健康成长。

（四）发展残疾人福利事业

改革开放以来，随着经济的持续发展和人道主义精神的传播，浙江省高度重视残疾人福利事业发展,并且建立专门的残疾人工作机构,充分调动政府和社会力量,全方位推进残疾人事业,为改善残疾人生活、提高残疾人素质创造各种有利条件。各级政府将残疾人事业纳入当地国民经济和社会发展规划,统筹安排,同步实施,协调发展。各有关部门各司其职,形成各尽其责、密切配合、协调运作的工作机制。社会各界广泛参与,理解、尊重、关心、帮助残疾人的良好社会风尚逐步形成。保障残疾人合法权益的政策法规进一步完善,法律宣传、执法检查得到加强,法律服务和法律援助得到发展。残疾人组织建设得到加强,广大残疾人工作者爱岗敬业,努力工作,队伍素质明显提高。残疾人服务设施建设不断加强,为残疾人服务的条件得到进一步改善。

第二节　民生保障体系逐步完善

随着经济体制改革的深入和社会结构的变化,社会成员所面临的基本风险发生了变化,因而民生保障的需求也发生变化。为适应这一趋势,浙江省按照中央的精神,结合本地实际,逐步增设了一批新的民生保障项目,使民生保障体系逐步完善。

一、建立失业保险制度

新中国成立初期,浙江省曾经有过救济失业工人的政策。改革开放之后,面对客观存在的劳动者失业风险,浙江省根据中央的有关精神,逐步建立起失业保险制度。

1986 年 7 月,国务院颁布《国营企业职工待业保险暂行规定》。1992 年7 月,浙江省政府发出《关于完善城镇职工待业保险制度的通知》,进一步扩大待业保险的实施范围和保险对象,建立了具有社会统筹性质的待业保险基金,统一了职工待业救济金发放标准和期限,保障了待业职工的基本生活。随着改革的逐步深入,思想束缚被解除,失业现象得到正视,"失业保险"一词得以正名。1995 年,在总结待业保险实践经验的基础上,省人大常委会通过了《浙江省失业保险条例》,标志着失业保险走上规范化之路。按照这一条例,失业保险制度覆盖城镇企业,同时授权县市政府决定乡镇企业、乡村企业是否参加;失业保险基金通过用人单位和职工本人缴费筹集;失业保险基金主要用于支付失业救济金、医疗补助金、生活困难补助金、促进再就业经费等。

此项制度初建之时,正值国有企业改革进入关键阶段,面对规模较大的下岗职工及其再就业问题,新生的失业保险制度难以全面承接。为了解决这一临时性特殊困难,按照中央的有关精神,1998 年浙江省政府部署国有企业下岗职工基本生活保障工作,各地建立下岗职工再就业服务中心。1999 年,国务院发布《失业保险条例》和《城市居民最低生活保障条例》。这一时期,以下岗职工的保障为重点,浙江省建立了以下岗职工基本生活保障、失业保险和城市居民最低生活保障为内容、相互衔接的"三条保障线"。得益于经济发展和各项服务工作到位,浙江省顺利渡过了这一难关。这一系列措施,为浙江经济转型、社会稳定做出了贡献。21 世纪初,各地下岗职工再就业服务中心完成历史使命之后,失业保险制度开始全面承担其职责。

二、探索被征地人员基本生活保障制度

城市化是现代化的必经之路。20 世纪 90 年代末,浙江省确立了城市化发展战略并扎实推进,因而成为城市化进程最快的省份之一。在这一过程中,浙江在民生保障方面遇到了许多新的问题,而这些问题在当时的制度和政策框架内难以解决。例如,城市化必然带来土地征用和房屋拆迁等问题。为了切实维护被征地农民的合法权益,在注重合理补偿、妥善处理各类矛盾的同时,2003 年浙江省政府发出《关于加快建立被征地农民社会保障制度的通知》,在全国率先探索建立被征地农民基本生活保障制度,其要点如下。

(一)保障对象

保障对象为经省以上政府批准征地,由当地国土资源管理部门实施统

一征地的,被征地时持有第二轮土地承包权证家庭中在册农业人员。征地时未达到劳动年龄段(16周岁以下)的人员,已享受职工基本养老保险的人员,不列入被征地人员基本生活保障范围,一次性发给征地安置补偿费。

（二）保障形式

实施被征地农民社会保障,一般可先实行基本生活保障方式,也可实行基本生活保障与社会保险相结合的办法,少数地方有条件的,还可直接纳入城镇社会保险体系。实行基本生活保障与社会保险相结合的,对劳动年龄段以上的被征地农民,按基本生活保障方式予以解决;对劳动年龄段内的被征地农民,纳入城镇社会保险体系。对纳入城镇社会保险体系的,按现行职工基本养老保险的相关政策规定执行。实行这一方式的,要从当地的经济发展水平出发,充分考虑支付能力,合理确定缴费的基数、比率和年限,不留资金缺口。

（三）资金筹措

被征地农民参加基本生活保障和基本养老保险所需资金由政府、村(组)集体经济组织、个人共同出资筹集。政府承担部分不低于保障资金总额的30%,可先从土地出让金收入等政府性资金中列支;村(组)集体经济组织和个人承担70%,从土地补偿费、征地安置补助费中列支和抵缴,并由国土资源部门统一扣缴并及时足额划转,在办理参保手续时,一次性转入社会保障专户。各地可按被征地农民基本生活保障和养老保险资金总额的一定比例,建立被征地农民社会保障风险准备金,用于应对未来的支付风险。被征地农民一次性缴纳的基本生活保障和养老保险资金、社会保障风险准备金,实行收支两条线和财政专户管理,单独建账,专款专用,不得转借、挪用或截留、挤占。

与此同时,省政府就促进被征地农民就业、身份转换、撤村建居和"城中村"改造等配套措施进行了部署,从而确保了被征地农民社会保障工作的顺利进行。

三、建立住房保障制度

住有所居是每一个社会成员的基本生活需要。随着经济体制改革逐步深入，国家开始对住房制度进行一系列改革探索。改革开放以来，根据中央的有关精神，浙江省结合本省实际，进行了积极的探索，逐步形成了面向高中低不同收入群体的多层次、差异化住房政策体系。在住房保障方面，浙江省建立了住房公积金制度，实行过经济适用房政策，后来的重点是建立城镇廉租住房制度和公共租赁住房制度，实施农村危旧房改造，旨在有效解决城市中等偏下收入家庭住房困难问题，稳步解决农村困难群众住房安全问题。

进入 21 世纪之后，浙江省逐步强化各级政府住房保障责任，加大土地、资金等要素投入和政策支持，引导各类企业和其他机构投资、建设保障性住房，以发展公共租赁住房和廉租住房为重点，通过新建、改建、配建、调剂等多种方式，多渠道筹集保障性住房房源。同时，健全住房保障申请、审核、公示和退出机制，提高动态化、规范化、制度化、精细化管理水平，防范并查处虚报、隐瞒、伪造个人信息和违规出租等行为。此外，浙江省通过优化规划布局，完善设施配套，注重质量管理，逐步提高保障性住房的宜居性。

从最近 10 多年的情况来看，浙江省的城镇住房保障制度重点是廉租住房和公共租赁住房两种类型。廉租住房是面向城镇低收入群体提供的一类保障性住房，其享受对象为符合城镇居民最低生活保障标准且住房困难的家庭，政府向这类家庭提供租金补贴或实物配租。从实践看，浙江省的廉租房分配形式以租金补贴为主，实物配租和租金减免为辅。公共租赁住房是解决新就业职工等夹心层群体住房困难的一类保障性住房，其享受对象是无房的大学毕业生、引进人才和其他住房困难群体。这类住房由政府投资建造，或者由政府提供政策支持的其他投资主体建造，其产权为政府或公共机构所有，限定户型面积、供应对象和租金标准，面向符合条件的对象出租。此外，政府鼓励大型企业在符合城市规划和土地利用规划的前提下，利用自用土地与市、县政府共建保障性住房，优先解决本单位符合规定条件职工的住房困难,其余保障性住房统筹用于解决城市中等偏下收入家庭住房困难。

与此同时,浙江省注重危旧房改造。在农村,持续加大住房改造建设力度,不断改善广大农民的住房条件。各级政府结合旧城区、城中村和园中村改造,实施基础设施简陋、建筑密度较大、集中成片的旧住宅区、危旧房和非成套住宅改造。对于国有林场、国有农场、独立工矿企业等的危旧房重点进行全面的改造,有效改善了职工的居住条件。此外,浙江省于 2006 年开始试行政策性农村住房保险,坚持农户自愿原则,通过政府推动,委托商业保险公司进行市场化经营。与开展同类政策性保险的兄弟省(市)相比,浙江省避免了政府大包大揽。政府通过提供必要的扶持政策和激励约束,鼓励商业保险公司发展农村保险市场,逐步培育广大农户的保险意识,实现了政府、农户、保险公司三者共赢,产生了良好的社会效益。

四、增设专项救助项目

在完善灾害救助制度、最低生活保障制度,实施“五保”供养对象和城镇“三无”人员集中供养等的同时,浙江省还增设多个专项救助,进一步完善了社会救助体系。

一是就业救助。就业乃民生之本。本书第三章已经就浙江省通过高质量就业促进共同富裕做了专题分析,这里重点讨论就业救助。在就业市场化背景下,由于人力资本差异,部分劳动者就业困难,因而需要政府和社会的帮助。对此,浙江省各地普遍建立了城镇“零就业家庭”和农村低保家庭动态援助的长效机制,同时配套规范、全面的城镇“零就业家庭”和农村低保家庭劳动力的审核认定程序,建立起统一的登记台账和数据库,及时调整更新,实现动态管理。各地劳动就业部门积极协调有关部门,大力开发就业岗位,尤其是通过开发公益性就业岗位和实施相关补贴,安置年龄偏大、文化程度偏低的城镇“零就业家庭”和农村低保家庭劳动力就业。此外,各地均加强了对企业裁员行为的指导,规范企业裁员行为,加强失业调控,从源头上控制了“零就业家庭”的产生。

二是医疗救助。疾病是导致社会成员贫困的重要因素。浙江省在建立健全基本医疗保险制度的同时，于 2004 年开始实施医疗救助制度，并注重医疗救助与职工基本医疗保险制度、城乡居民基本医疗保险制度、基本公共卫生服务制度的衔接，对低保对象等特殊困难群众给予进一步帮助，包括资助参加城乡居民基本医疗保险制度、据情给予一定额度的医疗费用报销等。近几年，浙江省在高质量发展建设共同富裕示范区的进程中，更加重视医疗救助的作用。2022 年，制定并实施了《浙江省构建因病致贫返贫防范长效机制实施方案（2022—2025 年）》，努力构建纵向接力、横向互补、多跨协同的因病致贫返贫防范长效机制，减轻困难群众看病就医后顾之忧。

三是教育救助。教育是实现人的全面发展的重要途径之一，但由于各种原因，部分社会成员的受教育权益难以落实。为此，浙江省注重建立健全教育救助制度，致力于促进教育公平，逐步形成了覆盖学前教育、义务教育、高中教育、高等教育等各阶段的教育资助体系。通过政府财政和各种社会力量，筹措资金，资助困难学生，发放助学贷款，安排勤工助学，使大批困难学子得以安心学习，完成学业。

四是法律援助。在法治社会，社会成员需要通过法定程序主张自己的权益。但由于各种原因，部分社会成员无力主张这种权益，因而需要国家和社会提供帮助。2005 年，浙江省人大修订了《浙江省法律援助条例》，进一步明确政府的责任，扩大了法律援助的范围。由此，法律援助组织网络逐步健全，服务领域不断拓宽，案件质量明显提高，管理日益规范。针对低保户、下岗工人、残疾人、农村"五保"、城镇"三无"人员等救助对象，发放"法律援助卡"，为其提供法律咨询、代理、诉讼和非诉讼法律事务、公证和刑事辩护等法律援助。此外，通过整合政府相关部门和社会力量开展各种专项法律援助行动，并采取各类便民措施，提高法律援助的效率。

五是临时救助。在建立了对持续性困难的救助机制之后，浙江省转而关注临时性、突发性困难的救助问题。2011 年开始实施《浙江省城乡居民临时救助办法（试行）》，用"制度化"的办法解决"临时问题"，对因特殊原因造成基本生活出现暂时困难的家庭给予非定期、非定量的生活救助。一是除最低生活保障和其他专项社会救助对象外,由于突发性、临时性等原因造成基本生活暂时出现特别困难的家庭;二是虽然已纳入最低生活保障和其他专项社会救助制度覆盖范围,但由于突发性、临时性等原因导致基本生活暂时出现特别困难的家庭;三是市、县(市)政府根据实际情况认定的应当救助的其他特殊困难人员。临时救助操作简易快捷,所需资金以政府投入为主,社会筹集为辅,有力地缓解了群众的困难。

此外,浙江省率先全国实施分层分类救助制度,把高于低保标准一定比率(一般是 120%—140%)的困难群众纳入救助范围。分层分类救助制度是针对各类社会困难群众的困难程度和救助需求,在分层、分类的基础上,给予困难群众最低生活保障或其他专项救助的制度。这既是深化最低生活保障制度的重要措施,也是完善社会救助体系的重要内容。

五、建立残疾人福利补贴制度

改革开放以来,浙江省致力于构建并持续完善残疾人福利体系,其中显著的一项是残疾人福利补贴制度,即由政府财政出资对残疾人进行四个方面的补贴,并建立补贴标准的动态调整机制。同时规定,困难残疾人生活补贴、重度残疾人护理补贴和残疾人康复补贴不计入低保及低保边缘家庭的收入核定范围;享受困难残疾人生活补贴的残疾人家庭,与低保户同等享受税费减免以及家庭生活用电、水、气、通信、有线电视、就学、就医等优惠政策和其他社会救助政策。这一系列补贴政策,有效地提高了残疾人的生活质量。

一是困难残疾人生活补贴。对本人收入在低保标准 150% 以下的重度和其他残疾人,在低保基础上,按照当地低保标准的 60%、30% 发放生活补贴,而且补贴标准随着当地低保标准同步进行调整。

二是重度残疾人护理补贴。对生活完全不能自理、基本不能自理和部分不能自理的残疾人,分三类三档分别给予护理补贴,补贴标准随着当地最低工资标准同步进行调整。60 岁以上失能、失智残疾老人养老服务补贴执行养老服务补贴政策。

三是残疾人康复补贴。对有康复需求和适应指征的 0—6 周岁残疾儿童实行免费基本康复,同时享受相应的康复训练补贴;对 7—14 周岁肢体残疾(含脑瘫)、孤独症儿童的基本康复,给予对应的 0—6 周岁残疾儿童享受标准 80% 的康复训练补贴。对听力残疾儿童持续实施抢救性康复训练,对配置人工耳蜗者给予手术费和术后康复训练费补贴。对下肢假肢及人工髋关节或膝关节置换实行补助;对残疾人自费配置所需的辅助器具也予以适当补贴。

四是残疾人社会保险补贴。残疾人参加城乡居民基本养老保险,按当地最低缴费标准给予 100% 个人缴费补贴。低保和重度残疾人参加城乡居民基本医疗保险,给予 100% 的个人缴费补贴,其他残疾人给予 50% 的个人缴费补贴。自谋职业的残疾人参加职工基本养老保险者,财政予以不低于 50% 的缴费补贴。此外,政府还出资向保险机构购买残疾人意外伤害保险、残疾人重大疾病保险和残疾人托养服务机构综合责任保险等。

六、探索长期照护保障制度

随着人口老龄化和高龄化,失能老人的数量和比率逐渐上升,因而照护服务需求也随之增长。与此同时,家庭规模小型化,因而社会化的照护服务乃至各类养老服务的需求不断增加。浙江是户籍人口老龄化程度较高的省份,即便按照常住人口计算,其老龄化程度也不低。因此,浙江省高度重视养老服务事业的发展,尤其是通过各种有效的措施,促进社会化照护服务事业发展,同时积极探索建立长期照护保障制度。

2012 年,浙江省建立了养老服务补贴制度①,这是省域范围内普遍实施养老服务补贴制度的最早实践。这项补贴的对象是低收入的失能、失智、高

---

① 《浙江省民政厅关于印发〈浙江省养老服务补贴制度实施意见〉的通知》(浙民福〔2012〕81 号)。

龄、独居的困难老人,旨在帮助他们获得更好的养老服务。这种服务可以是家庭成员提供的,也可以是家庭成员之外的社会化养老服务。有了这份补贴,居家养老的老人可以让亲属适当减少社会劳动为自己服务,也可用以购买社区或附近的社会化养老服务;对于进入养老机构的老人来说,这份补贴可以适当减轻其缴费负担。当时的制度设计者认为,这项制度能够较好地体现政府在养老服务领域的兜底责任,并推动养老服务领域的财政补贴由补供方为主转向补需方为主,这将有益于增强财政补贴的公平性和资金使用效率。10多年来,浙江省的这项政策一直持续执行,产生了良好的效应。2021年,浙江省又对此项制度进行了完善,出台了《浙江省养老服务补贴制度实施办法》。

2016年,中央有关部门开始组织部分城市就长期护理保险制度进行试点,浙江省宁波市是试点城市之一。对此,其他部分地区也很积极,自行探索建立长期护理保险制度,如嘉善县、嘉兴市、义乌市等。近年来,浙江省更加重视这项制度的建设。2022年,浙江省医疗保障局、浙江省财政厅印发了《关于深化长期护理保险制度试点的指导意见》,明确将其作为一项独立的社会保险险种,强调独立运行、独立设计、统筹推进。该意见指出,坚持城乡一体,参保覆盖全民,待遇公平享有。坚持保障基本,低水平起步,合理确定保障范围和待遇标准。坚持责任共担,建立多渠道筹资机制,体现权责对等要求。坚持统筹协调,与社会保障相关制度及商业保险功能衔接,协同推进健康产业和养老服务体系发展。

这项制度的要点:其一,参保对象。明确试点地区基本医疗保险的参保人员同步参加长期护理保险。其二,保障责任范围。明确在起步阶段,重点解决重度失能人员基本护理保障需求,优先保障符合条件的重度残疾人、失能老年人;随着试点探索的深入,综合考虑经济发展水平、资金筹集能力和保障需要等因素,逐步扩大保障责任范围。其三,资金筹集规则。长期护理保险基金按自然年度筹集。根据国家政策规定和基金运行情况,综合考虑城乡居民可支配收入,动态调整长期护理保险人均筹资水平。起步阶段,按照每人每年 90—120 元的标准定额筹资。其四,失能等级评估。参保人员享受长期护理保险待遇,应通过失能等级评估并达到重度失能等级。建立失能等级评估机构或委托第三方,负责失能等级评估工作的组织实施和管理工作。执行统一的失能评估标准。其五,待遇规则。经医疗机构或康复机构规范诊疗、失能状态持续 6 个月以上或因年老失能,经申请通过评估认定符合重度失能标准的参保人员,自作出评估结论次月起按规定享受长期护理保险待遇,即由长期护理保险基金支付符合规定的机构和人员提供护理服务所发生的费用,护理服务包括生活照料服务和医疗护理服务等项目。

第三节　民生保障惠及范围扩展

由于历史原因,与全国其他地方一样,浙江省原先的民生保障制度主要惠及体制内工作人员、惠及城镇居民、惠及本地户籍人口,民生保障项目和保障待遇在城乡之间、人群之间存在显著的差异。改革开放以来,浙江省根据中央的精神,按照基本保障权益平等的原则,在民生保障领域进行了一系列改革探索,逐步扩大民生保障制度的惠及范围,致力于缩小城乡之间和群体之间的民生保障差距,取得了实实在在的进步。

一、从体制内扩展到体制外

根据原先的制度安排,民生保障领域的大多数项目主要面向体制内的工作人员,即在国家机关、事业单位、国有企业、集体企业等机构中就业的正式在编职工,他们不仅工作稳定、社会地位高,而且其风险保障程度较高,福利待遇优厚,包括住房、职业伤害、医疗、养老金、生育,以及其他各类生活服务和精神文化服务,其家属相应地也有一定的福利待遇。

改革开放之后,浙江省各种类型的民营经济逐步发展,越来越多的劳动者进入其中,这里包括户籍在城镇但一直未能进入城镇体制内就业的劳动者、由农村回到城镇的上山下乡知识青年,以及从农村进入城镇谋生的农村户籍劳动者。这不仅解决了大量劳动者的就业问题,使他们有稳定的收入,而且他们当中有一部分获得了更多的发展机会,这是浙江省城乡居民收入平均水平一直处于全国前列的重要原因之一。表 6-1 和图 6-1 反映的是 1980—2021 年浙江省国有、集体单位就业人数变化情况。从中我们可以看到,浙江省国有或集体单位从业人数的比率逐年降低。到 2021 年,在整个劳动力市场中,国有或集体单位从业人数仅占 6.09%。

表 6-1　1980—2021 年浙江省国有、集体单位就业人数变化情况

年份	全省就业总数/万人	国有单位就业人数/万人	集体单位就业人数/万人	国有和集体单位就业人数合计/万人	国有、集体单位就业人数占比/%
1980	1856.42	208.50	151.23	359.73	19.38
1981	1954.53	223.62	155.73	379.35	19.41
1982	2021.74	232.29	142.04	374.33	18.52
1983	2141.16	237.68	145.07	382.75	17.88
1984	2248.91	228.26	172.72	400.98	17.83
1985	2318.56	240.71	183.81	424.52	18.31
1986	2386.42	251.92	188.73	440.65	18.46
1987	2444.73	263.46	192.97	456.43	18.67
1988	2502.73	274.30	196.97	471.27	18.83
1989	2522.86	274.95	189.34	464.29	18.40
1990	2554.46	280.87	189.12	469.99	18.40
1991	2579.36	293.41	191.09	484.5	18.78
1992	2600.38	297.96	181.62	479.58	18.44
1993	2615.89	300.59	176.12	476.71	18.22
1994	2640.51	294.13	170.42	464.55	17.59
1995	2621.47	294.59	161.89	456.48	17.41
1996	2625.06	290.22	156.25	446.47	17.01
1997	2619.66	285.05	144.53	429.58	16.40

续表

年份	全省就业总数/万人	国有单位就业人数/万人	集体单位就业人数/万人	国有和集体单位就业人数合计/万人	国有、集体单位就业人数占比/%
1998	2612.54	245.22	93.78	339	12.98
1999	2625.17	224.19	73.15	297.34	11.33
2000	2726.09	202.53	54.04	256.57	9.41
2001	2796.65	183.94	38.27	222.21	7.95
2002	2858.56	181.07	34.23	215.3	7.53
2003	2918.74	179.02	32.18	211.2	7.24
2004	2991.95	179.12	35.91	215.03	7.19
2005	3100.76	179.81	30.68	210.49	6.79
2006	3172.38	186.18	28.97	215.15	6.78
2007	3220.29	191.45	28.06	219.51	6.82
2008	3252.35	201.23	26.56	227.79	7.00
2009	3288.29	207.25	29.43	236.68	7.20
2010	3352	215.43	28.9	244.33	7.29
2011	3385	224.08	28.46	252.54	7.46
2012	3407	225.39	25.74	251.13	7.37
2013	3436	212.98	22.27	235.25	6.85
2014	3459	215.28	20.25	235.53	6.81
2015	3505	219.56	15.53	235.09	6.71
2016	3552	218.89	14.9	233.79	6.58
2017	3613	219.95	15.47	235.42	6.52
2018	3691	212.76	14.88	227.64	6.17
2019	3771	224.79	8.63	233.42	6.19
2020	3857	233.44	7.61	241.05	6.25
2021	3897	230.21	7.18	237.39	6.09

数据来源:历年《浙江统计年鉴》。

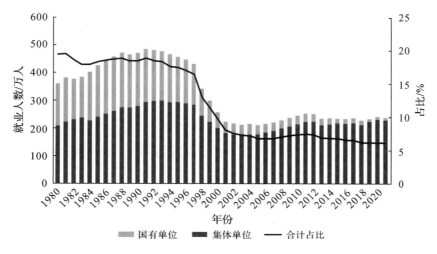

图 6-1　1980—2021 年浙江省国有、集体单位就业人数变化情况

数据来源：历年《浙江统计年鉴》。

鉴于此，浙江省高度重视体制外就业人员的基本风险保障和福利问题，按照中央有关精神进行了积极的探索。

20 世纪 80 年代初，浙江省在部分民营经济主体（如街道和企事业单位举办的小型企业、劳动服务公司等）中进行退休费用统筹，试图以社会统筹的方式为他们建立退休金制度，使这些劳动者在退出劳动力市场后有一笔稳定的收入。不久，这套办法的适用范围被扩大到其他企业。事实上，随着国有和集体企业改革的深入，企业逐步成为真正意义上的经济实体，由于各企业经营状况的不同和经济效益的差异，体制内部分企业无力支付其正式职工的退休金、医疗费用、生育费用、工伤费用等，这就要求建立社会化的统筹机制。于是，政府将原先仅仅适用于体制外经济组织的退休费用社会统筹方法用于体制内的国有、集体企业，而且不仅仅限于退休费用，而是与原先劳动保险相关的多个项目，由此引发了对传统劳动保险制度的改革，这项改革后来成为国有和集体企业改革的一项重要配套措施。

在 20 世纪 80 年代到 21 世纪初的 20 多年时间里，经过不断的探索，国家明确了改革思路，并逐步建立了统一的企业职工基本养老保险、职工基本医疗保险、工伤保险、生育保险和失业保险制度。在这一过程中，浙江省按照中央的精神，从本省的实际出发，走出了具有鲜明特色的职工社会保险制度改革之路，为浙江经济做大做强，尤其是民营经济发展做出了重要的贡献。

（一）职工社会保险制度扩展到所有企业

20 世纪 90 年代后期建立的职工社会保险制度脱胎于原先的劳动保险制度，当时的主要思路是希望通过社会统筹的方式，均衡企业之间的社会保险费用负担，从而均衡企业之间的劳动力成本。因而新制度初建之时，最先参保的是国有和集体企业，后来逐步扩展到其他各种类型的企业。例如，《浙江省职工基本养老保险条例》（1999 年版）规定的制度适用范围是："(1)国有企业、城镇集体所有制企业和与其形成劳动关系的职工；(2)股份有限公司和与其形成劳动关系的职工；(3)在城镇的有限责任公司、股份合作制企业、合伙企业、私营企业和与其形成劳动关系的职工；(4)外商投资企业、外国企业驻浙办事机构和与其形成劳动关系的中方职工；(5)实行企业化管理的事业单位和与其形成劳动关系的职工。"在实践过程中，浙江省有一个重要的特点，就是有大量的乡镇企业，而且乡镇企业的就业人数和所创造的 GDP 在浙江经济中占有很大的比重，但乡镇企业不属于上述规定的参保范围。经过深入的调研和反复讨论，21 世纪初，浙江省决定将乡镇企业纳入职工基本养老保险制度的覆盖范围。[①] 这一重大举措不仅有效改善了浙江省各统筹地区职工基本养老保险基金的收支状况，而且使得乡镇企业中相当数量的劳动者拥有了职工基本养老保险。此后，浙江省逐步将职工基本医疗保险、工伤保险、生育保险和失业保险的覆盖范围扩展到所有企业。

（二）职工社会保险扩展到企业非正式职工

在职工社会保险五个项目扩展到各类企业及其职工的过程中，有一个

---

① 不久后，浙江省的乡镇企业逐步转制成为民营企业。

重要问题,即如何理解其中的"职工"。按照传统的说法,企业用人有"正式工"和"临时工"之分,有时把临时工叫作"合同工",后来推行"全员合同制",此后就没有合同工这个说法了,因为大家都是合同工了。需要注意的是,这种临时工与正式工有着重要的区别,不仅薪酬有差异,更重要的是身份有差异,一般地说,临时工的薪酬低一些,更重要的是他们不享受劳动保险待遇,因为他们与企业没有正式的劳动关系。新的职工社会保险制度明确要求参保者必须是"与企业形成劳动关系的职工"。在职工社会保险制度建立之后,曾经就与企业没有正式劳动关系的临时工是否允许参加社会保险有过很多讨论,例如农民工的社会保险问题,曾经是学术界讨论的一个热点,政府和社会都很关注。这里所说的农民工大多数是临时工。事实上,职工社会保险制度名称中至今还带有这种痕迹,如"城镇企业职工基本养老保险""城镇职工基本医疗保险",当时的制度设计者认为,这些制度需要解决的是在城镇的工作单位中具有城镇户籍的劳动者的基本风险保障问题。随着劳动力市场的变化和社会的进步,这种思维逐步被改变,于是职工社会保险的保障对象被扩展到企业的全体劳动者。例如 2004 年《浙江省劳动和社会保障厅关于进一步推进养老保险全覆盖工作的通知》(浙劳社老〔2004〕100 号)明确指出"参保单位中的所有从业人员及城镇个体劳动者(包括城镇个体工商户主及其雇工、城镇自由职业者)全部依法参保",这里不再区分正式工与临时工。这种做法在全国各省份中属于较早者。正是基于这样的理解,与其他部分省份不同,浙江省没有出台关于农民工社会保险的单独制度,但浙江省在促进农民工参加社会保险方面的工作一直没有放松,因而其职工社会保险参保率在各省份中一直较高。

(三)职工社会保险扩展到企业以外的工作人员

由于职工社会保险制度初建时主要是为了解决企业社会保险费负担均衡问题,因而除职工基本医疗保险外,现行职工社会保险其他四个项目都是从企业开始的,即先仅仅适用于企业,后来才逐步扩展到其他类型的工作单位。一是企业化管理的事业单位,这类单位中与之具有正式劳动关系的工作人员具有事业单位正式身份,但整个单位的管理采用企业化方式,所以在社会保险制度初建时,首先将其作为企业对待,将其列入职工社会保险的保障范围。二是城镇个体劳动者,绝大多数是单个的劳动者;但也有一些注册登记成个体工商户的经济实体,有些规模较小,也有一些规模较大,其雇员可能超过百人。因此,政府规定,个体工商户无论规模大小,都可以参加职工社会保险。例如《浙江省职工基本养老保险条例》(1999年版)就明确规定"城镇个体劳动者依照本条例规定参加职工基本养老保险"。三是社会团体和民办非企业单位等民间组织,这类机构虽然不是企业,但其中的工作人员与国家机关、事业单位工作人员不同,不属于体制内的就业者,与企业职工差不多。随着社会事业的发展,民间组织数量增多,从业人员人数规模也不断扩大,政府明确将在这个领域从业的劳动者纳入职工社会保险的覆盖范围。四是国家机关和事业单位中的非正式在编工作人员。事实上,在国家机关和事业单位的工作人员中,一部分是正式在编职工,他们是标准的体制内工作人员,还有一部分就业者类似于国有、集体企业中的临时工,而且随着劳动力市场的变化和政府对公职人员编制管理的严格化,国家机关事业单位中的非正式在编人员数量增多,因此政府将这部分劳动者也纳入职工社会保险的制度覆盖范畴。

经过一系列努力,浙江省职工社会保险各项目的参保人数持续增长,广大工薪劳动者得到了社会保险制度的保障(见表6-2和图6-2)。

表6-2　浙江省职工社会保险各项目历年参保人数统计

单位:万人

年份	职工基本 养老保险	职工基本 医疗保险	工伤保险	失业保险	生育保险
1998	378.1	—	230.0	332.2	202.7
1999	409.7	13.0	231.1	365.5	213.9
2000	447.4	228.1	212.1	392.5	200.0

续表

年份	职工基本养老保险	职工基本医疗保险	工伤保险	失业保险	生育保险
2001	610.4	352.7	219.7	391.1	187.6
2002	701.1	423.4	226.0	390.0	193.7
2003	801.2	510.3	287.7	396.8	215.0
2004	888.0	569.2	360.4	428.4	239.8
2005	962.3	639.6	453.1	444.7	284.9
2006	1052.6	730.6	603.9	504.4	382.7
2007	1167.1	855.0	1002.9	584.7	505.0
2008	1386.9	1053.9	1261.8	731.1	690.0
2009	1527.4	1173.7	1331.1	784.5	750.7
2010	1702.2	1344.4	1475.1	875.0	863.7
2011	1919.2	1514.4	1610.8	980.6	979.8
2012	2183.3	1671.0	1731.7	1065.6	1084.8
2013	2375.4	1791.1	1826.1	1144.3	1173.2
2014	2548.0	1900.0	1899.4	1210.3	1248.9
2015	2504.3	1992.7	1930.1	1260.2	1285.2
2016	2506.9	2017.5	1880.7	1317.0	1294.4
2017	2712.4	2117.4	1977.2	1380.9	1393.0
2018	2883.4	2277.0	2087.8	1478.4	1477.3
2019	3031.7	2426.6	2257.4	1561.7	1561.1
2020	3211.1	2579.5	2546.1	1687.8	
2021	3367.5	2736.0	2741.6	1793.5	
2022	3472.8	2856.0	2766.7	1850.9	

　　数据来源:职工基本养老保险(1998—2021)、职工基本医疗保险(1999—2021)、工伤保险(1998—2021)、失业保险(1998—2021)、生育保险(1998—2019)数据来自历年《中国劳动统计年鉴》。2022年各指标数据来自《浙江省国民经济和社会发展统计公报》。从2020年开始,生育保险与职工基本医疗保险合并实施,其参保情况不再单独统计。

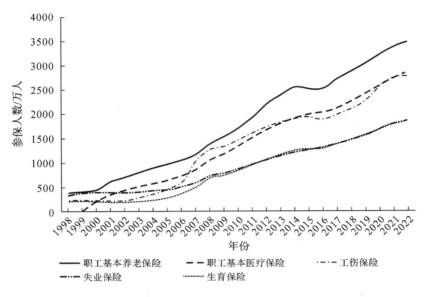

图 6-2 浙江省职工社会保险各项目历年参保人数变化情况

数据来源：历年《浙江统计年鉴》。

二、从城镇扩展到乡村

长期以来，与全国其他地方一样，浙江省的民生保障工作重点放在城镇，农村的民生保障明显薄弱。改革开放以来，浙江省开始重视农村的民生保障工作，努力将民生保障多项制度的惠及范围从城镇扩展到农村，使得农民的民生保障水平逐步提高。

（一）最低生活保障制度由城镇扩展到农村

在较长一个时期，浙江省与其他地区一样，农村困难居民的基本生活救助主要依靠集体经济和亲友的帮助。在城镇最低生活保障制度建立之后，浙江省即着手考虑在农村建立由政府承担主要责任的基本生活救助制度，于 2001 年率先全国在全省农村普遍实施最低生活保障制度。按照这项制度，户籍在浙江省农村的每一个社会成员，一旦其家庭收入水平低于当地的最低生活保障标准，即可从政府民政部门领取最低生活保障补差资金，以确保其在户籍地的基本生活需要。值得指出的是，2001 年 10 月 1 日《浙江省最低生活保障办法》全面实施，根据这一条例，浙江省的最低生活保障制度不再区分城镇居民与农村居民，全省城乡制度统一、规则统一，只是最低生活保障标准不同，以当地实际生活成本为基础确定。

（二）探索建立农民基本养老金制度

20 世纪 80 年代开始，浙江省内部分集体经济较强的农村，自发建立了老年津贴制度。随着对农村人口老龄化趋势认识的加深，不少地方对这项制度予以加强，有些地方逐步将其上升为正式的制度安排。在民政部门的推动下，1992 年 4 月，浙江省在杭州、宁波、嘉兴三地的 14 个县（市、区）进行农村社会养老保险试点。1993 年 5 月，浙江省政府发出《关于建立农村社会养老保险制度的通知》。1995 年，根据民政部《县级农村社会养老保险基本方案》，省政府出台了《浙江省农村社会养老保险暂行办法》，建立了农村社会养老保险制度。该制度的核心内容是：以县为基本单位，开展农村社会养老保险；资金筹集上，坚持"个人缴纳为主，集体补助为辅，国家给予政策扶持"的原则；基金采用完全积累制，主要用于存银行、买国债；待遇水平根据基金积累情况确定。据此，全省大多数县（市、区）开始试行农村社会养老保险业务。1999 年，根据中央有关精神，该项制度暂停发展新业务。这是关于农民基本养老金制度建设的一项创新性探索，但由于制度定位、制度设计和管理体制机制等方面的缺陷，尤其是缺乏财政支持，这项制度的吸引力不足，可持续性不强。根据当时的政策，部分参保者转入职工基本养老保险制度，部分参保者转入 2009 年建立的城乡居民基本养老保险制度。然而，浙江许多地区在农民基本养老金制度建设方面依然积极地进行探索。例如，杭州市萧山区、宁波市鄞州区等地建立了老年津贴制度；嘉兴市、余姚市等市则对原先的农村社会养老保险制度进行适当的改造，形成一种新的办法，这为后来的城乡居民基本养老保险制度建立奠定了基础。

2009 年 9 月，参照《国务院关于开展新型农村社会养老保险试点的指导意见》(国发〔2009〕32 号)的精神,浙江省建立了具有鲜明浙江特色的城乡居民基本养老金制度。这项制度的覆盖范围是职工基本养老保险参保对象之外的全体社会成员,既包括城镇居民,也包括农村居民,但主体是农村居民。根据多年来的参保结构分析,参保者中 90％以上是农村居民。与 10 多年前试行的农村社会养老保险制度不同,这项制度的资金来自财政和参保者个人缴费,以及可能的集体补助。其中个人缴费标准由参保者根据自己的缴费能力选择相应的缴费档次,全部用于建立个人账户;财政补助用于基础养老金。此外,对重度残疾人、低保对象等困难群众缴费,按当地最低档次缴费标准由当地财政予以部分或全部补贴。这项制度的基本养老金待遇由基础养老金、个人账户养老金和缴费年限养老金三部分组成,给付直至终身。当时规定基础养老金标准每人每月不低于 60 元,各市、县(市、区)政府可据情适当提高当地基础养老金标准;个人账户养老金月标准为个人账户全部储存额除以 139(与职工基本养老保险个人账户养老金计发系数相同);参保人死亡后,其个人账户中的资金余额,除政府补贴外,可以依法继承。至此,浙江省的每一位农村居民,年老之后都有一笔稳定的基本养老金,率先全国实现了基本养老金制度全覆盖和人群全覆盖。

(三)建立农民基本医疗保险制度

20 世纪 60 年代开始,以集体经济为主要支撑的农村合作医疗制度在浙江得到全面普及,但随着农村经济体制的转变而逐渐衰退,于 80 年代走入低谷。2003 年,中央提出推行新型农村合作医疗制度,浙江省被列为首批四个试点省份之一。同年 8 月,浙江省人民政府制定了《关于建立新型农村合作医疗制度的实施意见(试行)》(浙政发〔2003〕24 号),并选择 27 个县(市、区)作为新型农村合作医疗的试点。由于各地积极性较高,根据国务院关于"东部地区可适当加快步伐"的精神,浙江省在其他地区也很快实施了新型农村合作医疗制度。

该制度本质上是一项社会医疗保险制度,其保障对象是农村居民,实施这一制度的目的在于减轻农民因疾病带来的经济负担,提高全省农民的健康保障水平,但参保贯彻自愿原则,即农民以家庭为单位自愿参加,明确规定任何单位和个人不得强迫农民参加。从制度设计看,这是一种以大病统筹为主导的医疗费用互助共济机制,并明确由县级政府负责组织实施。该项制度实行个人缴费与政府资助相结合的筹资原则,农民缴费额根据当地农村经济发展水平和财政状况确定,对于"五保"户、低保家庭和特困残疾人等生活困难人员,经当地有关部门确认,其参加农村合作医疗的个人缴费部分由当地政府承担。农民参加这项制度后,符合制度规定的医药费用,有权利从参加地经办机构获得规定的费用报销,并有权向经办机构提出查阅相关的个人信息。此项制度由卫生行政部门组织实施,农村居民普遍认可和支持,其参保率长期维持在 95％ 以上。

三、从户籍人口到非户籍常住人口

浙江是一个人口输入型省份,近 20 多年来,省外人口进入浙江的数量持续增多。根据第七次全国人口普查资料,2010—2020 年,浙江省每一个地级市的人口均有所增长,而且主要原因是外来人口增加,即非户籍常住人口迅速增加。这表明,浙江的经济发展、社会和谐、环境适宜,因而吸引着越来越多的外来人口。这与浙江省对非户籍常住人口友好的民生保障政策有关。

(一)临时救助向非户籍常住人口开放

社会救助是民生保障领域的基础性项目,但长期以来各地的社会救助仅仅面向具有本地户籍的社会成员。根据中央有关精神,2011 年《浙江省城乡居民临时救助办法(试行)》颁布实施,旨在用"制度化"的办法解决社会成员可能遭遇的"临时问题"。这项制度实施之初,就没有明确规定救助对象是否一定要有本地户籍。2013 年浙江省余姚市发生水灾之后,各地逐步放开对外地人口的临时救助,帮助特殊困难遭遇者渡过难关。《浙江省人民政府关于印发浙江省临时救助办法的通知》(浙政发〔2015〕35号)第三条明确指出，"临时救助适用于本省户籍人口、持有《浙江省居住证》人口和困难发生在本省的流动人口，包括家庭对象和个人对象"。各地则据此相应地作出具体规定，例如《宁波市民政局 宁波市财政局关于进一步加强和改进临时救助工作的通知》(甬民发〔2022〕148号)规定："此类救助对象为因家庭必需支出突然增加、超出家庭承受能力，导致基本生活暂时出现严重困难的本市户籍人口、持有本市发放的《浙江省居住证》且在本市居住的外来人口。"

(二)城乡居民基本医疗保险向非户籍常住人口逐步开放

疾病风险是每一个社会成员所面临的基本风险，因而医疗保障是每一个社会成员的基本需求。对于一般居民和未参加职工基本医疗保险的非正规就业者而言，城乡居民基本医疗保险是一项非常重要的制度。然而，根据现行制度安排，城乡居民基本医疗保险实行户籍地参保的规则。但是，作为人口流入大省，浙江省有大量的外来人口，他们户籍不在浙江省内，按照原有规则不能参加浙江省各地的城乡居民基本医疗保险。虽然国家正在逐步解决异地就医经费结算问题，但对参保者来说毕竟有所不便。为此，浙江省部分地区逐步放开了城乡居民基本医疗保险的参保条件，允许非户籍常住人口在其实际居住地参加城乡居民基本医疗保险。例如，《嘉兴市基本医疗保障暂行办法》(嘉政发〔2019〕20号)第二十四条规定，"非本地户籍，但持有浙江省居住证，在户籍地未参加新型农村合作医疗保险、城镇居民基本医疗保险、职工基本医疗保险等的新居民及其子女"可参加城乡居民基本医疗保险。其他部分城市在实际操作过程中也已经允许非户籍常住人口参加本地的城乡居民基本医疗保险。

(三)探索常住地提供基本公共服务

发展为了人，发展依靠人。随着经济社会的发展，浙江省越来越意识到人口的重要性，因而通过各种途径培育和引进人才，聚集人气，其中包括通过优化基本公共服务制度吸引外来人口。在充分准备的基础上，2023年7月，《浙江省推动落实常住地提供基本公共服务制度 有序推进农业转移人口市民化实施方案（2023—2027年）》正式出台，明确了今后一个时期浙江省推进农业转移人口市民化的目标、任务和保障措施。其中包括省内农业户籍人口进城、省内各城市之间的人口流动以及省外人口流入浙江省的相关政策，涉及民生保障的各个领域，这里的基础性工作是放开放宽农业转移人口落户条件、健全新型居住证制度。由此出发，附着于户籍制度的各类基本公共服务将转为以居住证为基础，民生保障领域的各类政策将会逐步调整，例如，财政方面需要按照"钱随人走"的原则，完善财政转移支付机制，城镇建设用地规则、教师和医务人员编制等公共资源配置规则也相应地改变。

第四节　浙江省保障和改善民生的基本经验

长期以来，特别是改革开放以来，浙江省一直把改善人民生活、增进民生福祉放在突出的位置，以先进的理念提出清晰的思路，通过有效的制度安排和政策创新，为全省人民提供基本风险保障，并激励他们勤劳致富、创新致富。20世纪80年代提出"工业化"和"市场化"，1999年提出"城市化"，2003年提出"数字浙江"，2004年提出"平安浙江"，2006年提出"法治浙江"，2008年提出并实施《浙江省基本公共服务均等化行动计划》，2012年提出"健康浙江"，2016年提出"最多跑一次"……这一系列响亮的口号，逐步落实为各级干部群众的具体行动，不仅实现了人民生活水平持续提高，而且实现了本省经济社会协调发展，为承担高质量发展建设共同富裕示范区这一重任奠定了坚实的基础。根据十大类主要民生指标与全国水平、世界水平的比较，浙江的民生指数已经处于较高水平：人均地区生产总值达到高收入国家水平，人类发展指数处于"高人类发展水平"地区，居民人均收入水平居全国各省（区）第一位，恩格尔系数达到富足标准，信息化生活普及，国民身体素质主要健康指标处于较高水平，国民文化素质达到世界中上水平，就业保障和平安建设走在前列，率先高标准全面脱贫，绿水青山的人居环境成为浙江亮丽的金名片。[①]

一、坚持在发展中保障和改善民生

共同富裕有两个要点，一是富裕，二是共享。其中富裕需要通过发展来实现，共享则需要通过合理而有效的规则来实现。没有发展，就没有富裕，也就没有共享的基础；没有合理的共享，就不可能有持续健康的发展。说得通俗一点，就是在"做大蛋糕"的同时"分好蛋糕"。改革开放以来，浙江省一直坚持在发展中保障和改善民生。

（一）新增财力三分之二以上用于民生

浙江本是资源小省，经济基础薄弱，发展的优势不明显。但是，改革开放以来，浙江通过发展民营经济，促进农村劳动力转移到二、三产业，城市化水平不断提高，现代农业也得到快速发展，有效增加了农村居民的收入。截至 2022 年，浙江城镇居民和农村居民的人均可支配收入分别连续 22 年和 38 年居全国各省（区）第一位。为了进一步保障和改善民生，2006 年开始，浙江省坚持"新增财力三分之二以上用于民生领域"的原则，持续增加在民生领域的财政投入，民生保障的项目逐渐增多，惠及范围持续扩大，保障程度不断提高，民生保障领域的人均筹资水平和人均支出水平均处于全国前列。

（二）建立为民办实事长效机制

保障和改善民生，既要通过科学合理的制度安排，也需要建立有效的工作推动机制。为此，浙江省在认真贯彻执行中央制定的全国性民生保障制度政策的同时，注重从浙江省的实际出发，在民生保障领域不断创新制度、

---

① 浙江省统计局. 从 10 大类民生指标与世界和全国的比较看浙江全面小康的"高水平"成色[EB/OL]. (2020-09-02)[2023-02-01]. https://tjj. zj. gov. cn/art/2020/9/2/art_1229129214_2363751. html.

政策和工作机制。

2004年,浙江省专门建立了为民办实事的长效机制①,把制度建设贯穿到为民办实事的项目选择、决策、实施和督查考核等各个环节,形成了一整套完备的工作运行机制。当时确立了以下几条原则:一是以人为本,民生为重。着力办好与群众切身利益直接相关的事项,多做得人心、暖人心、稳人心的事,切实实现好、维护好、发展好最广大人民群众的根本利益。二是尊重民意,科学决策。坚持从实际出发,统筹兼顾,突出重点,把群众的呼声和需求作为决策的主要依据,按客观规律办事。三是实事实办,注重实效。大力弘扬求真务实精神,量力而行,尽力而为,把为民办实事各项工作落到实处,把实事办实办好,使群众看到实效、得到实惠。四是健全制度,常抓不懈。改进工作方式,完善工作程序,把制度建设贯穿于为民办实事的各个环节,坚持常年开展为民办实事活动。按照这一系列原则,浙江省确定了就业再就业、社会保险、医疗卫生、基础设施、城乡住房、生态环境、扶贫开发、科教文化、权益保障、社会稳定等10个重点领域,并建立了民情反映、民主决策、责任落实、投入保障和督查考评五大机制。据此,浙江省每年由群众推荐,经过认真的评估和论证后确定10件实事,由相关部门认真落实。例如,2005年提出"农民健康工程"以来,农民的体检经常化,农民的医疗保障和医疗服务水平稳步提高。

2007年,中央提出基本公共服务均等化。2008年8月,浙江省提出全国第一个《基本公共服务均等化行动计划》(2008—2012年),强调要按照"创业富民、创新强省"总战略的要求,以扩大基本公共服务覆盖面、提高基本公共服务均等化程度为目标,着力解决人民群众最关心、最直接、最现实的利益问题,着力改善欠发达地区和广大农村的生产生活条件,着力保障社会弱势群体、困难群体的生存和发展,加快构建配置合理、功能完善、便捷高效的基本公共服务供给体系,努力实现基本公共服务覆盖城乡、区域均衡、全民

---

① 《中共浙江省委、浙江省人民政府关于建立健全为民办实事长效机制的若干意见》(浙委发〔2004〕71号)。

共享,促进社会公平正义和人的全面发展。该行动计划提出的总体目标是,扩大城乡就业、社会保险、社会救助、社会福利覆盖范围,促进城乡教育、医疗卫生、文化等事业均衡发展,加快城市公共交通、供水供电、邮政通信、污水垃圾处理等公用设施向农村延伸,通过 5 年的努力,建立健全多层次、全覆盖的社会保障体系,配置公平、发展均衡的社会事业体系,布局合理、城乡共享的公用设施体系,着力缩小城乡之间、区域之间、群体之间的基本公共服务差距,努力使全省人民学有所教、劳有所得、病有所医、老有所养、住有所居。在此基础上还确定了到 2012 年需要实现的 14 项基本目标。这个行动计划同时还规划了未来 5 年投资 2170 余亿元建设的十大工程,分别是就业促进工程、社会保障工程、教育公平工程、全民健康工程、文体普及工程、社会福利工程、社区服务工程、惠民安居工程、公用设施工程、民工关爱工程,安排的项目有 81 个。

(三)注重改善民生与经济发展良性互动

长期以来,浙江始终把保障和改善民生与经济增长放到同等重要的位置,注重民生改善与经济发展之间的良性互动,实现民生改善、经济发展与社会稳定和谐的互促共进。这里的关键是,坚持"尽力而为,量力而行"的原则,注重民生保障水平与经济社会发展水平相适应,保持民生保障水平的适度性,使企业的劳动力成本处于合理的水平,全社会的民生保障制度运行成本也处于合理的水平。

20 世纪初,为扩大职工社会保险制度的覆盖面,浙江省在全国首创职工基本养老保险"低门槛准入、低标准享受"的"双低"办法。这是针对中小企业和农民工等群体参加职工基本养老保险的一种特殊办法。事实上,按照当时的筹资标准,参保者个人按照其工资的 8% 缴费,用人单位则要按照工资总额的 20% 甚至更高的标准缴费,对于多数企业来说,这是一项很重的缴费负担,也是一项很高的劳动力成本,无论是参保单位,还是参保个人,尤其是广大的中小企业、民营企业,以及农民工这些低工资劳动者,都难以承担。

为此,浙江省制定了这套"双低"政策。所谓低门槛准入,即缴费标准低一些。例如 2007 年《杭州市农民工基本养老保险低标准缴费低标准享受试行办法》规定,参保者个人缴费比率为 5%,比一般职工的个人缴费比率低 3 个百分点;单位缴费比率从 20% 下降到 14%,降低了 6 个百分点。这样的做法,实现了社会保险参保扩面与经济发展的统筹兼顾。

2008 年,为应对国际金融海啸的影响,浙江省在充分论证的基础上,在全国率先主动降低职工基本养老保险的用人单位缴费比率。从 2008 年起,浙江省逐步将全省用人单位基本养老保险费缴费比率统一到 12% 至 16% 的区间内,同时强调坚持分类指导,梯度推进各地用人单位基本养老保险费缴费比率调整工作。按照有关规定做实个人账户后,基本养老保险基金支付能力在 24(含)个月以上的统筹地区,可逐步下调缴费比率,最低不低于 12%;基金支付能力在 12(含)个月至 23 个月之间的,可将缴费比率调整到 12% 至 16% 之间;基金支付能力不强的统筹地区要采取综合性措施,在确保基金支付能力不低于 6 个月的前提下,逐步将缴费比率调整到 16%;基金支付困难的统筹地区,要结合当地实际制定具体方案,进一步强化社会保险费征缴,多方筹措社会保险资金,积极创造条件,逐步降低缴费比率。这项措施,有力地减轻了企业的社会保险缴费负担,降低了企业的劳动力成本,优化了企业发展环境,不仅促进了经济发展,而且为劳动者就业提供了更多的机会,既保障了劳动者的社会保险权益,又增加了老百姓的收入。

二、注重民生保障制度政策的城乡统筹

由于历史和现实的诸多原因,农村不仅经济发展滞后,而且民生保障项目少、保障水平低。实现共同富裕,是要促进农业农村发展,并持续缩小城乡差距。改革开放以来,浙江在促进农民增收的同时,积极推进美丽乡村建设,加快城乡基础设施同规同网、互联互通,基本公共服务部分项目制度整合、标准逐步统一,通过一次分配和再分配这两个途径有效缩小了城乡差距。2022 年,全省城乡居民收入倍差为 1.90,这一指标已经连续 10 年呈缩

小态势。同时,民生保障制度是国家治理体系的重要组成部分,应当按照简约的原则进行制度安排和设计。近 20 多年来,浙江省按照同类民生保障项目"制度越少越好,制度越简单越好"的原则,尽可能地将同类民生保障制度整合,尤其是城乡之间的制度整合,不仅缩小了这些领域的城乡差距,顺应了新型城市化和城乡融合的趋势,而且降低了行政管理和相关公共服务的成本,节约了大量的社会资源。

(一)率先建立城乡一体化的最低生活保障制度

最低生活保障制度是改革开放以后出现的新型社会救助体系中的重要项目,其职责是保障低收入群体的基本生存需要。浙江省先是在城镇实行这项制度,不久政府决定将这一制度推广到农村。但究竟是城乡分别建制度,还是城乡统一建制度? 考虑到城市化趋势,且本省农村干部素质较高,最低生活保障的行政管理和经办服务能力均较强,浙江省决定城乡采用同一个制度。2001 年 8 月,省人民政府第 57 次常务会议审议通过了《浙江省最低生活保障办法》,并于 2001 年 10 月 1 日起正式实施。这不仅意味着浙江率先全国在农村全域普遍实行最低生活保障制度,而且实现了农村最低生活保障与城镇最低生活保障的制度一体化,使农村的低收入群体能够与城市低收入群体一样享受最基本的生活保障,并节约了大量行政成本。

(二)率先建立城乡一体化的居民基本养老金制度

养老金是惠及面最广、社会关注度最高的民生保障项目。但是,我国农民一直没有社会化的养老金制度。得益于改革开放先富裕起来的浙江农民,一直盼望像城市劳动者那样,年老之后拥有一份养老金。顺应这份民意,早在 20 世纪 80 年代,浙江省就开始探索建立农民的基本养老金制度。几经曲折,终于在 2009 年等来了机会。当时浙江省内有一些地方进行了探索,兄弟省份也有一些做法。浙江省根据城市化趋势和城乡统筹的要求,建立了以农民为主体的城乡居民社会养老保险制度,这是一套具有鲜明浙江特色的社会养老保险制度。与全国性制度和兄弟省(市)的制度相比,浙江省的这项制度具有下列优点:一是城乡制度一体化,实现基本养老金制度全覆盖。机关、事业单位和企业职工分别由退休保障制度和职工基本养老保险制度提供老年收入保障,城乡居民社会养老保险制度的实施意味着浙江省在基本养老金方面率先全国实现了制度层面的全覆盖。事实上,全国面向城镇居民的社会养老保险制度到 2011 年才开始试点,而且到 2014 年中央推广浙江省的经验,把城镇居民社会养老保险与新型农村社会养老保险合并成为城乡居民基本养老保险制度。二是人人享有养老金,实现基本养老金人员全覆盖。根据这项制度,凡未能领取政府养老金的本省户籍老年人都可以通过本制度获得每月不低于 60 元的基础养老金。这就意味着全省老年人都可以拿到政府提供的基本养老金。三是待遇高于兄弟省份。根据城乡居民社会养老保险制度,参保人员的养老金由基础养老金、个人账户养老金、缴费年限养老金三部分构成。其中缴费年限养老金为浙江省独创,全国性制度中没有这一项;全国规定基础养老金不低于 55 元,而浙江省是60 元,高于其他省份。四是浙江省于 2009 年开始即在各地普遍实施这项制度,不像其他省份只是选择 10% 的县进行试点,这种一步到位的做法,不仅使得以老年农民为主体的城乡老年居民尽快受益,而且省去了行政管理领域的诸多复杂事务。因此,浙江省的城乡居民社会养老保险制度从设计理念到具体制度安排,都走在全国的前列。

（三）率先整合城乡居民基本医疗保险制度

为缓解农村因病致贫、因病返贫现象,2003 年浙江省根据中央的精神,率先开展新型农村合作医疗制度试点。2006 年,为了实现基本医疗保险制度全覆盖,浙江省率先在省级层面普遍实施面向城镇非工薪居民的基本医疗保险制度。这两项制度实施之后,受到城乡居民的普遍欢迎,覆盖范围日益扩大,保障水平逐步提高,为实现全民健康保险发挥了积极的作用。新型农村合作医疗制度和城镇居民基本医疗保险制度是性质完全相同的社会医疗保险制度，由于分属不同的部门经办管理，制度之间缺乏衔接与协调，出现两个参保群体间攀比待遇、重复参保等现象，造成财政重复补助、重复建设和社会资源浪费。从人民群众日益增长的医疗保障需求、城市化进程以及建立全民医疗保险的发展趋势看，面向城乡居民的这两项社会医疗保险制度需要进行整合。根据有关专家的建议，从 2009 年起，各地陆续将这两项制度整合成为城乡居民基本医疗保险制度，这就使得农民与城镇居民有相同的基本医疗保险权益，而且降低了制度运行成本，并节约了医药服务领域的社会资源，从而提高了整个基本医疗保险体系的运行效率。

三、注重民生保障服务的规范化和标准化

民生领域的各项政策关系到每一个社会成员的基本权益和切身利益，需要有明确的规范和相应的标准，否则可能难以保障社会成员的基本需要，而且可能诱发社会矛盾。为此，浙江省在不断完善民生保障法规体系、科学制定法律规范的同时，按照"以标准化促进均等化"的思路，在基本公共服务和各类民生保障项目中，注重建立规范，制定标准，给普通老百姓以稳定的预期。事实上，部分民生福祉项目只要通过及时足额的资金给付即实现了制度目标，但大多数项目需要通过有效的服务提供才能实现其制度目标，因而浙江省高度重视民生保障相关服务和经办服务的质量与标准。

（一）建立基本公共服务清单

基本公共服务制度是民生保障制度的核心部分。早在 2008 年，浙江省就率先全国实施基本公共服务均等化行动计划，并确定了与百姓生活息息相关的一系列项目，为后续进一步推进基本公共服务均等化奠定了良好的基础。2012 年，浙江省第一个基本公共服务体系建设规划——《浙江省基本公共服务体系"十二五"规划》清晰地列明了基本公共服务在各领域的具体项目及其服务对象、保障标准、支出责任等要件，同时还以附件的形式列出了《浙江省基本公共服务均等化实现度评价指标体系（试行）及指标解释》，

作为考核各地基本公共服务均等化推进程度的依据。2016年,制定《浙江省基本公共服务体系"十三五"规划》时,规划文本后特地附上了《"十三五"时期浙江省基本公共服务清单》,让全体社会成员可以更加清晰地了解自己的基本公共服务权益,以及获得各种服务的相关规则和途径。

（二）建立健全民生保障服务标准

与民生福祉相关的基本公共服务有两大类。第一类是民生保障经办服务,如社会保险参保、养老金给付、低保金领取、残疾人津贴领取等;第二类是民生保障相关服务,如医疗服务、照护服务、教育培训服务等。这些服务的质量,不仅关系到民生保障制度运行的成本和效率,而且与老百姓的切身利益、服务体验感息息相关。因此,浙江省制定了民生保障领域的一系列规范和标准。

第一,浙江省民生保障相关各部门的经办服务机构普遍制定了相关的经办服务标准,而且随着实践经验的积累,本着方便老百姓的原则,及时优化经办程序、简化经办手续,并充分利用数字化的方式,为人民群众提供准确、便捷、高效的服务。尤其是在"最多跑一次"改革精神的指引下,各项经办服务得到进一步改进。例如,社会保险部门制定了基本养老金领取者、基本医疗保险待遇享受者、职业伤害保障对象和失业者的确定规则,民政部门制定了最低生活保障对象认定、"五保"供养对象认定和各类救助对象认定的规则。

第二,浙江省民生保障相关部门还建立了民生保障服务供给者的资质标准。明确规定从事某一领域民生保障服务的机构,如医疗机构、养老机构、教育培训机构、劳动关系协调和仲裁机构等需要有相应的资质,其工作人员需要相应的专业技能,这都需要一整套可操作的规则。

第三,浙江省还对民生保障领域各项目逐步建立相应的服务标准,旨在让服务接受者能够体验,让服务供给者能够遵循,让第三方能够评估。例如,义务教育的质量,基本养老金的准确性和发放的及时性,养老机构中的生活照料服务、膳食服务、洗涤服务、心理或精神支持服务等。此外，民生保障服务递送过程也需要一系列标准，作为服务供给的程序性依据，旨在提高服务递送的标准化程度，如服务时间、服务态度、服务便捷程度等。

（三）注重民生保障服务的数字化应用

浙江不仅是数字经济大省，而且在公共管理和民生福祉领域的数字化程度也走在前列。浙江省民生保障各部门以全域性数字化改革为引领，运用数字化思维、认知和技术，不断迭代深化民生保障服务各类项目的"码上办"，绝大多数项目可以通过"浙里办"办理。这种以数字赋能构建民生保障和服务的工作闭环体系，形成综合协同、智能辅助、科学决策、客观评估的机制，为暖心服务和基层治理提供有效保障。人社部门、民政部门、卫生部门、医疗保障部门、住建部门和残联等普遍建立了信息系统，既服务于百姓的日常生活，又服务于政府的管理和决策。

以民政系统为例，浙江省建立了省、市、县（市、区）、乡镇（街道）、村（社区）实时动态五级组织架构，统一全省民政各业务系统和全省各部门的业务系统基础架构，提供部门系统间共享对接、数据分析、统计决策与综合利用的底层支撑，同时建设了民政综合协同管理平台，制定了民政工作数字化协同管理办法，逐一梳理业务条线之间数据的逻辑联系，利用数据共享推动业务协同，强化条线之间的业务融合和共同治理。此外，全面挖掘形成"全省统一、海量采集、动态更新、及时归集、权威发布、协同共享"的民政数据资源目录，建立数据目录化、目录全局化、全局动态化的民政数据归集工作机制，实现数据全量、准确、实时归集，形成民政数据资源支撑体系。

四、利用市场机制创新民生保障政策

浙江是市场大省，市场和效率的观念深入人心。在保障和改善民生的过程中，浙江省努力做到制度安排的公平和管理服务的高效，坚持政府主导的原则，充分利用市场机制，创新民生保障制度和政策，推动基本保障相关服务供给主体多元化,注重供给机制和方式创新,不断提高整个民生保障体系的运行效率。

（一）建立多元供给机制

民生保障领域的各项服务过去主要由政府部门所属的事业单位提供。改革开放以来,浙江省注重民生保障服务供给机制创新,把改善民生福祉与现代服务业发展、社会治理机制创新有机结合起来。一是扩大民生保障服务面向社会开放,鼓励和引导民间资本参与民生保障服务设施建设和运营管理,同时实施有效的监管,并注重培育服务供给机构的行业自律能力。从这些年的实践来看,民办幼儿园、民办职业培训机构、民办医疗机构等都有良好的发展,尤其是民办的养老机构、残疾人康复机构和残疾人托养机构得到了快速发展。二是注重基层公共服务资源整合,提升社区民生保障服务能力和规范化程度。因地制宜建设社区综合公共服务设施,提高共建共享程度,优化资源配置,提高各类设施设备的利用率。三是对民生保障领域的财政支持政策进行调整,加大政府购买服务的力度,包括购买企业、社会组织和社区的服务等,逐步实现从以补供方为主向以补需方为主的转变,增强了财政补助的公平性和资金使用绩效,适应了民生保障服务社会化的趋势。四是积极培育社会工作队伍,鼓励支持他们参与民生保障服务。这些年来,全省社会工作队伍和志愿者队伍持续扩大,且其专业化程度不断提高。

（二）商业保险机构参与民生保障服务

商业保险机构是专门提供风险保障服务的金融机构,不仅可以为社会成员提供补充性保障服务,而且可以参与政府组织的民生保障制度创新。最近 20 年来,浙江省通过多种形式进行了有益的探索。

2006 年 3 月,浙江率先全国推出"政府推动＋共保经营"模式,由在浙 10 家商业保险公司组成共保体,实行"单独建账、独立核算、赢利共享、风险共担",承接农业保险业务,并由地方政府与共保体共同分担巨灾风险。

2007年,浙江省探索建立"政府补助推动＋农户自愿缴费＋市场经营运作"政策性农村住房保险制度。对本省农村居民自有的、用于生活居住的一处房屋,因台风、火灾、洪水、暴风雨等除地震外的所有自然灾害和意外事故造成的农房倒塌,给付保险金。这两个保险项目在历次台风、雪灾、强降雨等大灾中发挥了积极作用,浙江省成功地探索出了一条高风险地区农村保险的新路子。

最近几年,人民群众对医疗保障的诉求不断提高,而现行基本医疗保障制度在反贫困方面的功能不强。为了增强整个医疗保障体系的反贫困功能,浙江省进行了积极的探索。各级政府及其医疗保障部门积极支持商业保险公司开展城市定制型商业医疗保险项目(俗称"惠民保"),如杭州市的"西湖益联保"、丽水市的"浙丽保"、衢州市的"惠衢保"等。这类医疗保险项目的特点是低门槛、低保费、高保额,与基本医疗保障紧密衔接。从各地的实践看,惠民保产生了两方面积极效应:一是增强了当地医疗保障体系整体的反贫困功能,二是有效促进了补充性医疗保险发展。因此,省政府和地方各级政府都很重视,予以较大力度的支持,某些地区的参保率达到90%左右。

第七章　面向外来人口的
包容性政策与实践

　　浙江省作为沿海发达地区,改革开放以来特别是进入 21 世纪以来,以开放、包容的姿态吸引了大量省外人口来浙就业、生活,为推动共同富裕奠定了重要基础。2020 年第七次人口普查数据显示,浙江全省流动人口为2791.97 万人,流动人口数量位居全国第二位;而 2010—2020 年 10 年间,常住人口增长了 1014.07 万人。一方面,长期以来,浙江坚持高质量发展,统筹人口与经济社会发展,有力推动"吸引人",特别是民营经济已经成为浙江的一张"金名片",能够吸引大量外来人口来浙就业;另一方面,全省各地更加注重如何"留住人",通过健全基本公共服务体系、完善稳岗留工政策、优化落户政策等,使外来人口有更好的就业环境和生活环境。2023 年 7 月底,《浙江省人民政府办公厅关于高质量推进户籍制度改革的通知》(浙政办发〔2023〕41 号)印发,明确实行以经常居住地登记户口制度,全面放宽城镇地区落户限制,放开人才落户,放宽投靠落户,实行户籍准入年限累计互认。与此同时,省政府还印发了《浙江省推动落实常住地提供基本公共服务制度有序推进农业转移人口市民化实施方案(2023—2027 年)》(浙政办发〔2023〕37 号),进一步畅通了农业转移人口融入城市的渠道。

　　本章将从近年来浙江人口变化现状分析出发,系统梳理面向流动人口的包容性、开放性政策,分析浙江在健全常住地基本公共服务方面的做法,以更好地总结完善人口、就业和公共服务政策在吸引外来人口在浙生活工作进而推动共同富裕方面发挥的积极作用。

第一节　流动人口变化趋势与相关政策

新中国成立以后到改革开放以前,与全国其他地区类似,受计划经济影响,浙江的商品经济不发达,全省的人口流动也基本处于停滞状态。改革开放以后,浙江人口以净流出为主要特征。20世纪八九十年代,随着农村家庭联产承包责任制的推广,农村劳动生产率大大提升,开始出现大量农村剩余劳动力。由于浙江是典型的"人多地少"省份,大量的浙江人开始外出寻找就业机会。以"走遍千山万水,想尽千方百计,说尽千言万语,吃尽千辛万苦"为代表的"四千"精神,集中体现了改革开放之初浙江人敢于改革、善于拼搏、不畏艰险的品质。进入20世纪90年代以后,民营经济蓬勃发展,吸引了省外大量劳动力来浙江务工,省外流入人口呈现较快增长趋势,到2010年,省外流入人口已经占到全部常住人口的21.7%。

一、流动人口变化趋势

浙江是典型的人口流入大省,特别是2000年后,外来人口吸引力越来越强,这里我们收集了浙江省2010年和2020年的人口统计数据,分析外来人口流动变化趋势。可以看到,外来人口流动主要呈现以下趋势。

第一,流动人口规模呈持续增长态势。第七次全国人口普查显示,2020年浙江省流动人口总量达2555.75万人,较2010年的1861.86万人增长了37.28%,流动人口占常住人口的比例为39.58%,其中省外流入人口为1618.65万人,占常住人口的比例为25.07%。省外流动人口的增加是拉动浙江总人口增长的重要原因之一。2010—2020年,全省常住人口增加了1014.1万人,其中省外流入人口净增加436.25万人,占总增加人口的43%。2010—2020年间,浙江流动人口增速高达3.22%,比常住人口增速高1.5个百分点。浙江流动人口规模位居全国第二位,少于广东的 5206.6 万人,但流动人口占常住人口的比重与广东(41.3%)差距不大。

根据统计,省外流入人口来自全国各个省级行政区,来源地居前三位的分别是安徽省、贵州省和河南省,流入人口分别为 313.88 万人、282.75 万人和 246.59 万人,分别占省外流入人口的 19.39%、17.47% 和 15.23%。

第二,浙江流动人口以劳动年龄人口为主。浙江流动人口以中青年劳动年龄人口为主,2020 年,15—59 岁的流动人口为 2128.20 万人,占到流动人口总量的 83.27%,流动人口平均年龄为 34.85 岁。和 2010 年相比,15—59 岁人口增长了 511.42 万人,但比重从 86.84% 降低到 83.27%,劳动年龄人口比重下降;而 0—14 岁少儿流动人口和 60 岁及以上老年人口数量分别增加了 91.66 万人和 90.79 万人,比重提高 0.86 和 2.71 个百分点(见表 7-1)。

表 7-1　2010—2020 年浙江省流动人口年龄构成

单位:%

年龄分布	2010 年	2020 年
0—14 岁	10.06	10.92
15—59 岁	86.84	83.27
60 岁及以上	3.10	5.81
平均年龄(岁)	30.80	34.85

资料来源:浙江省第六次、第七次人口普查资料。

表 7-2 反映了浙江省 3 岁及以上流动人口受教育程度变化情况。可以看到,在流动人口群体中,初中及以上学历占比达到 74.59%,其中大学专科及以上占比达到 19.07%。流动人口又可以分为省外流入人口和省内流动人口。其中,省外流入人口中,初中以上学历占到 72.69%,大学专科及以上学历占到 9.22%;省内流动人口中,初中以上学历占到 76.82%,大学专科及以上学历占到 30.63%。由此可以看到,省内流动人口高学历占比大大高于省外流入人口。

表 7-2　2020 年浙江省 3 岁及以上流动人口受教育程度

单位:%

受教育程度	全省	省外流入	省内流动
未上过学	1.98	1.79	2.20
学前教育	2.65	2.30	3.07
小学	20.78	23.22	17.91
初中	38.62	50.19	25.06
高中/中专	16.90	13.28	21.13
大学专科	9.51	5.08	14.69
大学本科	8.66	3.65	14.54
研究生	0.90	0.49	1.40
合计	100.00	100.00	100.00

资料来源:浙江省第七次人口普查资料。

第三,流动人口的流动原因更加多元化。人口普查统计了流动人口的流动原因,包括工作就业、学习培训、投靠亲友等。从统计来看,浙江省流动人口的流动目的呈现更加多元化的趋势。2020 年,居第一位的是"工作就业或务工经商",占比达到 60.02%;居第二位的是"拆迁或搬家",占比达到 12.91%;居第三位的是"随同离开或投亲靠友",占比达到 9.54%;居第四位的是"学习培训",占比达到 7.91%;流动原因为"婚姻嫁娶"及"照顾孙子女"的分别占 2.37% 和 1.84%(见表 7-3)。省内流动人口中,流动目的居第一位的是"工作就业或务工经商",占比达到 34.25%;居第二位的是"拆迁或搬家",占比达到 26.69%;居第三位的是"学习培训",占比达到 12.57%;居第四位的是"随同离开或投亲靠友",占比达到 10.62%。省外流入人口的流动目的,居第一位的是"工作就业或务工经商",占比达到 82.18%;居第二位的是"随同离开或投亲靠友",占比达到 8.62%;居第三位的是"学习培训",占比达到 3.90%。与 2010 年第六次人口普查相比,"工作就业或务工经商"一直是占大多数的原因,保持了六成以上的占比;流动人口迁移原因更加多元化,其中"拆迁或搬家"占比上升较为明显,提高了 5.47 个百分点。

表 7-3　2010—2020 年浙江省流动人口流动原因构成

单位:%

流动原因	2010 年			2020 年		
	小计	省内	省外	小计	省内	省外
工作就业/务工经商	65.96	38.57	84.67	60.02	34.25	82.18
学习培训	6.38	13.89	1.25	7.91	12.57	3.90
随同离开/投亲靠友	15.06	19.83	11.81	9.54	10.62	8.62
拆迁/搬家	7.44	17.84	0.33	12.91	26.69	1.06
寄挂户口	0.49	0.92	0.19	0.39	0.79	0.04
婚姻嫁娶	2.84	5.38	1.11	2.37	4.28	0.73
照料孙子女	—	—	—	1.84	2.61	1.18
为子女就学	—	—	—	0.66	1.32	0.09
养老/康养	—	—	—	0.94	1.83	0.17
其他	1.83	3.57	0.64	3.42	5.04	2.03
合计	100.00	100.00	100.00	100.00	100.00	100.00

资料来源:浙江省第六次、第七次人口普查资料。

注:表中"—"表示当年的调查没有该选项。

第四,流动人口长期定居意愿在逐渐增强。2020 年,从全省流动人口的流动时间看,流动人口居住半年至一年比重为 19.35%,居住 10 年以上的居首位,高达 21.90%。其中,省外流入人口离开户籍地时间在 10 年及以上的规模为 349.21 万人,占省外总流入人口的 21.57%,略高于居住半年以上不到一年的居住人口的占比 20.96%。省内流动人口中,居住 10 年以上的占比最高,占 22.28%;其次为居住半年以上不到一年的人口,占 17.48%(见图 7-1)。因此,无论是来自省内还是省外的流动人口,长期居住比重占比最高,说明越来越多的外来人口在浙江长期定居的意愿在逐渐提高,这与浙江省经济形势向好、就业环境与居住环境较好有关。

第五,流动人口集聚趋势更为显著。第七次人口普查资料显示,杭州市、宁波市、温州市、金华市四大城市流动人口集聚明显。其中,流动人口流入最多的是省会城市杭州市,达到 474.08 万人,占总量的 18.55%;宁波市

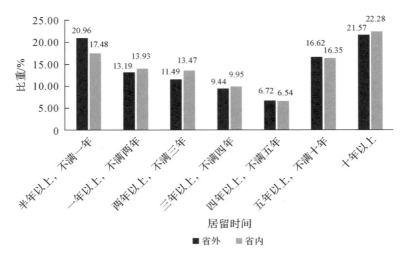

图 7-1 2020 年浙江省省内及省外流入人口居留时间分布

次之,达到 430.97 万人,占总量的 16.86%;温州市居第三位,达到 395.71 万人,占总量的 15.48%;金华市居第四位,达到 337.16 万人,占总量的 13.19%。这四市合计流入 1637.92 万人,占总量的 64.08%。而衢州市、舟山市外来人口最少,分别仅占总量的 1.87% 和 1.32%(见表 7-4)。这表明,良好的经济发展和就业创业环境、区位优势是吸引外来人口的重要因素。

表 7-4 2020 年浙江省流动人口区域分布

地区	合计		省内		省外	
	人数/万人	占比/%	人数/万人	占比/%	人数/万人	占比/%
合计	2555.75	100.00	937.10	100.00	1618.65	100.00
杭州	474.08	18.55	153.59	16.39	320.50	19.80
宁波	430.97	16.86	117.69	12.56	313.27	19.35
嘉兴	238.57	9.33	66.13	7.06	172.43	10.65
湖州	116.42	4.56	40.19	4.29	76.23	4.71
绍兴	179.09	7.01	73.22	7.81	105.87	6.54
舟山	33.69	1.32	10.49	1.12	23.20	1.43
温州	395.71	15.48	166.28	17.74	229.43	14.17

地区	合计		省内		省外	
	人数/万人	占比/%	人数/万人	占比/%	人数/万人	占比/%
金华	337.16	13.19	118.60	12.66	218.57	13.50
台州	218.26	8.54	86.53	9.23	131.73	8.14
衢州	47.83	1.87	37.39	3.99	10.45	0.65
丽水	83.96	3.29	67.00	7.15	16.96	1.05

资料来源:浙江省第七次人口普查。

注:表中分项数据统一保留两位小数,因四舍五入可能导致分项数据总和与合计数存在差异。

从省外流入人口分布看,各市之中流入最多的仍是杭州市,占 19.80%;宁波市次之,占 19.35%;温州市、金华市居第三、第四位,分别占 14.17% 和 13.50%;衢州市、丽水市最少,分别占 0.65% 和 1.05%。

从省内流动人口分布看,各市之中流入最多的是温州市,占省内流动人口的 17.74%;杭州市次之,占 16.39%;金华、宁波市居第三、第四位,分别占 12.66% 和 12.56%;舟山市、衢州市最少,分别占 1.12% 和 3.99%。

二、流动人口管理服务政策

党的十八大以来,户籍制度改革持续深化。2014 年,国务院印发《关于进一步推进户籍制度改革的意见》(国发〔2014〕25 号)。在此意见精神的指引下,城市落户门槛大幅降低,城区常住人口 300 万以下城市取消落户限制,城区常住人口 300 万以上城市有序放宽落户条件。2019 年,中共中央、国务院印发《关于建立健全城乡融合发展体制机制和政策体系的意见》(中发〔2019〕12 号),指出:有力有序有效深化户籍制度改革,放开放宽除个别超大城市外的城市落户限制;加快实现城镇基本公共服务常住人口全覆盖。近年来,浙江省进一步优化户籍相关政策,推出面向外来流动人口更加包容、更加友好的政策。

  2015 年底，浙江省人民政府出台《关于进一步推进户籍制度改革的实施意见》(浙政发〔2015〕42 号)，提出全面放开县(市)落户限制，有序放开大中城市落户限制，取消农业户口与非农业户口性质区分，将计划生育政策与户口登记脱钩，标志着全省户籍制度改革进入全面实施阶段。当年，全省常住人口 5539 万人，常住人口城镇化率 65.8%，高出全国平均水平约 10 个百分点。

  早在 2009 年，为了更好地规范居住登记行为，统一流动人口信息管理，推动基本公共服务均等，浙江省决定改暂住登记为居住登记，推出了《浙江省流动人口居住登记条例》，在条例中明确了"县级以上人民政府应当将流动人口居住登记和服务管理工作纳入国民经济和社会发展规划，逐步实现基本公共服务均等化""流动人口的合法权益受法律保护，任何单位和个人不得侵犯"等内容。2016 年，省政府办公厅印发《关于推行新型居住证制度的通知》(浙政办发〔2016〕100 号)。同年，为规范流动人口居住登记，加强流动人口服务管理，保障流动人口合法权益，促进经济社会协调发展，经浙江省第十二届人民代表大会常务委员会第二十八次会议审议，通过新修订后的《浙江省流动人口居住登记条例》。

  2017 年 1 月，浙江打破城乡人口身份差异标识，全面取消农业户口与非农业户口性质区分和由此衍生的蓝印户口等户口类型，实现省内城乡人口身份平等。从 2017 年下半年开始，根据浙江省人民政府办公厅《关于调整完善户口迁移政策的通知》(浙政办发〔2017〕90 号)精神，不断调整完善户口迁移政策，进一步放宽城镇落户限制。2020 年，浙江省公安厅制定出台了新版《浙江省常住户口登记管理规定》。该规定提出，在前期实现部分户口登记事项网上申请、同城通办的基础上，推出部分事项"全市通办"等措施。

  2023 年 7 月，浙江省人民政府办公厅印发了三个文件，对未来一个时期深化户籍制度改革，为常住人口提供更加优质的公共服务提出了意见建议。这三个文件分别是《浙江省推动落实常住地提供基本公共服务制度 有序推进农业转移人口市民化实施方案(2023—2027 年)的通知》(浙政办发〔2023〕

37 号)、《关于优化新市民积分管理服务工作的指导意见》(浙政办发〔2023〕38 号)和《关于高质量推进户籍制度改革的通知》(浙政办发〔2023〕41 号)。其中,《浙江省推动落实常住地提供基本公共服务制度 有序推进农业转移人口市民化实施方案(2023—2027 年)》明确了"全省(杭州市区除外)全面取消落户限制政策,确保外地与本地农业转移人口进城落户标准统一,试行以经常居住地登记户口制度,落实合法稳定住所(含租赁)落户及配偶等直系亲属随迁政策"。《关于优化新市民积分管理服务工作的指导意见》在全国首创"省级共性＋市县个性"积分指标体系,以居住证为载体,通过设置积分指标体系,将新市民个人情况、实际贡献等转化为相应分值,积分达到一定要求可享受常住地提供相应公共服务待遇。《关于高质量推进户籍制度改革的通知》部署了未来一个时期全省高质量推进户籍制度改革工作,提出了加快推进以人为核心的新型城镇化等重点工作。

三、基本公共服务政策

浙江是最早提出并实施推进基本公共服务均等化的省份(2008 年,在全国率先实施基本公共服务均等化行动计划),也是率先全国制定实施基本公共服务体系规划的省份。"十二五"以来,浙江省委、省政府高度重视基本公共服务体系的建设,扎实推动基本公共服务均等化。2010 年,印发《浙江省基本公共服务体系"十二五"规划》,启动基本公共服务均等化实现度监测评价工作。2015 年,制定涉及八大领域涵盖 114 项公共服务清单的《浙江省基本公共服务体系"十三五"规划》,提出"健全财政转移支付与农业转移人口市民化挂钩机制,分阶段有序保障居住证持有人与当地户籍人口平等享有基本公共服务"。

在 2021 年印发的《浙江省公共服务"十四五"规划》中,浙江省提出"缩小基本公共服务人群差距"方面的任务,指出要"健全以流入地为主的基本公共服务供给制度,完善以居住证为载体、与居住年限等相挂钩的基本公共服务便利化提供机制,推动符合条件的未落户常住人口逐步享有与户籍人口同等的基本公共服务。全面落实支持农业转移人口市民化财政支持政策及动态调整机制,健全异地结算、钱随人走等机制,促进有条件的农业转移人口放心落户,保障其与城镇居民享受同等公共服务"。

近年来流动人口快速增长,这在为流入地经济社会发展做出重要贡献的同时,也给人口流入较多地区带来了基本公共服务支出压力。如何解决好外来人口的公共服务保障问题,成为近年来各级政府思考的重要问题。2022年,浙江省财政厅印发《"钱随人走"制度改革总体方案》,旨在构建一个以人为核心的转移支付体系,选择与人口或特定享受对象直接相关、按核定标准执行的运行成本,合理确定补助标准和人口因素权重。

四、人才政策

近年来,浙江全省及11市纷纷出台人才吸引政策,以强化就业政策供给来实现吸引人、稳就业(见表7-5)。

表 7-5 截至 2022 年浙江省各市人才吸引政策(部分)

地区	生活补贴	租房补贴	创业补贴
杭州市	本科 1 万元,硕士 3 万元,博士 10 万元。在富阳区、临安区、桐庐县、淳安县、建德市等西部区、县(市)工作,工作满 3 年后,再给予本科 1 万元、硕士 3 万元、博士 10 万元的生活补贴	1. 每户每年发放 1 万元,可发放 3 年,期满后收入低于城镇居民人均可支配收入的,可继续享受,最长不超过 3 年 2. 在校大学生或毕业 5 年内的高校毕业生在杭新创办企业租赁办公用房的,可享受 3 年内最高 10 万元的经营场所房租补贴。大学生创业企业入驻创业陪跑空间,可按规定享受创业陪跑空间房租补贴	毕业 5 年内的普通高校毕业生(包括外国大学生、留学生)或在杭高校在校生,在上城区、拱墅区、西湖区、滨江区及富阳区范围内新创办企业,经评审通过后可给予 5 万—20 万元无偿资助;优秀项目可采取"一事一议"的办法,最高给予 50 万元的无偿资助。其他区、县(市)大学生创业项目符合条件的,市财政再按当地无偿资助额 50%的标准予以资助

续表

地区	生活补贴	租房补贴	创业补贴
宁波市	本科 1 万元,硕士研究生 3 万元;毕业 2 年内到中小微企业首次就业,签订 1 年以上劳动合同,按规定缴纳社会保险,每满 1 年给予 2000 元补贴,最多不超过 3 年	毕业 10 年内的普通高校毕业生在宁波首次购房,给予购房总额 2%、最高 8 万元补贴	荣获"宁波市大学生创业新秀",奖励 10 万元;企业在职人员攻读研究生,给予 50%、最高 5 万元学费补贴
温州市	专科 1 万元,本科 2 万元,硕士 4 万元,博士 8 万元	最高 1200 元	给予优秀大学生创业项目 5 万—50 万元补贴
湖州市	博士研究生 5 万元,硕士研究生、"985""211""双一流"高校或学科本科生 3 万元,其他本科毕业生 1 万元,专科高职生 0.6 万元		在湖州初次创办企业或从事个体经营的在校大学生及毕业 5 年以内的全日制专科及以上毕业生创办养老、家政服务和现代农业企业的,给予 10 万元补贴;创办信息经济、高端装备等十二大重点产业企业的,给予 6 万元补贴;创办其他类企业或从事个体经营的,给予 1 万元补贴
嘉兴市	本科 1 万元,硕士 3 万元,博士 6 万元;硕士、博士分别享受 600 元/月、1000 元/月工资外津贴,最长 3 年		
绍兴市	安家补贴时长 3 年,专科 6000 元/年,本科 1 万元/年,硕士 2 万元/年,博士 3 万元/年	全日制博士研究生给予 10 年每年 1.5 万元,全日制硕士研究生每月 1000 元,全日制"985"或"211"高校(含"双一流"高校)本科毕业生每月 600 元,全日制其他普通高校本科毕业生每月 400 元,全日制专科(高职)毕业生每月 300 元,补贴 3 年。不能与人才房票同时享受	就业创业补贴一次性创业社保补贴 5000 元;创业带动 3 人就业每年补贴 2000 元,每增加 1 人每年再补贴 1000 元,连续补贴 3 年

续表

地区	生活补贴	租房补贴	创业补贴
金华市	本科毕业生第一年1万元,第二年1万元,第三年2万元;硕士第一年2万元,第二年3万元,第三年5万元;博士第一年5万元,第二年8万元,第三年12万元	本科600元/月,硕士1000元/月,博士1500元/月	在校大学生、毕业5年内的普通高校毕业生,符合条件者一次性给予1万元创业补贴
衢州市		硕士研究生及以上学历,可申请租赁50—120平方米不等的人才公寓,享受租金优惠;3年内每年按最低月工资标准年度总额的60%给予租房补助	在校大学生、毕业5年内的普通高校毕业生,申请不超过50万元的创业担保贷款并实行全额贴息,期限不超过3年;给予每年最高5000元创业场地租金补贴,不超过5000元的一次性社保补贴
舟山市	对毕业5年内首次到本市中小微企业就业的高校毕业生,本科、硕士研究生及以上学历分别给予每人每月700元、900元的就业津贴,补助期限2年	对新引进的本科及以上学历高校毕业生,实行人才公共租赁房"拎包入住",对已就业的提供2年的免租期,对尚未就业的提供最长3个月的免租期	给予创业担保贷款和全额贴息,并给予场地租赁补贴
台州市	专科6000元,本科1万元,硕士3万元,博士10万元,博士后出站25万元。"985""211""双一流"及海外名校毕业生安家补贴标准上浮30%		给予一次性3000元的求职创业补贴,给予创业场租补贴、担保贷款贴息创业项目奖励等
丽水市	专科及本科、硕士研究生、博士研究生分别给予每年3000元、5000元和1万元的就业补贴,补贴期限不超过3年	每人每年6000元,补贴期限不超过3年	

　　杭州市早在2017年就印发了《杭州市新引进应届高学历毕业生生活补贴发放实施办法》,推出"人才码",子女教育、购房落户等百余项人才政策可以凭码兑付。在杭州的示范下,各地级市也为应届大学生提供各类补贴。近年来,杭州市又制定了《杭向未来·大学生创新创业三年行动计划

（2023—2025 年）》,旨在着力构建有利于高校毕业生等青年群体就业的政策支撑、稳岗拓岗、数智赋能、技能培训、社会协作、兜底保障等体系。

绍兴市从人才新政"20 条"到人才强市三年行动计划、高水平建设人才强市若干政策,再到人才新政 4.0 版,始终从产业发展需求、人才现实需求中寻找政策升级路径,持续促进"人才红利"向"创新红利""发展红利"转化。

台州市制定出台《高质量实施"引人留人"三年行动计划》,从三个方面提出 16 条重点举措,大力度推进产业引才、平台聚才、生态留才,让台州成为各类英才汇聚的高地、全国青年向往的宝地、创新创业首选的福地。

衢州市把促进高质量充分就业作为实现共同富裕的重要基础,提出十万创业主体培育工程、十万企业员工招引工程、十万大学生引育工程、十万农村劳动力转移工程、十万重点群体帮扶工程等五大"十万"工程,针对不同群体分类精准实施促就业措施,力争实现 5 年内新增城镇就业达到 25 万人以上、市场主体规模达到 35 万家以上。

湖州的"南太湖精英计划"、金华的"双龙引才"计划等,都以吸引高素质人才为目标;在温州、丽水等地,取得初级职称、初级技能等级证书可以"零门槛"直接落户;引进人才的年龄、社会保险参保年限等条件也逐步放宽。

第二节　面向非户籍常住人口的基本公共服务供给

"十二五"以来,国家致力于建立健全基本公共服务体系,推动基本公共服务均等化,经过 10 多年的努力,通过基本公共服务供给,有力提升了民生保障水平,让发展成果更多更公平惠及广大人民群众。在过去的实践中,许多基本公共服务项目仅仅针对户籍人口,非户籍常住人口在其实际居住地享受基本公共服务存在一定障碍。2021 年底召开的中央经济工作会议指出,要统筹推进经济发展和民生保障,健全常住地提供基本公共服务制度。这些年来,浙江逐步拓展基本公共服务覆盖范围,在向非户籍常住人口提供基本公共服务方面推出了许多举措。本节将重点回顾常住地提供的基本公共服务相关政策和实践。

一、主要政策与实践回顾

常住地提供基本公共服务这一问题,早在"十二五"时期就已经提出。2014 年,国务院印发《关于进一步推进户籍制度改革的意见》,明确提出建立健全与居住年限等条件相挂钩的基本公共服务提供机制;2016 年通过的《居住证暂行条例》规定了县级以上人民政府及其有关部门应当为居住证持有人提供的基本公共服务项目。自 2021 年以来,党中央、国务院对健全常住地政府提供基本公共服务制度提出了更加明确的要求(见表 7-6)。从中央经济工作会议到政府工作报告、国务院办公厅印发的文件可以看出,实现"由常住地提供基本公共服务"是未来国家治理和发展的重要目标。

表 7-6　中央关于完善常住地政府提供基本公共服务制度的相关要求

时间	会议或文件	相关内容
2014 年 7 月	《国务院关于进一步推进户籍制度改革的意见》(国发〔2014〕25 号)	以居住证为载体,建立健全与居住年限等条件相挂钩的基本公共服务提供机制;各地要积极创造条件,不断扩大向居住证持有人提供公共服务的范围。
2016 年 1 月	《居住证暂行条例》(国务院令第 663 号)	县级以上人民政府及其有关部门应当为居住证持有人提供下列基本公共服务:(一)义务教育;(二)基本公共就业服务;(三)基本公共卫生服务和计划生育服务;(四)公共文化体育服务;(五)法律援助和其他法律服务;(六)国家规定的其他基本公共服务。
2021 年 12 月	中央经济工作会议	要统筹推进经济发展和民生保障,健全常住地提供基本公共服务制度。
2021 年 12 月	《国务院办公厅关于印发要素市场化配置综合改革试点总体方案的通知》(国办发〔2021〕51 号)	支持具备条件的试点地区在城市群或都市圈内开展户籍准入年限同城化累计互认、居住证互通互认,试行以经常居住地登记户口制度,实现基本公共服务常住地提供。要建立健全与地区常住人口规模相适应的财政转移支付、住房供应、教师医生编制等保障机制。

时间	会议或文件	相关内容
2022 年 3 月	《政府工作报告》	健全常住地提供基本公共服务制度。
2022 年 4 月	《国务院办公厅关于进一步释放消费潜力促进消费持续恢复的意见》（国办发〔2022〕9 号）	健全常住地提供基本公共服务制度,合理确定保障标准。紧扣人民群众"急难愁盼",多元扩大普惠性非基本公共服务供给。

国家发展和改革委员会等部门制定的《"十四五"公共服务规划》提出,结合户籍管理制度改革,健全以公民身份号码为标识、与居住年限相挂钩的非户籍人口基本公共服务提供机制,稳步实现基本公共服务由常住地供给、覆盖全部常住人口。这对健全常住地政府提供基本公共服务制度提出了明确方向。

这里对照《国家基本公共服务标准(2021 年版)》和《浙江省基本公共服务标准(2021 年版)》,梳理各项服务的覆盖对象。从梳理情况来看,目前的基本公共服务项目大体可以分为三类:第一类是仅面向户籍人口,最典型的是发放各类现金待遇的公共服务项目(比如最低生活保障等);第二类是覆盖常住人口,比如基本公共卫生服务项目、公共文化体育服务项目等;第三类是不直接区分户籍人口或常住人口,以取得其他身份为条件,比如以劳动关系为基础的职工社会保险、以学籍身份为基础的义务教育等。由此可以看到,直接与户籍身份挂钩的基本公共服务往往由政府财政出资直接补贴到服务对象("补需方"的方式),主要与财政体制相匹配;而逐步向常住人口拓展的基本公共服务,往往是外部性较强的服务或是直接补贴供方的服务。事实上,从表 7-6 梳理情况来看,已经有大量基本公共服务项目明确覆盖常住人口。其中,国家和浙江标准中明确仅覆盖户籍人口的项目数只占 7.5％和 6.3％,而明确面向常住人口的占比分别达到 59.4％和 64.2％。这表明,这些年来各级政府持续推动基本公共服务逐步向常住人口覆盖。需要指出的是,许多非户籍常住人口反映比较强烈的问题,例如对教育、住房、医疗等领域公平的追求,并不在目前的基本公共服务体系之列。

事实上，"健全常住地政府提供基本公共服务制度"任务提出的一个重要背景是越来越多的人户分离现象。在现有基本公共服务供给体制下，流动人口规模的大量增加给流入地政府提供基本公共服务带来一定压力。这里的关键是，会对哪些流入地带来影响？

2022 年，国家发展和改革委员会印发的《2022 年新型城镇化和城乡融合发展重点任务》指出：城区常住人口 300 万人以下城市全面取消落户限制政策。以浙江为例，城区常住人口 300 万人以上的城市有 3 个，而大部分城市已经逐步取消落户限制。这也就意味着，在这些常住人口 300 万人以下的城市，非户籍人口可以通过落户享有基本公共服务，相关问题就可以迎刃而解（当然，要注意到有一部分流动人口不愿意放弃原户籍）。而真正需要解决此类问题的城市，主要是经济较为发达的城市，通常在向常住人口提供公共服务方面具备一定条件。

二、关键领域

从当前实践来看，社会救助、住房、教育和健康服务领域在为非户籍常住居民提供基本公共服务方面，还存在较为突出的矛盾。浙江全省及其各地在解决这些领域的问题方面采取了诸多措施。

（一）社会救助领域

社会救助领域的诸多项目都属于清单标准有区别的项目，即从标准上看非户籍常住人口就无法享受与户籍人口相同的救助待遇，包括最低生活保障、特困人员救助供养、困境儿童保障、残疾人两项补贴等各项保障等。依据《社会救助暂行办法》等相关文件的规定，这些项目的保障申领必须以当地的户籍为基础，再根据其他如收入、伤残认定等标准确定保障对象。这意味着非户籍常住人口如果在常住地发生因意外落入贫困的风险事故，将无法得到基本的社会救助项目的覆盖，无论这一群体是否曾经对当地的经济发展做出了贡献，也无论其是否已经在当地居住了数年。这显然是有失公平的。虽然制度设计之初在考虑地方政府财政压力的基础上，为了避免"福利洼地"的形成而免去了常住地为非户籍常住人口提供这一类型社会救助的责任，但事实上，社会救助所提供的兜底性保障是为了满足受助者的基本生存需求，其"保基本"的功能与基本公共服务的内在属性尤为贴合，也是需求最为迫切的困境人群所需要的服务。因此，简单地在这一项目上将户籍人口和非户籍常住人口一刀切地划开是不恰当的，应当在避免提供"养懒人"的过度福利的基础上，寻求地方政府的财政压力和基本救助责任的平衡，对这些项目有条件地适度放开。

近年来，浙江持续完善对外来人员、失业及未就业人员、困难大学生等特殊困难对象的救助政策。2011年，杭州市委办公厅、市政府办公厅印发《杭州市外来务工人员特殊困难救助办法》，为连续居住6个月以上，在法定劳动年龄段内的非杭州市区户籍的外来务工人员提供急难险救助、重大疾病救助。其中，对在杭务工期间，本人及其家庭成员在杭遭遇突发性急难险情，造成生活特别困难的外来务工人员，给予2000—20000元的一次性救助；对在杭务工期间，本人因患重大疾病，当年度（申请前12个月）在杭州市区医保定点医疗机构就诊，医疗费支出较大，造成生活特别困难的外来务工人员，给予一次性救助。部分地区进一步放宽了救助认定条件。比如嘉兴市南湖区规定，在居住地居住一年以上，持《浙江省居住证》的外省市低保、低边人员也可以申请当地慈善救助。当前，根据《浙江省临时救助办法》的规定，临时救助不仅适用于本省户籍人口，还包括持有《浙江省居住证》人口和困难发生在本省的流动人口。2022年出台的《浙江省擦亮"浙有众扶"金名片实施方案》提出，实现从兜底救助向多样化保障、从户籍人口向常住人口、从物质救助向"物质＋服务"三大救助模式转变。《浙江省社会救助事业发展"十四五"规划》提出：积极推动有条件的地方将基本生活救助向外来人口拓展。对基本生活出现暂时困难的外来务工人员，按规定给予临时救助。对新就业大学生、稳定就业外来务工人员等新市民，可逐步放开户籍限制，降低最低生活保障、医疗救助、住房救助等准入门槛。

（二）住房领域

公租房是基本公共服务清单内与非户籍常住人口最密切相关的住房保障项目,对于非户籍人口来说住房也是其在常住地最基础的需求之一。然而随着城市化的推进和城市界面的提升,房屋租赁成本上升使得外来人口的压力日渐增大,外来人口对相关支持补贴的需求不断提高。在实践中,非户籍常住人口与户籍人口在公租房方面的待遇是不均等的。住房保障优先向天然具有本地居住权的户籍人口开放是无可厚非的合理行为,而其范围不能扩大的主要原因在于房屋的供给困难,也即土地资源的供给问题。地方政府出于招徕人才、建设城市的需求有自发动力提供公租房的保障,但是现实资源数量的限制使其难以为大量住房困难的非户籍常住人口提供实物补助,相关政策因而难以放开。因此,解决公租房项目的保障力度问题的关键仍然是要想方设法进行住房市场的供给侧结构性改革。但是需要注意的是,在提供公租房的过程中,首先讨论清楚地方政府对非户籍常住人口的保障责任是十分必要的,否则过大范围的公租房保障不仅意味着地方财政的压力,也意味着对房地产市场更强烈的扭曲,不利于长期可持续发展。

2021年,浙江省人民政府办公厅印发《关于加快发展保障性租赁住房的指导意见》（浙政办发〔2021〕59号）,提出保障性租赁住房主要面向城区无房新市民、青年人,特别是从事基本公共服务人员等群体。近年来,杭州市突破户籍政策限制,将大学毕业生、创业人员、稳定就业外来务工人员纳入公租房保障范围。宁波市新市民住房保障改革试点被列入浙江省共同富裕首批试点。2023年出台的《宁波市公租房保障实施细则》规定,公租房保障对象不仅包括本地城镇户籍困难家庭,还包括非本地城镇户籍困难家庭,填补了以往新就业无房职工和稳定就业外来务工人员以外的本市其他地区符合保障条件群体的保障空白。

（三）教育领域

基本公共服务清单上教育领域的各项目为在校生提供的各项保障实现

了对非户籍常住人口的全覆盖,而从浙江来看,目前流动人口随迁子女入学也已经不成问题,即"保教"的目标已经可以基本达成。然而,现实中教育领域的社会争议仍然较多。这主要是由于教育领域公共服务尚未实现均等化,以及百姓对于诸多不在基本公共服务范围内的项目要求强烈。首先,非户籍常住人口对教育质量要求较高。无论是校舍等硬件教育资源还是教师编制等软件教育资源都是有限的,因此流动人口随迁子女入学数量的增加必然导致资源的拥挤,优质教育资源就更是如此。非户籍常住人口希望得到质量较高的公办学校教育,且通勤距离应当较短。然而在优先保证学区内户籍人口就近入读公立学校后,许多流动人口的子女就只能前往农民工子弟学校等民办学校就读。2020年,浙江省义务教育中小学随迁子女在校生人数为 156.05 万人,其中在公办学校就读的人数为 120.92 万人,占比为 77.5%。这意味着尚有 35.13 万人在农民工子弟学校就读。这些学校的教育水平是符合教育部门相关要求的,却是难以满足重视教育投资及发展可能的非户籍常住人口的要求的。而且因为学区内学位数量有限,非户籍常住人口子女不得不前往距离较远的学校就读的情况也屡见不鲜,客观上增加了这些家庭的生活压力。其次,户籍人口和非户籍人口的矛盾日益突出。由于教育资源的有限性,尤其是在升学过程中表现出的筛选特征,因此在提供"保教"的基本公共服务后,数量增加的流动人口子女入学将使得本地户籍学生升学难度提高,由此产生的矛盾也给地方政府的相关工作带来了压力。

以宁波市为例,早在 2007 年,其就出台了《关于进一步做好外来务工人员子女接受义务教育工作的意见》,提出保障符合条件的外来务工人员子女平等接受良好的义务教育。北仑区从 2014 年开始实施外来务工人员子女义务教育段积分入学政策,成为浙江省最早实行积分入学政策的地区之一。据统计,近年来,当地每年外来务工人员子女就读人数稳定在 26 万—27 万人。又比如,2020 年,嘉兴市出台《关于进一步做好新居民子女教育工作的若干意见》,提出要努力实现新居民子女教育与当地孩子教育同水平、同质量，不断提高新居民的获得感和幸福感。近年来，该市已有多所新居民子女学校成功创建省标准化学校，推进区域内优质公办学校与新居民子女学校建立发展共同体，实现资源共享，新居民子女学校全部加入发展共同体。建立全市统一的新居民积分制管理办法和管理平台，落实以居住证为主要依据的新居民子女义务教育入学同城化待遇，完善新居民子女接受义务教育后参加公办普通高中学校录取政策，新居民子女学校享受同等义务教育生均公用经费基准定额补助和"两免一补"政策。

嘉兴市海盐县和宁波市江北区是全国首批通过县域义务教育优质均衡发展评估的两个县（区）。2019年，海盐全县随迁子女在公办学校就业人数占比达到97.2%，并出台《关于加强留守儿童关心保护工作实施意见》。江北区符合条件的随迁子女共有9415人，全部在公办学校就读。

（四）健康服务领域

当前，居民健康档案、健康教育与健康素养促进等各项基本公共卫生服务都已经实现了对非户籍常住人口的覆盖，目前有待突破和解决的问题主要是以下三方面。

第一，城乡居民基本医疗保险（简称居民医保）尚未实现均等。财政补助是居民医保基金的重要来源，因此过去各地居民医保参保都要以户籍身份为条件。

第二，生育保险制度设计不合理。虽然生育保险在覆盖范围上对户籍人口和非户籍常住人口一视同仁，但是其制度本身与职工身份的绑定确实有问题。生育权是每个公民的权利，属于国民权益的一部分，而非劳动者特有的权利，从学理上应该向所有有生育需求的国民放开。现在的制度设计意味着非参保职工无法享受生育津贴的补贴，且通过医疗保险获得的医疗费用待遇低于生育保险本身。如果考虑现实中非户籍常住人口和户籍人口在正式就业结构上的差别，则这一制度还是带来了两类人基本权益实现的区别。

第三,医疗资源在基本公共卫生服务均等提供后面临资源紧缺的挑战。目前来看,主要人口流入城市的医疗资源总量尚且是充足的,但是优质资源和人们的医疗需求间却存在结构性的矛盾。与教育领域的问题一样,均等化的服务在提高人民医疗资源可及性的同时,也意味着人均可享受的医疗服务尤其是优质服务的减少。随着流动人口的增加,这一问题会日渐突出。

近年来,浙江大部分地区开始允许持有浙江省居住证的非本地户籍人口参加城乡居民基本医疗保险。2022年,浙江省医疗保障局、省财政厅印发的《关于助力"浙有善育"促进优生优育工作的通知》提出要扩大生育保险覆盖面,将以在职职工身份参加浙江省职工基本医疗保险的无雇工的个体工商户、非全日制从业人员以及其他灵活就业人员纳入生育保险覆盖范围,灵活就业人员可以享有生育医疗费用报销和生育津贴待遇。这就意味着,生育保障项目打破户籍限制,浙江的非户籍就业人员在参加职工医疗保险的同时,也可以享有生育保险各项待遇。

第三节 经验启示和发展趋势

浙江较大规模的省外人口流入现象,背后反映的是经济活跃度的提升和优质公共服务的供给。这对于高质量发展建设共同富裕示范区、扎实推动共同富裕具有重要支撑意义。本节重点分析浙江在吸引人和留住人方面的经验,展望包容性、开放性政策发展趋势。

一、经验启示

从浙江近年来的政策走向看,主要有以下几点经验启示。

第一,从面向外来人口的基本生存和发展需要出发。从服务内容上看,常住地政府为常住居民提供公共服务应当从基本生存保障出发,逐步扩展到各类公共服务供给保障。公共服务的内容十分丰富,不仅包括满足人们基本生存需要、基本尊严和能力需要以及基本健康需要的基本公共服务,还包括为了满足公民更高层次需求、保障社会整体福利水平所必需的普惠型非基本公共服务。受到财政预算、编制、供给能力等约束,常住地政府应当有序推进为常住居民提供公共服务,首先保障常住居民的基本公共服务供给,尤其是要将与常住居民的基本生存需要相关的基本公共服务供给放在首要位置,例如基本就业保障、基本生活保障、基本养老和医疗保障等。在供给能力逐步提升的情况下,结合城市发展的需要,统筹推进普惠性非基本公共服务等其他各类公共服务向常住居民提供。以台州市为例,在《台州市基本公共服务标准(2021年版)》中,当地财政部门选取了与财政相关度较高的就业、生育、就业、医疗等8个方面共80项。其中,外来人口和户籍人口在享有64项基本公共服务上没有差异(占比80%);14项基本公共服务仅限于户籍人口享有,外来人口完全无法享受(占比17.5%);"适龄女性'两癌'筛查"和"公租房保障"等2项,需要持有居住证才能享有。

第二,与人口结构变化相适应。过去20多年来,流动人口占比升高,户籍人口老龄化趋势逐渐加深,高龄老年人规模持续增大,而生育水平处于超低区域。这些人口特征变化催生了新的服务需求。浙江各地面对需求的变化,增加相关服务供给。比如在部分区县成立新居民事务局(中心),统筹协调外来人口享有基本公共服务问题,积极开展新居民服务、教育、培训、维权、志愿服务参与等工作和新居民积分工作,协助做好流动人口居住登记、居住证发放及其他专项工作。又比如,面对外来人口突出的少年儿童课后服务需求,探索做好放学后托管、暑期托管等服务。

第三,与地方财政能力相适应。当前,常住地政府提供基本公共服务,其资金来源主要依赖于当地财政。尤其对于人口流入地来说,随着常住人口规模的扩大,为其提供与户籍人口相同的公共服务同样是一笔不小的财政支出,这不仅涉及资金类项目(如社会救助、社会保险等)的配套投入,还涉及公共服务供给设施、场所新建、服务队伍培养等,都需要大量的财政资金支持。特别是在那些人口接近300万的城市,由于居民落户限制的取消,需要有更强的公共服务能力,从而带来较大的财政压力。当然,也需要同时关注人口流出地。劳动年龄段人口的流出,本身会给经济持续增长带来不小的挑战,要实现对少年儿童、老年人、残疾人等群体的基本公共服务供给,财政也会面临一定的压力。浙江坚持统筹经济发展与民生改善,每年新增财力的三分之二以上用于民生领域,保障和改善民生的长效机制更加健全。

第四,循序渐进逐步推广。当前健全常住地提供基本公共服务制度,并非一蹴而就,需要在地方实践的基础上逐步积累经验。随着财政体制的逐步完善,财权与事权更加匹配,进而完善这一制度。这些年来,浙江循序渐进扩展服务项目包,鼓励有条件的地方探索相关的试点,尤其是在社会救助、义务教育、住房等领域率先探索。逐步完善社会保险制度,推动常住地居民能够公平享有各项社会保险服务。与此同时,浙江循序渐进扩展服务对象,各地实践中按照积分制的思路,逐步将对本地区有贡献的常住人口纳入覆盖范围。

二、基本思路

随着社会经济的发展,人口流动愈加频繁,政府供给基本公共服务的视角逐步从服务户籍人口,转向服务于当地常住人口。基本公共服务供给能够从"户籍人口账"走向"常住人口账",也体现了近几十年来我国社会治理水平和基本公共服务供给能力整体提升。这意味着基本公共服务的供给,从以静态的、登记在册的户籍人口为基础,转向了以动态的、事实上生活在当地的常住人口为基础,进而真正将公共服务供给数量、供给方式与真正居住、生活在当地的居民的状态、需要结合起来,从而实现人们安居乐业,进一步增强城市吸引力。然而,在逐步将基本公共服务供给与常住人口挂钩的过程中,常住地政府应该向常住人口供给哪些服务、保障到什么程度等问题需要更加充分的讨论,为完善基本公共服务供给体系提供思路。

从目标定位上看,常住地政府提供基本公共服务应当与当地经济发展特征、人口结构相适应。应当注意到,由于资源分布在区域上的差异,中国经济发展的区域分化特征愈发明显。总体上说,东部沿海地区经济发展较为迅速，人口持续流入，而中部地区、西部地区等部分经济欠发达地区人口流出趋势也比较明显，尤其是劳动年龄段人口持续流出。所以同样是为常住居民提供基本公共服务，人口流入地和人口流出地显然面临着不同的常住人口结构，其对公共服务的需求不同，政府在供给公共服务时，面临的问题也不同。与劳动人口占比高的人口流入地强调扩大城市吸引力、强化就业和住房等基本公共服务供给保障相比，人口流出地的常住人口结构更加容易出现劳动年龄段人口占比较低、老年人与少年儿童占比较高的情况，人口流出地政府面向常住居民的公共服务供给则会更倾向于完善幼有所育、学有所教、老有所养等方面。

从保障水平上看，常住地政府提供基本公共服务应当与当地财政能力相适应。常住地政府提供基本公共服务，其资金来源主要依赖于当地财政。对于人口流出地来说，劳动年龄段人口的流出给经济持续增长带来了不小的挑战，要实现对少年儿童、老年人、残疾人的基本公共服务供给，财政面临较大的压力。对于人口流入地，常住人口规模较大，为常住人口提供公共服务同样是一笔不小的财政支出，这不仅涉及资金类项目（如社会救助、社会保险等）的配套投入，还涉及公共服务供给设施、场所新建、服务队伍培养等，这些都需要大量的财政资金支持。

值得注意的是，将基本公共服务体系与户籍人口挂钩转向与常住人口挂钩的改革，其最终的目标是实现基本公共服务的精准供给，增强供需匹配，从而提高居民对城市的归属感，实现城市的和谐稳定发展。因此，在改革的过程中，不仅需要关注常住人口对基本公共服务的需求，也要格外关注在此过程中产生的矛盾和冲突。在着力提高公共服务的供给能力和供给水平的同时，地方政府应平衡基本公共服务资源在户籍人口和常住人口之间的分配关系，统筹当地城乡公共服务发展布局，充分考虑当地与周边地区基本公共服务发展水平的差异。需要重点克服的痛点和难点主要是地方财政压力和供给能力。基本公共服务清单中的部分项目成本较高，如果向非户籍常住人口全面开放，则人口输入地政府财政难以承受。除财政资金不足外,相关的资源短缺构成了地方政府基本公共服务供给能力提升的难点。

其一,空间资源不足。为了满足实际居住人口的生活需要,政府需要建设相应的公共服务设施,尤其是住房、教育和医疗服务等设施。然而,在人口不断增加的背景下,输入地城市虽然各自情况不同,但能够用于建设公共服务设施的土地资源普遍不足。以住房保障为例,城市中心片区土地资源紧张,一般无力再增添新的住房以供保障之用,只能安排在相对偏远区域筹建保障性住房,但这与保障对象的租住需求不匹配,通勤距离增加往往导致非户籍常住人口的生活成本提高。

其二,行政资源不足。与基本公共服务供给扩大相适应,需要增加相应的基本公共服务设施建设。为此,不仅需要有相应的空间资源,而且还需要相应的行政资源。目前,这些行政资源的配置,基本上以户籍人口为基础,并未充分注意到非户籍常住人口的不断增加,这就使得即便是在有空间资源的情况下,某些基本公共服务建设项目也会因行政资源的制约而无法落实。这里最重要的是提供住房服务所需要的土地指标、环保指标、能耗指标和排污指标等相对不足,提供医疗服务的医生编制难以扩张,提供教育服务的教师编制难以补充。许多地方教师编制已经成为制约教育公共服务的一个短板,在教师编制总量不变的前提下,东部发达地区急需教师编制,中西部地区却不可能让出。因此人口流入地区的教育供给进程在发展到一定程度后将放缓甚至停滞,其关键因素就在于从业教师因为编制问题而同工不同酬。

其三,资源调节难度较大。与户籍人口相比,非户籍常住人口具有流动性更强的特点(尤其当常住标准只限定于半年)。地方政府因此难以对需要配置资源的规模有一个相对准确而稳定的估计,因此无论是行政资源的重新分配还是市场资源的开发扩展,都面临掣肘,建立一个资源调节机制以提高供给能力的难度较大,流入地政府因此无法贸然要求更多的资源和支持。

其四,使用者过多会导致资源质量下降。一般来说,单位资源使用者数量的增加会导致资源的边际效益递减。在公共服务领域,一定的资源对应一定量的服务对象，在服务对象处于适度范围内，服务质量是有保障的；超过一定范围，则服务质量会受到影响。就保障性住房而言，其规模扩大会使得政府运营的成本和难度相应提高。就医疗服务而言，每千人床位数、每千人医师数是衡量地区医疗水平的重要指标，非户籍常住人口在享受服务资源保障的过程中也会加剧资源利用的拥挤程度，相关指标表现变差，地区医疗水平下降。

三、政策取向

党的二十大提出，要实现基本公共服务均等化。从更好满足外来人口基本公共服务需求出发，需要重点考虑以下政策取向。

第一，明确事权划分和支出责任。获得基本公共服务是一项国民权益，因此政府有责任保证其均等实施，而这一目标的顺利实现有赖于央地政府间明确合理的事权划分，并由此确定相应的支出责任。如果各地向户籍人口和非户籍常住人口提供均等化的基本公共服务，则意味着从全国范围内看，大部分人口无论生活在何地都可以获得来自基本公共服务相同的保障水平，从理论上看，这种全国性使得中央政府应该对基本公共服务承担大部分的责任。而在实践中，各地政府间提供相同水平的保障并不能为其带来竞争优势，只是增加了其发展成本，因此必然缺乏激励，供给效率不高，使得中央政府对相应责任的承担更显必要。对于起到招徕人才作用、满足地方发展需求的普惠性、补充性的公共服务，地方政府自然应当承担全部责任。而在基本公共服务部分，由于相同的服务在不同地区间的待遇水平和成本不同，而这些不同是由地方的发达程度区别造成的，因此地方政府需要为基本公共服务项目内由地方经济社会发展水平不同而带来的出资差异承担责任。以这一原则调整地方上缴中央财政的比例，并由中央政府根据人口数量进行相应的转移支付。

第二，完善非户籍常住人口积分机制。为了取得缩小户籍人口与非户籍常住人口差距和控制城市人口容量的平衡，地方政府，尤其是主要的流入地城市政府,普遍建立了积分落户制度。这一制度给予了非户籍常住人口获得与户籍人口各类相同的公共服务待遇的预期空间和可行路径,并保留了地方政府依据地方发展情况和人口水平及时调整的能力,同时增强了政府在筛选城市发展建设人才方面的能力。因此在常住地政府提供基本公共服务的过程中,应当继续完善落实这一制度,不以"落户"为积分的唯一结果,而是将积分与各项公共服务挂钩,扩展积分机制的应用范围。一方面,在各项目中应该根据常住人口对于城市发展和项目内容的贡献程度为居民赋分,以累计积分为依据提供范围逐步扩大或标准逐步提高的公共服务。另一方面,要对各类项目进行整体性的考察和整合,注意总体的福利水平和项目间的配套使用,不能因为过度提供公共服务而扩大市场扭曲——相比于基本公共服务,地方政府有扩张补充性公共服务的倾向。应当注意的是,这一机制的完善基础是准确识别以兜底保障为责任的基本公共服务范围并覆盖所有的非户籍常住人口,再将积分与普惠性、补充性的公共服务关联。

第三,盘活潜在住房资源,提高住房保障能力。要解决公租房保障水平较低的问题,必须增强地方政府提供住房保障的能力,既发展公租房项目本身,也通过发展其他具有保障性质的住房项目减轻公租房项目的压力,其关键在于盘活市场上潜在的住房资源。一是加强农村闲置房源的资源整合。政府可以统一回租农村的闲置房源,引入市场第三方力量统一装修、管理和服务,将其作为公租房的重要来源。二是适度放开农村集体建设用地的使用限制,允许其自建住房并进行出租,或由政府帮助建房并出租,对农民进行一定的补贴并对其租赁价格作出限制,使这部分住房体现保障性。这同时也能起到农民增收的作用。三是引入市场机制参与住房的开发利用。企业为了保证自己的雇员规模,本身就具有以员工福利的形式提供住房保障的动机。政府应与企业形成合力,让有条件、成规模的企业参与到蓝领公寓、保障性住房的建设和管理中,提供存量土地或允许闲置的厂房和村落集体宅基地进行蓝领公寓建设,重点解决企业员工集体住宿困难的问题。

第四,有条件放开社会救助项目户籍限制。社会救助项目关系人民群众最基本的生活需求,地方政府仅仅面向户籍人口提供相关项目的基本公共服务极大地影响了基本公共服务的保障性,背离了基本公共服务均等化的要求。因此放开社会救助项目的户籍限制是必要的。由于救助项目会根据地方生活水平调整,因此发达地区政策放开后会向困难群众释放引力信号,面临"福利洼地""福利移民"等的压力。所以这一放开一定是有条件的。在具体条件的设置过程中应该根据地区发展水平和财政实力考虑,具体的条件范围包括但不限于:困难的发生距离其流入的时间、困难发生的预见性、个人处理困难的能力、在当地的劳动贡献等。对于流入时间长、劳动贡献大、缺乏困难处理和预见能力的群体,如儿童等,应该从回报责任和人道责任的角度放开政策。

第五,逐步扩大城乡居民基本医疗保险覆盖范围。根据《中华人民共和国社会保险法》的规定,个人跨统筹地区就业的,其基本医疗保险关系随本人转移,缴费年限累计计算。因此将城乡居民基本医疗保险范围逐步扩大至非户籍常住人口是依法执政的要求。而且这一规定是具有必要性和可行性的。一方面,居民医保不仅涉及资金的转移,也涉及医院就医的结算问题。由于统筹地区不同和系统分别,异地就医结算工作在近些年虽有推进但仍面临困难,这使得资金的使用效率不足,百姓在医保中的获得感仍可提升。而允许非户籍常住人口参保则将在很大程度上减少异地就医现象,体现了扩大覆盖范围的必要性。另一方面,由于居民医保终身缴费,因此无论非户籍常住人口的年龄几许,其在转入后办理居民医保则必然要为基金做出贡献,扩大了居住地居民医保的基金池,其凭借缴费贡献获得相应的补贴是合理的。相较于居民基本养老保险对老年人无条件的给付责任,居民医保的政策放开更具可行性,部分地区也已进行逐步探索。

第八章　精神生活共同富裕

中国特色社会主义进入新时代，习近平总书记指出，"共同富裕是全体人民的富裕，是人民群众物质生活和精神生活都富裕"，"要促进人民精神生活共同富裕，强化社会主义核心价值观引领，不断满足人民群众多样化、多层次、多方面的精神文化需求"。[①] 党的二十大报告将"丰富人民精神世界，实现全体人民共同富裕"[②]纳入中国式现代化的本质要求。可以说，促进人民精神生活共同富裕，是实现高质量发展的内在要求，也是实现中国式现代化的题中应有之义。浙江承担着高质量发展建设共同富裕示范区的光荣使命，具有打造精神文明高地、促进精神生活共同富裕的丰厚文化底蕴，形成了一系列促进精神富有的特色做法与独特经验。系统分析精神生活共同富裕的浙江实践，有利于从省域层面揭示擦亮共同富裕"精神底色"的有效做法，对于深刻理解精神生活共同富裕的核心要义，进一步推进全国精神生活共同富裕的实践探索具有重要借鉴意义。

[①]　在高质量发展中促进共同富裕 统筹做好重大金融风险防范化解工作[N].人民日报,2021-08-18(1).

[②]　习近平.高举中国特色社会主义伟大旗帜 为全面建设社会主义现代化国家而团结奋斗——在中国共产党第二十次全国代表大会上的报告(2022 年 10 月 16 日)[M].北京:人民出版社,2022:23-24.

第一节　精神生活共同富裕的内涵

精神生活共同富裕是一个重要的政治概念，揭示了未来一段历史时期内我国将更加重视精神的力量与作用，在整体上实现社会生活的精神富裕目标；也是一个重要的学术概念，古今中外的学者基于不同立场，从多个角度探讨了人的精神世界问题，为我们留下了一笔丰厚的思想财富。对于精神生活共同富裕的学理分析，既要结合新时代的高质量发展要求阐释其出场逻辑、内涵、特征和实现路径，还要通过分析物质富裕与精神富有、共同富裕与精神生活共同富裕等内在关系，从多维度揭示精神生活共同富裕的丰富意涵。

一、精神生活共同富裕的含义

（一）何为"精神富有"

理解"精神生活共同富裕"的意涵，首先要引入"精神富有"的概念。马克思和恩格斯在批判资本主义制度、勾勒未来共产主义社会形态的同时，也展现出了对未来社会中实现精神生活富裕目标的构想。马克思在《1844年经济学—哲学手稿》中首次提出"精神富有"的概念，指出"通过私有财产及其富有和贫困——或物质的和精神的富有和贫困——的运动，正在生成的社会发现这种形成所需的全部材料"[①]。恩格斯在《反杜林论》中指出，通过社会化生产，不仅可能保证一切社会成员有富足的和一天比一天充裕的物质生活，而且还可能保证他们的体力和智力获得充分的自由的发展和运用。[②] 在这里，体力和智力的发展就需要通过满足人们的精神文化生活需求

[①]　中共中央马克思恩格斯列宁斯大林著作编译局.马克思恩格斯文集：第一卷[M].北京：人民出版社,2009：192.

[②]　中共中央马克思恩格斯列宁斯大林著作编译局.马克思恩格斯选集：第三卷[M].北京：人民出版社,2012：670.

得以实现。马克思和恩格斯基于唯物史观对"精神富有"展开多维度分析，强调精神富有对社会发展的重要意义。

一方面，精神富有是社会生产力和生产关系更迭的产物，也是社会生产力和生产关系发展到较高水平才能达到的精神生活状态。资本主义社会向社会主义社会过渡，其中一个重要的方面就体现为陈腐落后的资本主义思想文化被社会主义核心价值观代替。到了更加高级的共产主义社会形态中，物质生产不再单纯作为满足人的物质需求手段而存在，而是为了满足人的精神需求进行的劳动实践。

另一方面，精神富有是社会生产力和生产关系相互作用的结果，它的内涵随着社会生产力和生产关系的发展而不断变化。恩格斯指出："当我们深思熟虑地考察自然界或人类历史或我们自己的精神活动的时候，首先呈现在我们眼前的，是一幅由种种联系和相互作用无穷无尽地交织起来的画面，其中没有任何东西是不动和不变的，而是一切都在运动、变化、产生和消失。"[①]正确认识人的精神世界，必然不能脱离一定历史条件下的社会环境。由于一定历史时期内的社会生产关系总体来说相对稳定，相应地，这一历史时期内的精神富有状态也具有连续性和相对稳定性。一旦形成，这种精神富有状态就会融入社会生活各领域各方面，并体现在社会成员的言行举止之中。

20世纪，社会主义国家普遍急于摆脱物资匮乏的经济落后状态，因而非常重视经济建设，甚至将社会主义直接等同于物质的极大丰富。这种认识明显忽视了"富裕"的层次是丰富的，除了物质富裕，还应该包括社会成员的精神富有。物质贫穷不是社会主义，精神愚昧也不是真正的社会主义。对此邓小平同志告诫我们："但风气如果坏下去，经济搞成功又有什么意义？会在另一方面变质，反过来影响整个经济变质，发展下去会形成贪污、盗窃、

---

① 　中共中央马克思恩格斯列宁斯大林著作编译局.马克思恩格斯选集:第三卷[M].北京:人民出版社,1972:60.

贿赂横行的世界。"①这一观点凸显出社会主义精神文明建设在经济和社会发展过程中的重要意义。事实证明，一味强调经济建设而忽视精神文明建设的做法会给社会发展带来巨大的负面影响，必须对其进行深刻的反省。

踏上新的百年征程，我们党进一步把"精神富有"作为社会主义现代化建设的重要目标，将社会文明程度的提升与人民幸福体验相挂钩。实现中国梦，是物质文明和精神文明并重的发展过程。习近平总书记还强调重视发挥精神力量对于国家发展和社会进步的积极意义。"一个民族的复兴需要强大的物质力量，也需要强大的精神力量。没有先进文化的积极引领，没有人民精神世界的极大丰富，没有民族精神力量的不断增强，一个国家、一个民族不可能屹立于世界民族之林。"②社会主义对精神富有的追求代表了先进文化的前进方向，符合广大人民群众对美好生活的期待。

（二）何为"精神生活共同富裕"

在马克思主义理论构想中，共同富裕是社会主义的终极目标，是社会主义区别于资本主义和历史上其他社会形态最根本的特征，具有发展导向和目标约束的作用，是目标与过程的统一（董全瑞，2014）。

共同富裕不仅涉及"切蛋糕"，也关系"做蛋糕"，是二者的有机统一（侯惠勤，2012）。"共同"强调不是少数人的富裕，也不是整齐划一的平均主义，而是全体人民循序渐进地逐步实现共同富裕。"共同"体现公平，要求把"蛋糕"切好分好。而"富裕"的前提是发展，要求把"蛋糕"做大做好。"富裕"不仅关涉物质的积累直至达到充裕状态，还关切处在社会中的个体由于精神世界丰富而获得较高幸福体验。就其相互关系而言，"富裕"和"共同"分别对应着做大做好"蛋糕"和切好分好"蛋糕"，体现了增长和分配、效率和公平的辩证关系。

所谓精神生活共同富裕，即强调全体社会成员的精神面貌在整体上呈

---

① 中共中央办公厅秘书局资料室.邓小平论党的建设[M].北京：人民出版社，1990：245.
② 习近平.在文艺工作座谈会上的讲话[M].北京：人民出版社，2015：5.

现积极向上的状态,在国家现代化进程中,全体社会成员的精神世界是充裕的,能够充分体会到国家发展和社会进步给个人带来的幸福感。

那么精神生活共同富裕与精神富有又存在怎样的不同呢? 最关键就在于"共同"二字。精神生活共同富裕更加强调消弭精神文化水平的差异性,致力于使社会全体成员在精神面貌、文化程度、思想道德素质等方面达到基本一致的高水平,不让任何人掉队,不放弃教育教化任何一个社会成员。而精神富有并没有强调这一层面的问题,只是较为泛泛地追求整体的积极向上,不忽视精神文化建设。所以,精神生活共同富裕这一目标更具有"人性",是从每个人的自由全面发展来看的,与物质上的共同富裕一样,兼具效率与公平。

社会主义社会与其他社会形态相比,物质和精神文化方面都更具优势。就经济发展而言,新生的社会主义制度在根本上消除了旧的生产关系,使经济发展摆脱了旧的生产关系束缚,促进社会生产力以更快的速度、更高的水平健康持续发展,更能具有实现物质共同富裕的基础。就社会精神面貌而言,社会主义是比资本主义更加高级的社会文明形态,延续以人民为中心的发展逻辑,不断满足群众多层次多样化的精神文化需求,重视实现社会成员的精神富足、提升社会的文明水平,是扎实推进精神生活共同富裕的内在要求。

二、物质富裕和精神富有的关系

中国特色社会主义进入新时代以来,共同富裕思想出现了新的理论特征。欧庭宇(2022)将其概括为以下四个方面:物质丰裕与精神富足协调融合、共建共享与全体共富协调融合、长远规划与短期目标协调融合、有效市场与有为政府协调融合。其中,物质富裕与精神富有相互融合成为新时代共同富裕思想的显著特征。

物质富裕和精神富有的关系,是哲学意义上物质需要和精神需要的关系在客观社会实践中的具体呈现。整体而言,物质富裕与精神富有互为条件、相互依存。

一方面,物质富裕是精神富有的前提和基础。精神富有需要一定的物质条件作为支撑,离开了物质条件来谈精神富有是不切实际的。马克思指出,"通过社会生产,不仅可能保证一切社会成员有富足的和一天比一天充裕的物质生活,而且还可能保证他们的体力和智力获得充分自由的发展和运用"[①]。"对于一个忍饥挨饿的人说来并不存在人的食物形式……忧心忡忡的穷人甚至对最美丽的景色都没有什么感觉。"[②]这表明,尽管单纯的物质需求满足并不能带来高级的幸福感,但是人类物质需求的满足程度却会影响到精神生活的质量。只有具备充足的物质生活条件,人的精神面貌才有可能会向积极状态转变。幸福必须建立在物质需求得以满足的基础之上,物质需求尚且得不到满足就谈不上幸福,只有基本的物质条件得到满足才有可能获得幸福。

另一方面,精神富有也可以对物质条件发挥能动的反作用,反过来推动社会物质条件水平得到进一步提升。总的说来,精神富有是比物质富裕更加高级的状态,相较于精神富有,物质富裕仍属于较低层次的幸福。精神富有超越了物质富裕的有限性,能够在整体上促进社会文明程度的提升,引导人们走向更高层次、更加持久的幸福状态。

三、精神生活共同富裕与共同富裕的关系

精神生活共同富裕是共同富裕的有机组成部分,并且是共同富裕的重要内容。"共同富裕是社会主义的本质要求,是中国式现代化的重要特征。我们说的共同富裕是全体人民共同富裕,是人民群众物质生活和精神生活都富裕,不是少数人的富裕,也不是整齐划一的平均主义。"[③]全体人民共同

---

① 中共中央马克思恩格斯列宁斯大林著作编译局.马克思恩格斯选集:第三卷[M].北京:人民出版社,1972:322.

② 中共中央马克思恩格斯列宁斯大林著作编译局.马克思恩格斯全集:第四十二卷[M].北京:人民出版社,1979:126.

③ 习近平.扎实推动共同富裕[J].求是,2021(20):4-8.

富裕的宏伟目标,既包括社会成员的物质生活共同富裕,也包括社会成员的精神生活共同富裕,不能仅局限在物质层面,还应审视精神层面的充实、富足对人的全面发展和社会全面进步的重要意义。

面向未来,实现共同富裕是人类社会发展的理想状态,其中一个重要的面向就是实现精神生活共同富裕。"共同富裕是一个理想的全体人民共同享有高度的物质财富和精神财富的终极的社会形态,是物质利益价值和强大的精神价值的有机统一,是马克思主义思想中,关于人类社会未来发展的一个终极目标,是人类社会发展到最高阶段的一个标志。"①

为了实现精神生活的共同富裕,需要先知道,人民需要的富裕的精神生活到底是怎样的。首先,具有人民共同奋斗的思想基础,全社会坚持社会主义核心价值观的引领,全体人民都是社会主义核心价值观的自觉践行者。其次,公共文化事业繁荣发展,图书馆、文化馆的大门向老百姓敞开,提供优质的展览内容,城乡无差距,全民爱文化,每一座城市和乡村都充满人文气息,是人民心灵的栖息地。中华优秀传统文化实现创造性转化、创新性发展,中华文明赓续传承。最后,教育能实现五育融合,每个人都有机会接受全面的高质量教育,发展成为德智体美劳全能型人才,共享中国特色社会主义发展伟大成就。

文化是一个国家、一个民族的灵魂。一个国家和民族若是没有强大的精神力量,就不能称其为一个强大的国家和民族。习近平同志从精神方面拓展了贫困的内涵,他在《摆脱贫困》一书中指出:"摆脱贫困",其意义首先在于摆脱意识和思路的"贫困",只有首先"摆脱"了我们头脑中的"贫困",才能使我们所主管的区域"摆脱贫困",才能使我们整个国家和民族"摆脱贫困",走上繁荣富裕之路。②

---

① 韩喜平,杨威.马克思主义简明读本:共同富裕理论[M].长春:吉林出版集团股份有限公司,2014:21-23.

② 习近平.摆脱贫困[M].福州:福建人民出版社,1992:160.

第二节　坚持守好"红色根脉"

　　浙江拥有丰富的红色文化资源，蕴含着独具优势的红色基因。回顾我们党在浙江的百年奋斗征程，其中最鲜明的底色就是"红色根脉"。浙江作为中国革命红船起航地、改革开放先行地、习近平新时代中国特色社会主义思想重要萌发地以及新时代全面展示中国特色社会主义制度优越性的重要窗口等，拥有重大红色资源优势，激励着一代又一代之江儿女砥砺前行、踔厉奋发，不断谱写社会主义精神文明建设的新篇章。新中国成立以后特别是改革开放以来，浙江在开展社会主义精神文明建设的过程中，格外重视发挥红色资源在全省凝心聚力中的重要作用，注重传承与弘扬本土红色基因，使得红色文化代代相传，为经济社会发展提供了强大的精神动力和价值指引。

一、大力弘扬开天辟地的"红船精神"

　　一百多年前，中国共产党第一次全国代表大会在上海召开，后受到干扰，随即转移到浙江嘉兴南湖的一艘游船上继续举行直至闭幕，由此宣告了中国共产党的诞生。浙江成为中国革命红船起航地，这也是浙江作为"红色根脉"的源头坐标。2005 年 6 月 21 日，习近平同志在《光明日报》上发表署名文章，首次提出"红船精神"，并将其概括为"开天辟地、敢为人先的首创精神，坚定理想、百折不挠的奋斗精神，立党为公、忠诚为民的奉献精神"[①]，深刻阐述了"红船精神"的丰富内涵、历史地位和时代价值，精准标注了中国革命精神的源头坐标，进一步丰富了中国共产党人的精神谱系。

　　党的十九大闭幕一周之际，新一届中央政治局常委将外出参观考察的第一站安排在了党的诞生地。2017 年 10 月 31 日，中共中央总书记、国家主

---

　　① 南湖革命纪念馆.启航：红船精神永放光芒[M].北京：人民出版社，2019：1.

席、中央军委主席习近平带领中共中央政治局常委在嘉兴南湖边瞻仰红船。他指出："小小红船承载千钧,播下了中国革命的火种,开启了中国共产党的跨世纪航程。"①随后,在南湖革命纪念馆参观结束时,习近平总书记再次强调:"上海党的一大会址、嘉兴南湖红船是我们党梦想起航的地方。我们党从这里诞生,从这里出征,从这里走向全国执政。这里是我们党的根脉。"②一百多年前,中国共产党的先驱们创建了中国共产党,使得上海党的一大会址和嘉兴南湖红船成为中国共产党的精神源头,形成了坚持真理、坚守理想,践行初心、担当使命,不怕牺牲、英勇斗争,对党忠诚、不负人民的伟大建党精神。

党的二十大更是把"弘扬伟大建党精神"放在大会主题中强调,指出"高举中国特色社会主义伟大旗帜,全面贯彻新时代中国特色社会主义思想,弘扬伟大建党精神,自信自强、守正创新,踔厉奋发、勇毅前行,为全面建设社会主义现代化国家、全面推进中华民族伟大复兴而团结奋斗"③。在全面建设社会主义现代化国家、全面推进中华民族伟大复兴的新征程中,伟大建党精神会随着时代变化而呈现出新的表现形态、被赋予新的时代内涵。我们党在团结带领全国各族人民进行社会主义现代化建设的过程中,始终重视传承与弘扬伟大建党精神,不断克服一个又一个挑战,攀上一座又一座高峰。今天,我们比历史上任何时期都更接近、更有信心和能力实现中华民族伟大复兴的目标。然而,"在我国这样一个 14 亿人口的国家实现社会主义现代化,这是多么伟大、多么不易!要教育引导全党大力发扬红色传统、传承红色基因,赓续共产党人精神血脉,始终保持革命者的大无畏奋斗精神,鼓起迈进新征程、奋进新时代的精气神"④。

在浙江工作期间,习近平同志创造性地作出了"八八战略"重大决策部

---

①　铭记党的奋斗历程时刻不忘初心 担当党的崇高使命矢志永远奋斗[N].人民日报,2017-11-01(1).
②　铭记党的奋斗历程时刻不忘初心 担当党的崇高使命矢志永远奋斗[N].人民日报,2017-11-01(1).
③　习近平.高举中国特色社会主义伟大旗帜 为全面建设社会主义现代化国家而团结奋斗——在中国共产党第二十次全国代表大会上的报告[M].北京:人民出版社,2022:1.
④　习近平.在党史学习教育动员大会上的讲话[J].求是,2021(7):4-17.

署,认为浙江处于"六个时期",即经济发展的腾飞期、增长方式的转变期、各项改革的攻坚期、开放水平的提升期、社会结构的转型期、社会矛盾的凸显期。① 这一阶段性特征决定了浙江经济社会发展的任务艰巨,迫切需要先进文化的引领。对此,习近平同志进一步分析了物质文明与精神文明的关系,强调二者要协调发展,"要认清物质文明建设和精神文明建设的最终目的是什么,GDP、财政收入、居民收入等等是一些重要指标,但都不是最终目的,其最终目的就是要促进人的全面发展,包括改善人们的物质生活、丰富人们的精神生活、提高人们的生活质量、提高人们的思想道德素质和科学文化素质等等"②。弘扬红色精神、建党精神恰是精神文明建设的重要内容,敢为人先、艰苦奋斗的精神品质能更好地引领浙江人民发展社会经济的伟大实践。

2004 年 9 月,党的十六届四中全会通过的《中共中央关于加强党的执政能力建设的决定》指出,要坚持马克思主义在意识形态领域的指导地位,不断提高建设社会主义先进文化的能力,加强马克思主义理论研究和建设,牢牢把握舆论导向,加强和改进思想政治工作等。浙江省随即认真研究制定贯彻落实上述精神的政策文件,在 11 月出台了《中共浙江省委关于认真贯彻党的十六届四中全会精神 切实加强党的执政能力建设的意见》,提出"致力于巩固党执政的文化基础,全面推进文化大省建设,不断增强建设社会主义先进文化的本领"战略部署,并就巩固马克思主义指导地位、加强精神文明建设和思想道德建设等作出具体部署。时任浙江省委书记习近平要求全省干部认真学习马克思主义,在它的"时代背景、实践基础、科学内涵、精神实质和历史地位认识上达到新的高度""努力在真学、真懂、真信、真用上下功夫,切实达到理论上弄通,思想上搞清,行动上落实,工作上创新"③。而建党精神、"红船精神"是中国共产党自带的精神品格与日益形成的高贵品质,

---

① 习近平.干在实处 走在前列:推进浙江新发展的思考与实践[M].北京:中共中央党校出版社,2006:31-33.

② 习近平.之江新语[M].杭州:浙江人民出版社,2007:95.

③ 习近平.干在实处 走在前列:推进浙江新发展的思考与实践[M].北京:中共中央党校出版社,2006:14.

是马克思主义中国化的关键精神内涵,在习近平同志的要求下,全省始终坚持贯彻这一精神,不忘初心,沿着来时路砥砺前行。

作为党的先进性之源,"红船精神"也是浙江最具代表性的红色资源之一。浙江历届省委高度重视传承与弘扬"红船精神",传承先进红色文化基因,推进广大党员干部和群众自觉践行"红船精神"。党的十八大以来,浙江以高度的政治自觉和强烈的使命担当推动"红船精神"不断发扬光大。在全省范围内先后开展了"六个一"党性教育活动,即"看一次展览、听一次党课、学一次党章、观一次专题片、瞻仰一次红船、重温一次入党誓词"。加强对"红船精神"的研究和阐释工作,成立浙江红船干部学院和红船精神研究院,连续多年举办红船论坛,产出了一批具有学术分量的重大研究成果。加强对"红船精神"的宣传与普及工作,组建"红船精神"宣讲团,开设互联网南湖革命纪念馆,开展"红船驶进新时代"巡回宣讲,推动"红船精神""飞入寻常百姓家"。

二、大力弘扬代代相传的创新精神

作为改革开放先行地,浙江创造了多个"全国第一"纪录。2004年3月25日,习近平同志在《浙江日报》的《之江新语》专栏发表《发展出题目,改革做文章》一文,指出:"浙江改革开放二十多年走过的道路,就是一条在不断克服困难中前进的改革创新之路,就是一段'发展出题目,改革做文章'的历程。"①回顾改革开放以来的发展历程,浙江人善于在逆境中谋生存,顺应国际国内形势发展产业,牢牢把握住了经济全球化不同发展阶段的重要战略机遇。可以说,浙江先发先行的历程就是中华民族实现从站起来到富起来伟大飞跃的一个缩影。

浙江是一块不断创新、勇于探索的开放热土。改革开放40多年来,浙江牢牢抓住创新这个"牛鼻子",探索了一系列顺应时代潮流、符合浙江实际

---

① 习近平.之江新语[M].杭州:浙江人民出版社,2007:40.

的浙江做法,形成了一系列对外开放的"浙江经验"。20 世纪 80 年代,浙江抓住世界劳动密集型产业向发展中国家转移的重大机遇,着力发展轻纺产品对外贸易,初步确立了贸易大省的地位。20 世纪 90 年代,浙江抓住国际产业结构调整和转移的机遇,加大吸引外商直接投资的力度。进入 21 世纪,浙江在"八八战略"的指引下,坚持"跳出浙江发展浙江",在继续推动外贸、外资发展的同时,坚定实施"走出去"战略,有效拓展了本省经济发展的空间和路径。

党的十八大以后,浙江以更加主动的姿态主动对接"一带一路"倡议,积极融入长江经济带、推进自贸试验区建设,不断探索更加主动有为的开放发展路径,进一步丰富了浙江创新精神的内涵。比如,在市场改革方面,浙江按照党中央全面深化改革的战略部署,坚持有效市场和有为政府相统一,积极完善市场准入负面清单制度,精心构建亲清政商关系,全面落实《浙江省民营企业发展促进条例》,全面实施人才强省、创新强省首位战略。加快建设高水平创新型省份,推动浙江发展实现新一轮"腾笼换鸟、凤凰涅槃"。在全面推进"放管服"改革、加快政府职能转变的过程中,浙江从 2017 年起在全省范围内全面推进"最多跑一次"改革,把分散在多部门的事项,整合为"一件事"来办理,进一步优化了营商环境。在外资领域,大力营造市场化法治化国际化一流营商环境,创新开创了"以民引外"模式,浙江民企尝试与赛诺菲医药、裕隆汽车等一批世界 500 强企业联合,在外资推动下,民资实现了向产业链上游的攀升。为了降低民营企业在境外投资的风险和成本,浙江在海外打造境外经贸合作区,使得中小企业在海外投资建厂能够"拎包入驻"。这一系列体现创新精神的利好政策推动浙江民营经济迅速发展,目前,浙江的国家级境外经贸合作区数量在全国居于首位。

从改革开放到今天,浙江的一系列创新举措彰显了浙江人民敢为人先,勇立潮头的伟大创新精神与发展之魂。始终坚持中国共产党的领导、担当时代大任、顺应历史潮流是浙江创新精神的底色,是代代传承的红色文化内核。正是在创新精神的指引下,浙江省才有决心、有底气建设成为社会主义现代化先行省,成为与共同富裕示范区相适应的新时代文化高地。

三、坚持"八八战略"总纲领指引

浙江是习近平新时代中国特色社会主义思想的重要萌发地。习近平同志在浙江工作期间,制定了"八八战略"这一引领浙江发展的总纲领。在"八八战略"中,一大战略就是加快建设文化大省。在推进浙江文化大省建设的过程中,习近平同志提出了许多具有前瞻性、科学性的文化建设思想观点和战略决策,擘画了21世纪浙江文化建设的路线图,形成了一系列影响深远的文化发展理论和实践成果。

21世纪之初,时任浙江省委书记习近平在对"浙江现象"以及浙江如何破解"成长烦恼""先发问题"的思考中,产生了对文化力量的深层思考。2005年7月,浙江省委召开十一届八次全会,主题就是研究浙江的文化发展问题。在这次全会上,习近平同志系统阐述了什么是文化、文化的意义和价值、文化建设与增强浙江软实力之间的关系,以及今后浙江发展过程中为什么要把文化放在重要位置等重大问题。在讲话中,他在肯定浙江文化建设取得的重大成就的同时,还提出存在"三个不相适应"和"一个不够协调"的问题。其中,"三个不相适应"是指:浙江的文化建设和社会事业发展、经济发展不相适应;文化建设与人民群众日益增长的精神文化需求不相适应;文化建设与经济全球化、世界多极化、社会信息化、文化多样化的客观现实、发展趋势不相适应。"一个不够协调"是指,文化建设在城乡之间、区域之间不够协调。

为了解决上述问题,浙江省委在这次全会上作出了《中共浙江省委关于加快建设文化大省的决定》(以下简称《决定》)。这是习近平同志在浙江工作期间最重要的一项文化决策,进一步把准了浙江文化建设的方向,擘画了浙江文化工作未来的发展蓝图,在浙江文化建设历史上具有战略意义和深远影响。《决定》首先强调,必须增强先进文化的凝聚力,把"全面提高人的素质"作为加快建设文化大省的核心内容。他曾深有感触地说道:"经济和社会发展背后的灵魂是文化精神，文化精神是引领和推动经济发展、社会和谐的重要动力。"①《决定》还构建了加快推进文化大省建设的整体框架，即实施文化建设"八项工程"，进一步完善了浙江文化建设的"四梁八柱"。

十余年过去了，历届省委、省政府坚持以"八八战略"为总纲，坚持一张蓝图绘到底，一任接着一任干，从"文化大省"到"文化强省"，再升级到"文化浙江"，持续促进全省精神力量不断增强，社会文明程度显著提升，文化事业繁荣发展，人民群众精神面貌发生了积极变化。

2008 年 7 月 3 日，浙江省委、省政府通过《浙江省推动文化大发展大繁荣纲要（2008—2012）》（以下简称《纲要》），延续重点实施文化建设"八项工程"，提出加快建设社会主义核心价值体系、公共文化服务体系、文化产业发展体系等"三大体系"。其中，"以人为本"是《纲要》制定与实施的一项基本原则，强调要着眼于满足人民群众不断增长的精神文化需求，着力保障和实现人民群众的基本文化权益，不断提高公共文化服务能力，大力丰富社会文化生活，使广大人民群众共享文化发展成果。注重发挥文化的教育引导功能，努力提高人民群众的文明素质，促进人的全面发展和社会全面进步。

2011 年 11 月 18 日，浙江省委十二届十次全会通过《中共浙江省委关于认真贯彻党的十七届六中全会精神，大力推进文化强省建设的决定》，提出了建设文化强省的宏伟目标，明确了建设文化强省的六大方面任务要求，对加快推动浙江从文化大省向文化强省迈进、促进浙江文化大发展大繁荣作出新的谋划和布局。会议提出，"当前和今后一个时期，推动浙江从文化大省向文化强省迈进，是贯彻中央精神、顺应文化发展新趋势的迫切需要，是立足现实基础、满足人民群众新期待的必然要求，是实现科学发展、构筑浙江未来新优势的战略选择"②。

浙江省委历来重视精神富有对社会进步和人的全面发展的重要作用和

---

① 周咏南.继承文化传统 弘扬浙江精神[N].浙江日报，2006-09-28(1).
② 推动浙江从文化大省向文化强省迈进 省委十二届十次全体（扩大）会议在杭举行[N].浙江日报，2011-11-19(1).

意义。2011 年全国两会召开以后,我国实现了由粗放的"国富论"向"人民幸福论"的发展理念转变。为了顺应这一新变化,浙江开创性地提出了建设物质富裕和精神富有的现代化浙江发展战略。2012 年,浙江省第十三次党代会正式提出"为建设物质富裕精神富有的现代化浙江而奋斗"的奋斗目标。这一目标涉及浙江经济社会发展的各个领域,包括经济建设、政治建设、文化建设、社会建设以及生态文明建设等,并充分体现在人民物质文化生活的各个方面。在这里,"精神富有"与"物质富裕"同时出现,并且成为浙江推进社会主义现代化建设事业的重要目标。

2017 年 6 月 12 日,浙江省第十四次党代会在杭州召开。本次大会提出了"在提升文化软实力上更进一步、更快一步,努力建设文化浙江"的新目标。同年 11 月 29 日,省委、省政府发布《关于推进文化浙江建设的意见》(以下简称《意见》),对推进文化浙江建设作出全面部署。《意见》指出:"建设文化浙江,与文化大省、文化强省建设路径一脉相承、内在逻辑高度一致,是高举习近平新时代中国特色社会主义思想伟大旗帜,奋力推进'两个高水平'建设的重要支撑,是坚定文化自信、增强文化自觉、强化文化担当,在提升文化软实力上更进一步、更快一步的具体举措,是满足人民日益增长的美好生活需要,谱写新时代中国特色社会主义浙江篇章的内在要求。""推进文化浙江建设,标志着浙江文化发展向更深层次、更高水平迈进",将进一步"增强浙江文化软实力和综合竞争力,不断开创浙江文化繁荣发展新局面"。

2020 年 3 月 29 日至 4 月 1 日,习近平总书记在考察浙江时强调,要全面贯彻党中央各项决策部署,坚持稳中求进工作总基调,坚持新发展理念,坚持以"八八战略"为统领,干在实处、走在前列、勇立潮头,努力成为新时代全面展示中国特色社会主义制度优越性的重要窗口。浙江"努力成为新时代全面展示中国特色社会主义制度优越性的重要窗口"的新目标新定位,标志着浙江要打造成为新时代中国特色社会主义的展示之窗和实践范例,具有非常强的政治意义、全局意义和国际意义。

2021 年,习近平总书记亲自谋划、亲自定题、亲自部署、亲自推动,赋予浙江高质量发展建设共同富裕示范区光荣使命。在"八八战略"指引下,浙江在高质量发展建设共同富裕示范区新征程中,把促进人民精神生活共同富裕摆在重要位置,重视发挥文化铸魂塑形赋能的强大功能,实现让人民群众看得见、摸得着、真实可感的精神生活共同富裕。

文化和旅游部、浙江省人民政府联合印发的《关于高质量打造新时代文化高地推进共同富裕示范区建设行动方案(2021—2025 年)》(以下简称《行动方案》)提出,到 2025 年,支持浙江省基本建成以社会主义核心价值观为引领、传承中华优秀文化、体现时代精神、具有江南特色的文化强省。文化和旅游成为高质量发展建设共同富裕示范区的牵引性载体,形成一批可复制可推广的经验模式,在全国发挥引领示范作用。《行动方案》强调要不断满足人民群众多样化、多层次、多方面精神文化需求,并从供给、需求两个方面做出安排,包括推动公共文化服务提档升级,改善城乡居民享受精神生活的条件等;在推动解决文化和旅游发展不平衡上,《行动方案》重点围绕促进城乡均衡、区域均衡、群体均衡三个方面作出了部署。

2022 年是浙江文化研究工程实施 16 周年,是文化建设"八项工程"实施 16 周年,也是浙江省委十一届八次全会部署加快建设文化大省 16 周年。2021 年 8 月 31 日,浙江省委文化工作会议聚焦"文化强省、文化树人",强调要紧密团结在以习近平同志为核心的党中央周围,以高度的文化自觉、坚定的文化自信,实施新时代文化浙江工程,书写忠实践行"八八战略"、奋力打造"重要窗口"文化新篇章。

经过 10 多年的不懈努力,浙江在实现人民精神富有的事业上成效显著。自 2007 年开始,《瞭望东方周刊》每年都会举办"中国最具幸福感城市"评选活动。到 2022 年,浙江省会杭州市已经连续 16 次当选"最具幸福感城市",也是唯一一座连续 16 年上榜的城市。在 2022 年的评选中,杭州、宁波、温州、台州 4 个城市被推选为"2022 中国最具幸福感城市",宁波市鄞州区、杭州市富阳区、温州市鹿城区、杭州市拱墅区、绍兴市越城区、杭州市临安区 6 个城区被推选为"2022 中国最具幸福感城区"。

第三节 继承弘扬中华优秀传统文化

优秀传统文化是中华民族最宝贵的精神财富。浙江在社会主义现代化事业建设进程中,坚持把中华优秀传统文化作为经济社会发展的文明基石,在赓续中华文脉的同时,从浙江的历史传统、人文优势和文化基因中汲取精神力量。在这个过程中,不仅形成了继承和弘扬优秀传统文化的广阔平台,而且文化的力量也能反向助推,促进全省社会经济快速发展,取得了一系列显著成就,在全国范围内塑造了弘扬传统文化的"浙江模范"。

一、推动浙江精神与时俱进

浙江省地处华夏东南之隅,这片钟灵毓秀的"七山一水二分田",滋养出几千年的辉煌文化。到了近当代时期,浙江文脉深厚绵长,生机勃勃,始终是全省改革发展中最充沛的养分、最深沉的力量。

习近平同志在浙江工作期间,就曾指出:"浙江是文物之邦,是中华文明的发祥地之一,文化名人群星璀璨,文化精品琳琅满目,文化样式异彩纷呈,文化传统绵延不绝,为丰富和发展中华民族文化作出了重大贡献,也有力地促进了浙江经济社会的发展。"[①]他曾精辟地分析过浙江精神的文化底蕴:"在漫长的历史实践过程中,从大禹的因势利导、敬业治水,到勾践的卧薪尝胆、励精图治;从钱氏的保境安民、纳土归宋,到胡则的为官一任、造福一方;从岳飞、于谦的精忠报国、清白一生,到方孝孺、张苍水的刚正不阿、以身殉国;从沈括的博学多识、精研深究,到竺可桢的科学救国、求是一生;无论是陈亮、叶适的经世致用,还是黄宗羲的工商皆本;无论是王充、王阳明的批判、自觉,还是龚自珍、蔡元培的开明、开放;无论是百年老店胡庆余堂的戒欺、诚信,还是宁波、湖州商人的勤勉、善举;等等,都给浙江精神奠定了深厚

---

① 习近平.干在实处 走在前列:推进浙江新发展的思考与实践[M].北京:中共中央党校出版社,2006:293-294.

的文化底蕴。"①正是如此丰富的地域文化资源孕育了独具特色的浙江精神,使得浙江精神的内涵得以拓展。"浙江精神得以凝练成了以人为本、注重民生的观念,求真务实、主体自觉的理性,兼容并蓄、创业创新的胸襟,人我共生、天人合一的情怀,讲义守信、义利并举的品行,刚健正直、坚贞不屈的气节和卧薪尝胆、发愤图强的志向。"②

浙江精神孕育于千百年来浙江人民的奋斗中,脱胎于古越文化、南宋文化、南孔文化、和合文化、阳明文化等地域文化之中。而宋韵文化作为具有浙江辨识度和最具有中国气韵的文化标签,在今天已经成为浙江精神生活共同富裕的重要文化资源。孕育于地域文化之中的浙江精神在一代又一代浙江人之中传承,为浙江发展奠定了牢固的精神根基。

浙江精神不是固定不变的,而是不断发展、与时俱进的。自古以来,浙江精神都始终是引领浙江人民走向美好未来的重要精神支撑。"虽然在不同时期,浙江精神呈现出来的具体形态和侧重点不尽相同,但是,由上述观念、理性、胸襟、情怀、品行、气节和志向所凝聚的内涵,正如涌动的活水,跳跃、翻腾在整个浙江的历史过程中,表现出旺盛的生命力。她们不仅与浙江人民的历史生命相伴,而且更与浙江人民的现实生活与未来创造相随。"③

自古以来,浙江的经商氛围都十分浓厚,这也使得经商文化成为浙江各学派的重要研究领域之一。习近平同志也曾经深入研究过浙江的经商文化,并分析道:"浙江文化的一个突出特点是:洋溢着浓郁的经济脉息。与'钱塘自古繁华'相适应,古代浙江许多伟大的思想家也都倡导义利并重、注重工商的思想,不仅在中国文化史上独树一帜,而且深深地影响着浙江人的思想观念和行为方式,成为浙江思想文化的重要源泉。宋代'永康学派'代表人物陈亮提出'商藉农而立,农赖商而行';'永嘉学派'代表人物叶适提出'通商惠工,皆以国家之力扶持商贾、流通货币',主张农商相补,反对义利两

---

① 中共浙江省委宣传部. 与时俱进的浙江精神[M]. 杭州:浙江人民出版社,2005:2.
② 中共浙江省委宣传部. 与时俱进的浙江精神[M]. 杭州:浙江人民出版社,2005:2.
③ 中共浙江省委宣传部. 与时俱进的浙江精神[M]. 杭州:浙江人民出版社,2005:2.

分。明末大思想家黄宗羲则第一次明确提出'工商皆本',反对歧视商业的观念。"①可见,浙江人民对于"士农工商"、商为末的传统思想有着不同的看法,也在实践上证明了"商"对于社会生产生活同样具有重要意义。

改革开放以来,伴随着浙商崛起,浙商精神的内涵也不断丰富、发展与完善。从最初只强调吃苦耐劳,主张"白天当老板,晚上睡地板"的"二板文化",到强调在吃苦的同时还要开动脑筋,主张"走遍千山万水,想尽千方百计,讲尽千言万语,历尽千辛万苦"的"四千"精神,到强调创新和科学化管理,主张"千方百计提升品牌、千方百计保持市场、千方百计自主创新、千方百计改善管理"的"新四千精神",再到新时代浙江精神,即主张弘扬坚韧不拔的创业精神、敢为人先的创新精神、兴业报国的担当精神、开放大气的合作精神、诚信守法的法治精神、追求卓越的奋斗精神,延续着浙江精神的发展脉络,可以发现,经过40多年的发展,勤劳勇敢的浙江人民始终以先行者的姿态奋力走在时代前列。浙江涌现出一大批民营企业家群体,不仅走出浙江走向全国,还把生意做到了世界,是中国民营企业家发展的生动缩影。他们在经商的艰辛探索中不断发展着浙商精神,使浙商精神更具家国情怀和国际视野,也更具时代气息。

除此之外,习近平同志还剖析了浙江文化的另一个特点:"融会了多元文化的精神特质,兼具内陆文化与海洋文化之长处,融合了吴越文化与中原文化之精髓,反映了中国文化与西方文化之激荡。浙江人生活在'山海并利'的环境里,受到多种文化因素的熏陶,因此表现出既有山的韧劲,又有海的胸襟;既具内陆文化吃苦耐劳、顽强拼搏的优点,又有海洋文化敢于开拓、勇于冒险的胆气。"②

习近平同志的上述系列论述体现了他对浙江历史传统及其当代价值的深刻分析,反映出他对于如何继承与弘扬优秀传统文化、推动地域文化不断

---

① 习近平.干在实处　走在前列:推进浙江新发展的思考与实践[M].北京:中共中央党校出版社,2006:316.

② 习近平.干在实处　走在前列:推进浙江新发展的思考与实践[M].北京:中共中央党校出版社,2006:316.

与时俱进的开阔视野和远大构想。值得重视的是,他从剖析地域历史传统入手,深入分析了浙江的独特省情,探究浙江巨大发展成就背后的文化基因和历史根基,并揭示浙江发展轨迹和发展路径背后的历史必然性,彰显出地域文化传统对当地发展的深刻影响。

2011年,《中共浙江省委关于认真贯彻党的十七届六中全会精神大力推进文化强省建设的决定》(以下简称《决定》)提出,要"以更高层次、更宽视野、更大力度",把浙江建设成为人文精神高尚、文化事业繁荣、文化产业发达、文化氛围浓郁、文化形象鲜明的文化强省。和上述三个"更"要求相对应的是,《决定》通篇体现出浙江对优秀传统文化的重视,在"现实基础和有利条件"、"总体思路"、三大体系、八项工程等多个方面均有所提及。这充分反映出浙江对优秀传统文化在文化强省建设中的战略地位有着清醒认识,而且能够切实有效地将对本土文化传统和历史资源的挖掘、转化和运用作为文化强省建设的重要手段,增强浙江文化软实力。

10余年来,浙江文化建设成果丰硕。在浙江省委牵头部署下,文化建设的"八项工程"之一——"文化研究工程"在全省展开,围绕"今、古、人、文"四个字,深入研究阐释浙江文化的历史渊源、发展脉络及其未来走向,为本土地域文化创造性转化、创新性发展提供更多思路。在艺术领域,"中国历代绘画大系"让今人与千百年前的古画产生共鸣,填补了我国历史名画集成的空白;在历史领域,新开辟的南宋史研究专题系列从各个分支方向对南宋文化进行了系统梳理和研究;在古籍保护和传播方面,《浙学未刊稿丛编》收录浙学未刊珍稀稿抄本413部近1810册。

为了建设高水平文化强省,打造新时代文化高地,以及促进浙江全体人民全面发展,浙江省第十五次党代会提出,未来要从十个着力方面重点推进。其中,在文化这部分着重强调要"着力推进全域文化繁荣全民精神富有"。对于浙江地域文化资源的挖掘、运用和保护,大会提出"要打造新时代文化艺术标识。深化新时代文艺精品创优工程,建设之江艺术长廊,提升大运河国家文化公园、四条诗路文化带能级,实施宋韵文化传世工程,推进上山、河姆渡、良渚等文明之源大遗址群和温州宋元码头遗址等海上丝绸之路遗址保护利用,提升阳明文化、和合文化、黄帝文化、大禹文化、南孔文化、吴越文化以及浙学等优秀传统文化影响力,做好非物质文化遗产传承保护,打造文博强省"①。继承了丰厚优秀的传统文化资源,浙江紧紧抓住机遇,将其融入浙江精神这一全体人民的文化脊梁之中,使其在新时代依旧充盈着活力。

二、重视保护浙江文化遗产

文旅产业是一个地区重要的文化名片,而在浙江省,除了鬼斧神工的自然风光,人文历史景观也名声斐然,如杭州西湖文化景观、大运河(杭州段)、良渚古城遗址、"中国丹霞"江郎山等世界文化遗产(地、点)。2022 年,我国共计有 141 座城市被列为国家历史文化名城,其中浙江有 10 座城市入选,数量位居全国第二,仅次于江苏。这些自古保存至今的优秀文化遗产,必须得到高度重视和重点保护。

习近平同志在浙江工作期间指出:"不要把社会主义新农村建设变成新村建设,更不要在建设过程中把那些具有文化价值和地方特色的历史建筑通通扫荡了。有的新农村恰恰是要保持历史原貌的古村落,如兰溪的八卦村等,就是要保护它的原貌,体现它的历史美,不能去破坏它。"②到中央工作以后,习近平总书记在给第 44 届世界遗产大会的贺信中进一步指出:"世界文化和自然遗产是人类文明发展和自然演进的重要成果,也是促进不同文明交流互鉴的重要载体。保护好、传承好、利用好这些宝贵财富,是我们的共同责任,是人类文明赓续和世界可持续发展的必然要求。"③多年来,浙江

---

① 袁家军.忠实践行"八八战略"坚决做到"两个维护"在高质量发展中奋力推进中国特色社会主义共同富裕先行和省域现代化先行——在中国共产党浙江省第十五次代表大会上的报告[N].浙江日报,2022-06-27(1).

② 习近平.干在实处 走在前列:推进浙江新发展的思考与实践[M].北京:中共中央党校出版社,2006:324.

③ 习近平向第 44 届世界遗产大会致贺信[N].人民日报,2021-07-17(1).

严格遵循"保护为主、抢救第一、合理利用、加强管理"的文物工作方针,在实际工作中贯彻一张蓝图绘到底的原则,文物工作者亦是前赴后继,一茬接着一茬干,精心做好世界文化遗产的保护管理工作。

首先,浙江省不断完善相关法律法规,使文化遗产保护在法治轨道上运行。这一措施在杭州西湖文化景观、京杭大运河以及良渚古城遗址等文化遗产的保护工作中均有体现。

2011年6月,杭州西湖文化景观被列入《世界遗产名录》,这一景观由西湖自然山水、"三面云山一面城"的城湖空间特征、"两堤三岛"景观格局、"西湖十景"题名景观、西湖文化史迹和西湖特色植物六大要素组成。该景观在1000多年的持续演变中完善,成为江南地域文化的重要载体。2012年1月,《杭州西湖文化景观保护管理条例》正式施行,为西湖世界遗产保护管理提供详细的法律依据。紧随其后,《杭州西湖文化景观保护管理规划》《杭州"西湖十景"代表性文化史迹保护规划》《西湖风景名胜区九大景区控制性详细规划》等文件先后出台,搭建起西湖世界遗产保护的管理框架。在制度层面,杭州市实施"三委五局"联席会议审查、专家咨询论证等制度,对于影响西湖文化景观的重大项目建设不予通过。

京杭大运河是世界上里程最长,工程最大的古代运河,分布在8个省(直辖市)27个城市,于2014年申遗成功,成为中国第46个世界遗产项目。和西湖不同,总长约110千米的大运河(杭州段),点多面广,共涉及5段遗产河道、6个遗产点,遗产点段数量位居沿岸城市前列。对京杭大运河的保护和利用,涉及运河生态、文化、旅游、运输、商贸、居住等多个方面。对此,杭州市政府陆续出台了《杭州市大运河世界文化遗产保护条例》《杭州市大运河世界文化遗产保护规划(2017—2030)》《杭州市大运河世界文化遗产影响评价实施办法》《浙江省大运河世界文化遗产保护条例》等,让大运河保护有章可循。与此同时,浙江省还严格落实《中华人民共和国文物保护法》及世界遗产保护管理工作的相关要求,不乱改,不乱建,对运河沿线桥、塔、寺、码头等建筑遗产进行修复保护,保持周边整体风貌、文化生态的完整性和真实性。

2019年被列入《世界遗产名录》的良渚古城遗址是远古遗留至今的土遗址。正所谓"地下五光十色，地上一片黄土"，土遗址是最难保护的遗址类型之一。良渚遗址于1996年被公布为全国重点文物保护单位，保护范围面积42平方公里，保护规划范围涉及111平方公里，而良渚古城遗址是良渚遗址的核心，遗产区总面积达14.33平方公里。杭州市对于良渚古城遗址的保护起步较早，并且在全国开创了大遗址保护管理"特区"模式的先河。早在1987年，当时的余杭县为保护良渚遗址，就设立了良渚文化遗址管理所，开展遗址巡查保护等工作，这是良渚遗址最早的专门保护管理机构。2001年，在杭州市和余杭区的动议下，浙江省指导设立了专门的保护管理机构——杭州良渚遗址管理区管理委员会，作为杭州市的派出机构，委托余杭区管理。与此同时，杭州市政府还有针对性地制定了《杭州市良渚遗址保护管理条例》《良渚遗址保护总体规划（2008—2025）》《良渚古城外围水利工程遗址保护范围和建设控制地带划定方案》《良渚古城遗址保护管理规划（2013—2025）》等专项规划，为良渚遗址保护管理提供切实有效的法规和规划保障。

其次，浙江推动科技赋能文化遗产保护，以"世界的眼光，科学的精神"，对世界遗产实施"精细化、研究化、科技化、智慧化"的监测管理。

世界遗产监测是履行国际公约的重要内容，是世界遗产保护管理的最重要手段之一，也能体现国家的世界遗产保护管理水平。随着高新科技日新月异的发展，越来越多的新技术被应用于世界遗产保护中，不断提高世界遗产监测的科学化和精确化水平。

作为名满中外的地标式景点，保护杭州西湖文化景观的最关键一环是对于游客承载量的监测和调控。西湖的实时监测管理系统包含多个现场分控室和现场管理机构，依托门禁票务系统、景点实时监控系统、手机信令、红外感应等技术手段，实现对景区客流的实时监控，甚至是对流量趋势的预测。为了应对节假日人流量过大的棘手问题，浙江杭州西湖风景名胜区花港管理处推出"综合智控平台"，通过监管"野导"、分析交通态势、实时监测停车场状况等手段推动景区数字化管理，推动实现西湖风景名胜区景区管理数据化、景区服务个性化、旅游景点智能化、旅游安全可视化。可以说，这种监测新模式实现了"技防"和"人防"相结合，为世界遗产的安全提供了双重保障。

在距离西湖几公里之外的良渚遗址遗产监测管理中心的监测大厅，良渚古城遗址遗产监测预警系统平台负责对遗址进行动态监测。良渚遗址遗产监测平台包括多个子系统，涵盖基础数据管理、监测数据采集、监测数据审核、监测数据管理、数据服务与管理、监测业务管理、监测工作监管、监测数据分析评估、动态监测预警等方面。同时，多部门"数据共享、快速联动、及时处理"，形成日常高效的数据采集处理，预警响应工作状态。不仅如此，遗产管理机构内各部门和省、市、区政府，甚至国家相关部委实现了协同，实现了良渚古城遗址的考古、保护、研究、建设管控、旅游安全管理以及自然社会环境、遗产教育传播等数据共享、信息化运行，达到遗产监测、管理、保护有效融合。与此同时，土遗址的独特性使其对外部环境敏感，保护难度更大。对此，良渚古城遗址从考古发掘那一刻开始，就同步考虑了每处遗址点的监测和保护工作，可谓走一步看百步。例如，在老虎岭水坝保护监测点，坝体顶部设置防渗膜，防止雨水渗透对坝体的破坏，还在表面种植浅根系草皮，对遗址本体起到标识展示和保护的双重作用。工作人员还在考古剖面处建设保护棚，以减轻自然因素如风化侵蚀、雨水冲刷对遗址本体展示剖面的破坏等。

最后，浙江注重实现考古成果和历史研究成果的现代表达，将古老文明发扬光大，向国际社会展示中华文明的灿烂成就，阐明中华民族对人类文明的重大贡献。

交流促进互鉴，想要让中华文明的成果走出国门，交流互通是关键。让全世界了解中国历史、了解中华民族精神，是每个世界文化遗产地的重要使命。作为一个拥有诸多世界文化遗产的省份，浙江在推动世界文化交流方面一直发挥着重要作用。

　　2019 年以来,中国杭州和意大利维罗纳老城两座世界遗产城市以签署《世界遗产地友好关系协议》为契机,深入开展文化交流活动。2020 年举办的"中意"爱情文化周,展示了世界文化遗产的独特魅力,推动杭州和维罗纳在世界遗产保护方面互学互鉴,增进文化、旅游、经济等领域的合作交流。

　　2022 年 12 月中旬,由浙江省人民政府新闻办公室、浙江省文化和旅游厅主办的 2022"相聚浙里"国际人文交流活动闭幕式在杭州良渚遗址公园举行。开展国际人文交流在促进各国之间民心相通方面具有不可替代的重要作用。经浙江各地文旅主管部门推荐,2022 年度"诗画江南 活力浙江"友好使者增添了来自拉脱维亚的社交平台千万博主芮丹尼(Rezanovics Dmitrijs)、来自意大利的浙江音乐学院世界民族音乐教师弗朗西斯科(Francesco)等 23 位国际友好使者。他们都用自己的方式传播诗画江南的文化之美和活力浙江的发展之美。闭幕仪式上,主办单位还为浙江音乐学院、浙江外国语学院、浙江美术馆、义乌工商职业技术学院、浙江横店影视城、温州肯恩大学、浙江省博物馆、天一阁博物院共 12 家浙江省国际人文交流基地颁牌。以上单位在国际人文交流上持续发力,如浙江音乐学院与奥地利莫扎特音乐学院、英国皇家北方音乐学院作为主席单位成立"中国—中东欧国家音乐院校联盟";天一阁博物院与意大利美第奇洛伦佐图书馆、马拉特斯塔图书馆签署《宁波共识》,面向全球呼吁成立世界藏书楼联盟以保护图书资源等。

第四节　推动"浙江有礼"全域精神文明创建

一、推进"浙江有礼"省域文明新实践

　　回溯浙江历史,"有礼"一直是刻在浙江人血脉深处的文化基因。早在 2012 年,浙江就提出过建设"物质富裕精神富有的现代化浙江"的目标,触及"有礼"的精神内核。"有礼"一直是浙江精神文明建设的重要组成部分。近

年来，全省上下围绕目标接续奋斗，各地在"有礼"方面也做了很多探索。

在 2022 年 2 月 7 日召开的高质量发展建设共同富裕示范区推进大会上，省文明委正式印发《关于推进"浙江有礼"省域文明新实践的实施意见》，争取使"有礼"成为浙江最具标志性的成果、最具辨识度的标识之一。当前，浙江省正依托新时代文明实践中心等阵地，大力倡导践行以"敬有礼、学有礼、信有礼、亲有礼、行有礼、帮有礼、仪有礼、网有礼、餐有礼、乐有礼"为主要内容的"浙风十礼"，弘扬"爱国爱乡、科学理性、书香礼仪、唯实惟先、开放大气、重诺守信"时代新风，让每一位浙江人都成为文明浙江的代言人和受益者（王璐怡，2022a）。

为让"浙江有礼"成为共同富裕示范区建设标志性成果，省文明委印发实施意见，对推进"浙江有礼"省域文明新实践作出具体部署。实施方案提出，要实施"十百金名片"培育行动，围绕"浙风十礼"，以市域、县域为单位，在全省培育打造区域精神文化品牌，实现"一县一品"，形成百张"金名片"。至今，已有超半数市、县（市、区）推出了各自的"金名片"并按方案有序推进。

在全面探索"有礼"的道路上，衢州可以称为浙江地区的"先行者"。作为孔氏南宗的居住地，衢州早在 2018 年就正式提出打造"南孔圣地·衢州有礼"城市品牌。近年来，衢州市贯彻落实习近平总书记寄予的"让南孔文化重重落地"的殷殷嘱托，深入挖掘南孔文化的"有礼"核心价值，以"德治"促"善治"，全力打造"一座最有礼的城市"。

省会杭州率先垂范，"数字新城"拱墅区积极打造"浙江有礼·拱墅优礼"，以数字化技术助推提高居民文明素养，鼓励人人争当"优礼拱墅人"。当地推出"拱墅优礼"视频号，将身边"有礼"小故事制作成短视频，用身边事感染身边人。此外，还推出"拱墅优礼·开门大吉"数智平台，构建"自治 法治""自律 他律"的治理新模式，群众在屏幕上点点手指就能参与，将文明有礼抓在经常、融入日常。

在宁波，"浙江有礼·宁波示范"成为越来越多宁波人的共识。宁波聚焦创建全国文明典范城市，积极开展"浙江有礼"省域文明新实践，部署实施

"浙江有礼·宁波示范"市民文明素质养成行动,大力弘扬社会主义核心价值观,凝聚有礼之魂、营造有礼生态、推进有礼实践、推介有礼品牌,着力将"在宁波,看见文明中国"城市风尚品牌打造成为宁波高质量发展建设共同富裕先行市的标志性成果。具体而言,宁波重点围绕理论武装、全民学礼、重信守诺、移风易俗、优良家风、志愿服务、文明用餐、文明交通、文明旅游、文明上网等十方面作出了具体要求,探索从细微之处入手打造"浙江有礼"优秀示范区。

太湖之滨的湖州市在打造"浙江有礼·湖州典范"时也注重融入优秀地域文化基因,这在相关配套实施方案中更为明显。比如,在红色基因传承任务中,明确要组织开展"奋进两山路、建设新湖州"群众性主题宣传教育;在家园志愿提升任务中,强调要送"家园志愿"服务进基层;在城市品牌融入方面,提出要深化绿色文明生活指数集成改革等,市域文明新实践中处处可见"湖州特色"。

温州在"浙江有礼"的实践中,注重结合瓯越文化和新时代温州人精神,积极培育"浙江有礼·瓯越先行"文明实践品牌,通过攻坚城市文明建设、构建有礼宣传体系、打造有礼网格、推进数智赋礼等载体,让每一名温州人都成为"文明有礼"的践行者和受益者。

嘉兴嘉善的"浙江有礼·积善之嘉"一推出就迅速获得当地群众认可。自 2012 年开始,嘉善便大力推进以"善文化"为核心要义的"积善之嘉"品牌建设。进入"浙风十礼"建设新阶段后,嘉善在从志愿服务品牌跃升为县域精神文化品牌的推广上更是下足功夫。

二、加强"浙江有礼"品牌的顶层设计

承担着打造"重要窗口"和高质量发展建设共同富裕示范区的新使命,"浙江有礼"有了更深刻的含义和更高的要求。在推进共同富裕示范区建设的过程中,浙江省着力推进物质富裕与精神富有共同实现。

2021 年 11 月,文化和旅游部、浙江省人民政府联合印发《关于高质量打

造新时代文化高地推进共同富裕示范区建设行动方案（2021—2025年）》，就浙江打造新时代文化高地、建设共同富裕示范区作出顶层部署。

为达成"物质富裕精神富有的现代化浙江"目标，浙江省文明委于2022年2月正式印发《关于推进"浙江有礼"省域文明新实践的实施意见》（下称《意见》），明确了建设物质精神共同富裕的现代化浙江的实施途径。具体方法是通过实施科学理论走心行动、传承红色基因薪火行动、开展理想信念教育等凝聚有礼之魂；实施典型引领行动、诚信文化普及行动、网络清朗行动等营造有礼生态；实施"全民学礼、人人代言"行动、"窗口看齐、礼迎亚运"行动、"十百金名片"培育行动等推进有礼实践；实施"品牌可视"行动、"基因解码"行动，举办"浙江有礼"高端论坛等推介有礼品牌；构建"浙江有礼"数智体系等推动数智赋礼。

上述意见和方案的及时出台，为浙江打造在全国具有重要影响力的精神文明高地提供了顶层设计和制度保障。《意见》要求，各地各单位强化责任落实，通过构建党委政府主导、部门协同、社会联动、全民参与的工作格局，推动形成全省上下群策群力的良好氛围。在制定先进典型礼遇关爱相关政策、加强财政资金保障的基础上，通过建立"浙江有礼"指数及评价体系，制定年度任务清单，项目化运作，机制化推进，确保工作取得实效。

相比于用硬性的机制约束，更关键也更有效的是要激发人们的主观能动性，将"有礼"落实在自觉行动上，体现在日常生活的细微之处。一方面，要加强基层宣传，积极发挥好基层干部"上情下达、下情上达"的纽带作用，让"有礼"的概念植根于人民群众中，凝聚有礼之魂；另一方面，要强化典型引领，充分发挥榜样作用，营造有礼生态，吸引更多百姓从认知、认同转为具体实践。

时任全国政协委员、宁波市政协副主席张明华呼吁社会各界群策群力，搭建更丰富多样的实践平台和活动载体，进一步推动形成人人争当有礼代言人的浓厚氛围，让"浙江有礼"可复制可推广，为全国推进精神文明建设提供经验（王璐怡，2022b）。

　　浙江省精心策划讲文明树新风活动,让每一个浙江人都成为"有礼"的
践行者和受益者。机关干部自觉进行垃圾分类、会后带走半瓶水,率先从身
边的小事做起,带头开展文明行动;志愿者借助"志愿浙江""邻里帮"等应用
场景,积极参与志愿服务;各行各业工作者广泛使用"你好""请"等文明用
语,并结合自身实际情况和行业特点开展文明实践,以优质服务展现"窗口
有礼"。

　　浙江省在社会认知、群众可感、多跨协同上不断发力,通过深化全域文
明创建,拓展"浙风十礼"全域实践,完善公共文化阵地全周期建管用模式,
加快社会主义核心价值观建设制度化,探索构建志愿服务精准触达体系,让
"浙江有礼、从我做起"成为浙江人的普遍共识和行动自觉(王璐怡,2022c)。

　　"浙江有礼、从我做起"成为全民行动自觉,"浙风十礼"蔚然成风,全域
精神文明创建取得突破性进展,江南大地呈现出一派正气充盈、彬彬有礼、
温暖如春的幸福图景。

三、推进"浙江有礼"融入经济社会发展各领域

　　中国特色社会主义进入新时代,缺失文化培养的物质富裕已经无法满
足人民日益增长的美好生活需要。优秀文化对于经济社会各个领域的反作
用是相当深刻的:经济、社会风貌、生态环境、对外交流、制度完善……打响
"浙江有礼"品牌,浙江省还始终坚持将精神文明建设与经济社会发展各领
域相融合,用文化的力量助推经济社会发展。

　　打响"浙江有礼"品牌,礼敬璀璨文化,浙江省不断深入推进新时代文化
浙江工程,着力打造思想理论高地、精神力量高地、文明和谐高地、文艺精品
高地、文化创新高地,培育浙江文化新标识,构建文化建设大平台,形成新时
代浙江文化发展新格局。

　　打响"浙江有礼"品牌,在社会层面,浙江省始终礼敬社会成员,崇尚"务
实、守信、崇学、向善"的当代浙江人共同价值观,积极营造当代浙江人共同
价值观浓厚的宣传氛围,深入宣传当代浙江人共同价值观的重大意义、历史

渊源、基本内容、实践途径等问题,帮助广大群众理解认同。注重以文化人、成风化俗,温润人们心灵,创新社会治理,促进更高水平的社会和谐。

打响"浙江有礼"品牌,在生态层面,浙江省倡导礼敬美丽大自然。浙江省始终自觉践行"绿水青山就是金山银山"理念,崇尚人与自然的和谐相处,遵循自然发展规律,保护自然生态环境,系统推进碳达峰碳中和工作,走绿色发展之路,建设美丽浙江。

打响"浙江有礼"品牌,浙江省还坚持礼敬外来宾客,引导公民做文明有礼浙江人,使礼让斑马线、文明过马路、排队守秩序、礼仪待宾客成为浙江亮丽的风景线。

打响"浙江有礼"品牌,关键在人民,各级党委、政府和党员干部坚持以人民为中心的发展思想,礼敬百姓,深化数字化改革,打造最优服务环境,使浙江成为审批事项最少、管理效率最高、服务质量最优的省份之一。

打响"浙江有礼"品牌,浙江省努力争取让"浙江有礼"成为每一个浙江人的自觉行动,把"有礼"浸透在思想里、落实在行动上,构成浙江人民世代传承而相沿不辍的优秀文化基因与文化传统。每一年,浙江省评选出来的"浙江有礼"文明使者都是各行业各领域践行社会主义核心价值观的先进模范,也是"浙江有礼"的最佳代言人,其中有爱岗敬业、助人为乐的道德模范,有勇攀高峰、为国争光的行业翘楚,也有扎根基层、无私奉献的平凡英雄,通过发挥先进典型的示范带动作用,把"浙江有礼"品牌擦得更亮。

参考文献

曹原,田中修,肖瑜,等,2022.新中国成立以来科技体制演变的历程与启示[J].
　　中国科技论坛(6):1-10.

车俊,2017.坚持以人民为中心的发展思想,将"最多跑一次"改革进行到底[J].
　　求是(20):10-13.

陈国权,麻晓莉,2004a.地方政府制度创新与民营经济发展——温州制度变迁
　　的轨迹与分析[J].中国行政管理(6):83-87.

陈国权,麻晓莉,2004b.民营经济发展过程中的公共政策创新——温州地方政
　　府政策的演变与分析[J].公共管理学报(1):50-56.

陈明乾,2002.试论温州民营经济发展动因与特点[J].浙江学刊(3):172-175.

陈新森,2007.磐安:来料加工也是"富民工程"[J].今日浙江(18):22.

陈宗胜,文雯,任重,2016.城镇低保政策的再分配效应——基于中国家庭收入
　　调查的实证分析[J].经济学动态(3):11-20.

程雷生,2019.浙江发展七十年[M].杭州:浙江工商大学出版社.

程磊,2019.新中国70年科技创新发展:从技术模仿到自主创新[J].宏观质量
　　研究(3):17-37.

邸俊鹏,韩清,2015.最低工资标准提升的收入效应研究[J].数量经济技术经济
　　研究(7):90-103.

丁煜,王玲智,2018.就业质量的概念内涵与政策启示[J].中国劳动关系学院学
　　报(2):24-30,74.

董大伟,2017.改革开放以来党的非公有制经济政策演进研究(1978—2016)[D].北京:中共中央党校.

董雪兵,2022.山海协作:促进区域协调发展的有效载体[M].杭州:浙江大学出版社.

董瑛,2016.从"法治浙江"到"法治中国"[J].浙江社会科学(1):10-12.

范柏乃,郑启军,段忠贤,2013.自主创新政策的演进:理论分析与浙江经验[J].中共浙江省委党校学报(4):12-18.

方立明,奚从清,2005.温州模式:内涵、特征与价值[J].浙江大学学报(人文社会科学版)(3):174-178.

方文,杨勇兵,2018.习近平绿色发展思想探析[J].社会主义研究(4):15-23.

冯辉,万其刚,2004.我国个体和私营经济法律地位的历史演变[J].当代中国史研究(1):59-67.

冯杰,2018.深化"放管服"改革优化税收营商环境[J].中国行政管理(10):145-147.

高向军,彭爱华,彭志宏,等,2011.农村土地综合整治存在的问题及对策[J].中国土地科学(3):4-8.

郭凤鸣,2022.最低工资提升对农民工工资率的影响——基于面板固定效应模型双重差分方法的分析[J].数量经济研究(3):134-149.

国家发展和改革委员会,林念修,2020.中国营商环境报告 2020[M].北京:中国地图出版社.

国务院发展研究中心课题组,2022.持续推进"放管服"改革 不断优化营商环境[J].管理世界(12):1-9.

韩华为,徐月宾,2014.中国农村低保制度的反贫困效应研究——来自中西部五省的经验证据[J].经济评论(6):63-77.

何增科,2018.地方政府创新的微观机理分析——浙江省"最多跑一次"改革案例研究[J].理论与改革(5):134-141.

胡鞍钢,周绍杰,2014.绿色发展:功能界定、机制分析与发展战略[J].中国人口·资源与环境(1):14-20.

黄群慧,杜创,2021.民营经济发展报告(2021):"两个健康"理论与温州实践[M].北京:社会科学文献出版社.

黄祖辉,傅琳琳,2021.我国乡村建设的关键与浙江"千万工程"启示[J].华中农业大学学报(社会科学版)(3):4-9,182.

金碚,2018.关于"高质量发展"的经济学研究[J].中国工业经济(4):5-18.

金观平,2022.向农业强国目标奋进[N].经济日报,2022-12-26(1).

靳卫东,崔亚东,2019.中国工会的职能转变:从企业利益协同到职工权益维护[J].经济学动态(2):63-77.

邝劲松,彭文斌,2020.数字经济驱动经济高质量发展的逻辑阐释与实践进路[J].探索与争鸣(12):132-136.

赖德胜,苏丽锋,孟大虎,等,2011.中国各地区就业质量测算与评价[J].经济理论与经济管理(11):88-99.

冷晨昕,陈丹青,祝仲坤,2021.加入工会能缓解农民工的过度劳动吗——来自中国流动人口监测调查的经验证据[J].财经科学(1):105-117.

李冬青,侯玲玲,闵师,等,2021.农村人居环境整治效果评估——基于全国7省农户面板数据的实证研究[J].管理世界(10):182-195,249-251.

李欢,2020."千万工程"的浙江经验及对内蒙古实施乡村振兴战略的启示[J].北方经济(9):38-41.

李龙,宋月萍,2017.工会参与对农民工工资率的影响——基于倾向值方法的检验[J].中国农村经济(3):2-17.

李明,徐建炜,2014.谁从中国工会会员身份中获益?[J].经济研究(5):49-62.

李实,杨穗,2009.中国城市低保政策对收入分配和贫困的影响作用[J].中国人口科学(5):19-27,111.

厉以宁,1994.股份制与现代市场经济[M].南京:江苏人民出版社.

梁晓敏,汪三贵,2015.农村低保对农户家庭支出的影响分析[J].农业技术经济(11):24-36.

廖福崇,2020."互联网+政务服务"优化了营商环境吗?——基于31省的模糊集定性比较分析[J].电子政务(12):99-109.

刘德弟,薛增鑫,2021.农村居民最低生活保障制度的教育溢出效应——基于贫困儿童人力资本的实证分析[J].西北人口(4):44-56.

刘钒,马祎,2019.数字经济引领高质量发展研究述评[J].社会科学动态(12):71-77.

刘欢,向运华,2022.基于共同富裕的社会保障体系改革:内在机理、存在问题及实践路径[J].社会保障研究(4):45-59.

刘亭,2018.探路新经济的"杭州实践"[J].杭州(周刊)(23):6-13.

刘新卫,杨华珂,2017.中国土地整治法律体系建设研究[J].农林经济管理学报(5):660-666.

刘志彪,2019.平等竞争:中国民营企业营商环境优化之本[J].社会科学战线(4):41-47.

吕建华,林琪,2019.我国农村人居环境治理:构念、特征及路径[J].环境保护(9):42-46.

毛学峰,刘靖,张车伟,2016.中国的工会可以降低性别工资差异吗[J].经济学动态(5):26-36.

苗青,2022.高水平促进第三次分配:分析框架与实施路径[J].上海交通大学学报(哲学社会科学版)(6):86-99.

莫丰勇,2021.建设生态文明 打造美丽浙江[J].统计科学与实践(9):25-28.

倪受彬,2014.现代慈善信托的组织法特征及其功能优势——与慈善基金会法人的比较[J].学术月刊(7):86-93.

聂献忠,2011."创新引领"发展模式的国际经验和浙江实践[J].中国国情国力(7):38-40.

潘家华,沈满洪,2015.中国梦与浙江实践·生态卷[M].北京:社会科学文献出版社.

潘小娟,2021.政府的自我革命:中国行政审批制度改革的逻辑起点与发展深化[J].行政管理改革(3):43-49.

齐桂珍,2007.国内外政府职能转变及其理论研究综述[J].中国特色社会主义研究(5):87-92.

乔岳,2021.数字经济促进高质量发展的内在逻辑[J].人民论坛·学术前沿(6):51-57.

任保平,2018.新时代中国经济从高速增长转向高质量发展:理论阐释与实践取向[J].学术月刊(3):66-74.

任晓猛,钱滔,潘士远,等,2022.新时代推进民营经济高质量发展:问题、思路与举措[J].管理世界(8):40-54.

单东,2008.浙江民营经济30年:发展历程与宝贵经验[J].浙江经济(21):28-31.

沈满洪,2016."两山"重要思想在浙江的实践研究[J].观察与思考(12):23-30.

沈文,2013.浙江审批制度改革概述[J].浙江经济(4):30-31.

孙慧波,赵霞,2019.中国农村人居环境质量评价及差异化治理策略[J].西安交通大学学报(社会科学版)(5):105-113.

孙学涛.大力延伸农业产业链[N].中国社会科学报,2022-09-06(8).

谭明方,陈薇,2020.城乡之间如何实现全面融合发展[J].国家治理(36):7-12.

汪波,陈伟光,2001.云南千家企业实现达标排放 浙江环境恶化趋势得到控制[N].人民日报,2001-01-08(6).

汪文雄,朱欣,余利红,等,2015.不同模式下农地整治前后土地利用效率的比较研究[J].自然资源学报(7):1104-1117.

王国刚,2002."入世"后民营经济发展中应着力解决的若干问题[J].中国工业经济(2):11-19.

王娟,2021.民营经济金名片体制机制强优势[J].统计科学与实践(8):4-7.

王璐怡,2022a.让"浙江有礼"成为共同富裕美好社会建设标志性成果[N].浙江日报,2022-02-24(1).

王璐怡,2022b.全国政协委员张明华——让"浙江有礼"成为自觉行为[N].浙江日报,2022-03-05(6).

王璐怡,2022c.我省着力推进"浙江有礼"省域文明新实践 人人学礼践礼 处处见礼展礼[N].浙江日报,2022-06-05(1).

王世琪,2021.我省将实现山区26县"一县一策"全覆盖[N].浙江日报,2021-

12-26(2).

王世琪,甘凌峰,2020.山海携手,闯出协调发展新空间[N].浙江日报,2020-11-11(3).

王永昌,李学敏,2020.浙江践行"绿水青山就是金山银山"理念的做法和启示[J].浙江经济(10):6-9.

王永生,刘彦随,龙花楼,2019.我国农村厕所改造的区域特征及路径探析[J].农业资源与环境学报(5):553-560.

王祖强,刘磊,2016.生态文明建设的机制和路径——浙江践行"两山"重要思想的启示[J].毛泽东邓小平理论研究(9):39-44.

魏下海,许家伟,2022.最低工资的减贫效应研究[J].广东社会科学(1):44-53.

文雯,2021.城市最低生活保障兼有消费改善与劳动供给激励效应吗?[J].上海经济研究(2):36-47,97.

闻海燕,等,2021.绿色崛起:湖州余村发展研究[M].杭州:浙江大学出版社.

吴金群,廖超超,2018.嵌入、脱嵌与引领:浙江的省市县府际关系改革及理论贡献——改革开放40年的回顾与反思[J].浙江社会科学(11):22-30,156.

吴敏,2020.低收入家庭现金转移支付的消费刺激作用——来自城乡居民最低生活保障项目的经验证据[J].财政研究(8):40-54.

吴宇哲,许智钦,2021.浙江龙港:推动城乡融合 确保农民权益[N].农民日报,2021-09-04(3).

吴振方,2019.农业适度规模经营:缘由、路径与前景[J].农村经济(1):29-36.

武前波,万为胜,洪明,2022.杭州数字经济产业空间演变及其影响机制[J].经济地理(12):60-71.

习近平,2006.干在实处 走在前列:推进浙江新发展的思考与实践[M].北京:中共中央党校出版社.

习近平,2003.生态兴则文明兴:推进生态建设 打造"绿色浙江"[J].求是(13):42-44.

夏自钊,2019.解码浙江"千万工程"[J].决策(4):38-40.

肖扬,2007.依法治国基本方略的提出、形成和发展[J].求是(20):18-21.

邢中先,2019.新中国成立 70 年来民营经济发展:历程、经验和启示[J].企业经济(1):13-19.

徐梦周,吕铁,2020.数字经济的浙江实践:发展历程、模式特征与经验启示[J].政策瞭望(2):49-53.

徐祥民,2019."两山"理论探源[J].中州学刊(5):93-99.

徐志荣,叶红玉,卓明,等,2015.浙江省农村生活污水处理现状及其对策[J].生态与农村环境学报(4):473-477.

严金明,夏方舟,马梅,2016.中国土地整治转型发展战略导向研究[J].中国土地科学(2):3-10.

阎逸,姚海滨,舒蛟靖,2018.浙江减轻企业负担的做法、问题与对策建议[J].杭州学刊(4):46-55.

杨灿明,2022.社会主义收入分配理论[J].经济研究(3):4-9.

杨翠迎,冯广刚,2014.最低生活保障支出对缩小居民收入差距效果的实证研究[J].人口学刊(3):33-40.

杨军雄,2007.20 件实事,件件关乎百姓利益[N].浙江日报,2007-05-21(3).

杨穗,高琴,李实,2015.中国城市低保政策的瞄准有效性和反贫困效果[J].劳动经济研究(3):52-78.

杨正雄,张世伟,2020.最低工资对农民工非正规就业和工资的影响[J].农业经济问题(9):40-54.

姚洋,钟宁桦,2008.工会是否提高了工人的福利?——来自 12 个城市的证据[J].世界经济文汇(5):5-29.

叶慧,2009."千万"工程改造浙江乡村[J].今日浙江(14):50-51.

叶林奕,叶红玉,刘锐,2022.农村生活污水处理设施省级管理体系探索——以浙江省为例[J].环境工程学报(3):1039-1047.

尹怀斌,2017.从"余村现象"看"两山"重要思想及其实践[J].自然辩证法研究(7):65-69.

于法稳,郝信波,2019.农村人居环境整治的研究现状及展望[J].生态经济(10):166-170.

于法稳,侯效敏,郝信波,2018.新时代农村人居环境整治的现状与对策[J].郑州大学学报(哲学社会科学版)(3):64-68,159.

于法稳,2019.乡村振兴战略下农村人居环境整治[J].中国特色社会主义研究(2):80-85.

于长宏,2021.科技创新引领县域经济腾飞的浙江新昌模式及启示[J].科技中国(10):55-58.

余昕,2021."数字浙江"历程[J].政策瞭望(3):55-56.

俞海滨,2010.改革开放以来我国环境治理历程与展望[J].毛泽东邓小平理论研究(12):25-28.

郁建兴,高翔,2018.浙江省"最多跑一次"改革的基本经验与未来[J].浙江社会科学(4):76-85.

郁建兴,徐越倩,2012.服务型政府建设的浙江经验[J].中国行政管理(2):82-86.

袁亚平,2009.浙江"扩权强县"迈向法制化[N].人民日报,2009-07-30(10).

张定安,彭云,武俊伟,2022.深化行政审批制度改革 推进政府治理现代化[J].中国行政管理(7):6-13.

张凡,雷馨圆,周力,等,2022.最低工资与相对贫困——基于主客观相对贫困的双重考察[J].世界经济文汇(1):18-35.

张国云,2018."两山"理论诞生与践行[J].中国发展观察(Z1):122-126.

张文显,2021.习近平法治思想的实践逻辑、理论逻辑和历史逻辑[J].中国社会科学(3):4-25.

浙江民营经济年鉴编纂委员会,2002.浙江非国有经济年鉴·2001[M].北京:中华书局.

浙江省营商环境数字化改革课题组,陈建忠,2022.浙江营商环境数字化改革的探索与创新[J].浙江经济(2):18-19.

中国社会科学院课题组,2006."温州模式"的转型与发展——"以民引外,民外合璧"战略研究[J].中国工业经济(6):51-59.

Bai X, Shi P, Liu Y, 2014. Realizing China's urban dream[J]. Nature, 509

(1799):158-160.

Cheng L, 2021. China's rural transformation under the Link Policy: A case study from Ezhou[J]. Land Use Policy,103:105319.

Gramzow A, Batt P J, Afari-Sefa V, et al. , 2018. Linking smallholder vegetable producers to markets—A comparison of a vegetable producer group and a contract-farming arrangement in the Lushoto District of Tanzania[J]. Journal of Rural Studies, 63: 168-179.

Green F, Mostafa T, Parent-Thirion A, et al. , 2013. Is job quality becoming more unequal? [J]. ILR Review, 66(4):753-784.

Jiang Y, Tang Y T, Long H,et al. , 2022. Land consolidation: A comparative research between Europe and China[J]. Land Use Policy, 112:105790.

Leschke J, Watt A, 2014. Challenges in constructing a multi-dimensional European job quality index[J]. Social Indicators Research, 118: 1-31.

Leschke J, Watt A, Finn M E, 2012. Job quality in the crisis—An update of the Job Quality Index (JQI)[Z]. Working Paper.

Lisec A, Primoi T, Ferlan M,et al. , 2014. Land owners' perception of land consolidation and their satisfaction with the results-Slovenian experiences [J]. Land Use Policy, 38:550-563.

Liu Y, Li Y, 2017. Revitalize the world's countryside[J]. Nature, 548: 275-277.

Long H, Li Y, Liu Y, et al. , 2012. Accelerated restructuring in rural China fueled by "increasing vs. decreasing balance" land-use policy for dealing with hollowed villages[J]. Pergamon,29(1):11-22.

OECD, 2008. Handbook on constructing composite indicators: Methodology and user guide [M/OL]. (2008-09-12) [2022-10-11]. https://knowledge4policy. ec. europa. eu/sites/default/files/jrc47008_handbook_final. pdf.

Pan H, Wu Y, Choguill C, 2023. Optimizing the rural comprehensive land consolidation in China based on the multiple roles of the rural collective organization[J]. Habitat International，132：102743.

Thomas J，2006. Property rights，land fragmentation and the emerging structure of agriculture in Central and Eastern European countries[J]. e-Journal of Agricultural and Development Economics，3：225-275.

Wu Y，Long H，Zhao P，et al.，2022. Land use policy in urban-rural integrated development[J]. Land Use Policy，115：106041.

Zhou Y，Guo L，Liu Y，2019. Land consolidation boosting poverty alleviation in China：Theory and practice[J]. Land Use Policy，82：339-348.